数据治理视域下应用型本科院校人才培养体系的系统化构建研究与实践

王 艳 著

中国纺织出版社有限公司

内 容 提 要

应用型本科院校在人才培养上既要充分依托学科科研资源，又要和研究型高校甚至其他同类型高校在人才培养上适当错位，以实践能力培养为核心确立自身的教学特点，以避免专业设置和人才培养趋同化。本书基于大数据分析，按照社会行业产业发展需求，确定高校各专业人才培养目标，构建基于产出导向的应用型人才培养体系。从理论层面研究本科高校应用型人才培养规律；从实践层面探索应用型人才培养的有效路径，提高人才培养质量，为区域经济和社会发展服务。

图书在版编目(CIP)数据

数据治理视域下应用型本科院校人才培养体系的系统化构建研究与实践 / 王艳著. -- 北京 : 中国纺织出版社有限公司, 2022.7

ISBN 978-7-5180-9650-3

Ⅰ. ①数… Ⅱ. ①王… Ⅲ. ①高等学校一人才培养一研究一中国 Ⅳ. ①G649.2

中国版本图书馆CIP数据核字（2022）第113389号

责任编辑：张　宏　　责任校对：高　涵　　责任印制：储志伟

中国纺织出版社有限公司出版发行
地址：北京市朝阳区百子湾东里A407号楼　邮政编码：100124
销售电话：010—67004422　传真：010—87155801
http://www.c-textilep.com
中国纺织出版社天猫旗舰店
官方微博 http://weibo.com/2119887771
北京通天印刷有限责任公司印刷　各地新华书店经销
2022年7月第1版第1次印刷
开本：787×1092　1/16　印张：10.5
字数：214千字　定价：88.00元

凡购本书，如有缺页、倒页、脱页，由本社图书营销中心调换

前 言

Preface

就业是民生之本，社会的稳定与发展全赖于教育机构对社会适用人才的培养。高校培养的毕业生是否符合社会需求、是否具备企业需要的综合素质与专业能力，是牵涉多方的“系统性”问题。对于当前承担着国家经济转型时期人才需求量最大的以教学为主的面向地方的应用型本科而言，主要存在与当前社会转型、产业升级急需的应用型技术人才和社会服务型管理人才的培养数量严重不足、毕业生实际工作能力欠缺、职业素养不足等问题。这给当前应用型人才培养提出一个关键命题，即在应用型本科院校构建培养社会需求、企业满意、职业素养、大学生自主成长的实践与实训教育环境，让学生学会成长，培养能力，形成自身具有竞争力的“软技能”。以数据治理环境来构建人才实践体系平台，培养学生职业素养，对学生个人、学校、企业乃至地区的经济发展具有重要意义。提供具有可操作性的、在数据治理背景下能够构建的人才实践体系方案，探究应用型人才职业素养培养模式具有重要的理论意义和实践意义。

应用型本科院校在人才培养上既要充分依托学科科研资源，又要和研究型高校甚至其他同类型高校在人才培养上适当错位，以实践能力培养为核心确立自身的教学特点，以避免专业设置和人才培养趋同化。因此，应用型本科院校人才培养方案首要的是强化实践教学功能，确定低重心、接地气的专业人才培养思路。在培养方案的制订上，要合理构建符合学校实际和目标定位的实践教学课程体系、制度体系和评价体系。注重为学生开设较多能培养其实践能力的课程，例如，着眼于职业技能训练的实习、实训课程；积极有效地拓展实习基地建设，搭建实践平台，着力培育学生的一般性应用技术能力与专业核心能力；创新教学质量评价方式方法，形成以学生实际能力为导向的评价标准。

相对于学术型人才的教育，低重心的培养和实务能力训练是应用型院校发展本科应用型教育的基本策略。低重心并不意味着低要求、低水平或降低质量，“低重心”，反映在培养目标和规格上，是依托学科平台，突出应用性，充分重视培养学生的实践能力。因此，在设计培养方案过程中，可以在某些方面对人才培养规格提出更具体、更实用的要求。每个学科专业都有自身独有的专业基本功训练和达标要求，特别是数据能力掌握的高要求。《数据治理视域下应用型本科院校人才培养体系的系统化构建研究与实践》基于大数据分析，按照社会行业产业发展需求，确定高校各专业人才培养目标，构建基于产出导向的应用型人才培养体系。从理论层面研究本科高校应用型人才培养规律；从实践层面探索应用型人才培养的有效路径，提高人才培养质量，为区域经济和社会发展服务。

王　艳

2022 年 5 月

目 录

Contents

第一章 数据治理的一般性研究 ······ 1

第一节 数据治理相关概念辨析 ······ 1

第二节 数据治理的特点和大数据治理结构框架分析 ······ 5

第三节 数据治理的应用 ······ 7

第四节 数据治理对教育带来的变革分析 ······ 20

第二章 应用型本科院校人才培养体系的一般性研究 ······ 27

第一节 应用型人才培养体系的概念辨析 ······ 27

第二节 应用型人才培养体系建设的原则及指导思想 ······ 37

第三节 应用型人才培养体系建设的重点 ······ 45

第三章 应用型本科院校人才培养过程中的数据采集及分析应用 ······ 61

第一节 办学定位体系中数据采集的主要内容及分析应用 ······ 61

第二节 学科专业体系中数据采集的主要内容及分析应用 ······ 67

第三节 课程与教学体系中数据采集的主要内容及分析应用 ······ 75

第四节 教学软硬件支持体系中数据采集的主要内容及分析应用 ······ 86

第五节 教学质量保障体系中数据采集的主要内容及分析应用 ······ 90

第四章　数据治理在应用型本科院校人才培养应用现状及痛点 …… 99

第一节　应用型本科院校人才培养数据治理现状 …… 99

第二节　应用型本科院校数据治理的痛点 …… 101

第三节　应用型本科院校数据治理面临的挑战 …… 105

第五章　促进应用型本科院校在人才培养过程中应用数据治理的策略 …… 113

第一节　如何树立数据治理理念 …… 113

第二节　如何运用数据完善办学定位 …… 120

第三节　如何运用数据推动学科专业建设 …… 123

第四节　如何运用数据促进课程与教学改革 …… 131

第五节　如何运用数据加强教学软硬件建设 …… 141

第六节　如何运用数据强化教学质量保障 …… 149

参考文献 …… 157

第一章　数据治理的一般性研究

第一节　数据治理相关概念辨析

一、数据治理的概念研究

（一）数据治理的基础定义

数据治理是组织中涉及数据使用的一整套管理行为。相关研究机构发布了各种有关数据治理的定义，由于切入视角的不同，一些国外学者从法案遵循的角度提出数据治理是一系列的政策和规则的定义，而一些学者强调数据治理是有关组织数据资产的决策制定和职责划分，也有诸多学者综合考虑了数据管理控制活动中的过程、技术和责任等，认为数据治理是集中人、过程和信息技术的数据管护过程或方法，能够确保组织数据资产得到合理的使用。因此，Begg 和 Caira 将早期的数据治理定义总结为政策、流程、技术和职责的统一，而后期的定义中更强调角色支持和商业结构。

国内对于数据管理的有关研究活动始于 2010 年左右，类似的名词出现有数据监护、数据管理、数据策展、数据管护等，一直以来，国内在概念界定上都较为模糊，虽然都涉及数据的控制、保护和利用，但与数据治理的核心要义还有一定的区别，除少数以外，多数学者在应用时对数据治理的概念均不加以解释和说明，认为数据治理与数据管理类似，都是有关数据生命周期的诸如采集、加工、控制、传输、保存等活动。

由此发现国外的概念虽然在表述上有一定的差别，但核心内容上均具有一些共同点，而国内的概念使用却较为混乱，相关学者还未达成共识，并且多数研究都未触及数据治理的本质。数据治理不仅是通过数据的管理提升数据质量，更强调流程设定和权责划分，笔者认为，数据治理是围绕数据资产展开的系列工作，以服务组织各层决策为目标，涉及有关数据管理的技术、过程、标准和政策的集合。

（二）数据治理的内涵界定

数据治理根植于 IT 治理，但两者之间又有明显的区别，Khatri 明确指出了 IT 治理的对象是 IT 系统、设备和相关基础设施，而数据治理的对象是可记录的数据，文中还区分了数据治理和数据管理，认为数据治理是为了确保有效管理而做的决策，强调决策制定的责任路径，数据管理仅仅涉及决策的执行；同时，Koope 等分析了 IT 治理的局限性，认为 IT 治理过程中过于强调 IT 投资和系统实施，忽视了商业价值增长中的数据创建、处理、消耗和交换方式。此外，由于研究调查中表明超过 70% 的人将数据视为战略资产，因此，大量学者认为数据治理与数据资产密不可分，只有将数据治理视为公司或机构管理的重要数据资产内容，将数据置于组织的战略资产的位置，才有可能迎接当下的竞争挑战。

国内学者包冬梅等于 2015 年专门厘清了数据治理和数据管理的区别，她认为治理和管理是完全不同的活动，治理是有关管理活动的指导、监督和评估，而管理则是根据治理制定的决策来执行具体的计划、建设和运营。

由前述可知，数据治理具有丰富的内涵，不仅是对 IT 技术的简单关注，还需解决相关的政策流程和人员分配问题，其核心是通过数据治理计划，确保组织高层有效安全地利用数据生成决策。

二、数据治理的体系研究

（一）数据治理的整体框架

为了清晰表达一些复杂和抽象的概念，构建科学的框架是开展数据治理实施工作的首要任务。多数国外学者在研究时均提出了数据治理的框架，如 Wende 提出的框架模型草案中，定义了各个决策领域和相应的角色划分，该框架模型最大的贡献是能够帮助组织构建数据质量职责，所提出的决策域和角色能够作为数据治理的结构配置，还缺少不同组织情境下的使用验证；类似地，Oesterle 建立了包含三个要素（数据质量角色、决策域和责任）的数据治理模型，并形成一个责任分配矩阵。此后，成果各有侧重，其中影响力较大的是 Khatri 和 Brown 提出的数据治理的决策域模型，如表 1-1 所示，该框架包含数据准则、数据质量、元数据、数据访问和数据生命周期五个决策域，并阐述了决策域的类型和范围，该模型提出了在同一组织决策域的不同水平的集中、分散和共享决策权，同时提供了一个共同术语的通用框架，使其在后面的研究中被广泛采纳；在此基础上，Begg 等使用了 Khatri 和 Brown 的框架，对 10 个中小企业进行调查，探索实施数据治理的潜在价值和实施障碍的研究。

此外，Martijn 等提出了数据治理的概念和驱动力模型，分为技术架构、过程架构和商业架构的三层体系，同时通过设计数据治理的因果模型确定了诸多影响因素，进而发现了中小企业数据治理需求和实施障碍，并引发了单一数据治理框架能否通用化的思考；而 Seiner 则提出了包含执行层、战略层、战术层、操作层和支持层的五层框架模型，同时阐述了五个层次上各自的角色、过程、交流、指标和工具。

表 1-1　数据治理决策域模型

<table>
<tr><td colspan="3">数据准则</td></tr>
<tr><td rowspan="2">数据质量</td><td>元数据</td><td rowspan="2">数据生命周期</td></tr>
<tr><td>数据访问</td></tr>
</table>

国内包冬梅等总结了数据治理框架中的职能及关系、工作区间、任务、组织结构、责

任分工、成效的评估标准等，同时提出了高校图书馆的数据治理框架 CALib；许晓东等也设计了高等教育数据治理的分析框架，此外，关于框架的设计，其他国内文献鲜有涉及。

由此发现，国外数据治理的框架通常包括政策制度、技术工具、数据标准、流程规范、监督及考核等方面，各个理论框架各具特色和优势，但尚未形成标准化的模型体系。国内少数研究借鉴了国外的设计思路，并在图书馆、高等教育等领域进行了探讨，但都不够深入，其分析框架从数据治理的严格定义上看，还不足以覆盖数据治理的整个内容。

（二）数据治理的成熟度模型

成熟度模型的建立是为了评估组织当前数据管理和控制的现状，是实施数据治理非常关键的环节。研究表明，当前数据成熟度模型在商业部门、州政府、联邦政府、国际化组织和本地政府均有应用。例如，Gartner 设计的六个阶段的成熟度模型中，给出了每个阶段的行动方案，并强调管理信息作为数据资产应得到高层重视；此外，MDM 强调用面向架构的服务 SOA（Service – Oriented Architecture）作为计划、设计、实施包括数据服务在内的所有企业服务的基本方法，提出的成熟度模型也是按照演化路径划分。

国内学者包冬梅等在其设计的 CALib 模型的实施与评估中，讨论了数据治理成熟度评估的意义，但并未建立具体的成熟度模型。

可以发现，国外研究较为丰富，各种模型的共同点都是一个从混乱、规范再到优化的有序等级演绎过程，成熟度的不断升级就是数据治理水平逐步积累的过程，借助模型，可以找到组织数据治理的薄弱环节，有针对性地形成改进策略，促使治理水平渐进提升。国内专门提出数据治理成熟度模型设计的文献较少，表明还未意识到该项研究的重要性和必要性。

三、数据治理的内容研究

（一）数据治理的政策和标准

数据治理的目标之一是向组织的内部或外部提供合约遵循的可见度。国外数据治理的兴起很大程度上是由于对法案法规的遵循，旨在防止企业运营的不正当行为和数据欺诈。在美国，涉及信息技术或数据的法规如 Sarbanes – Oxley、Basel Ⅱ、COBIT（Control Objectives for Information and related Technology）、美国爱国者法案、美国健康保险流通与 HIPAA（Health Insurance Portability and Accountability）等，均要求提供准确可信的财务报告和治理规则。由此，从确保数据利益相关者评估的需要出发，Malik 在谈及大数据治理的关键领域时就阐明了战略和政策因素；此外，文献中均强调了政策和标准的支持作用。

当前，我国有关数据的各项标准和政策研究已在各个领域有所触及，如科研数据管理服务中，部分研究是针对数据监管政策、存储规范和传播交流机制的，认为标准建设是解决科学数据完整性、科学数据规范化问题的有效方式；除此之外，也有研究涉及数据质量的标准，如关联数据的质量标准、元数据标准等。

综上所述，国外数据治理领域内的数据应用标准建设都比较完善。国内也开展了对数据治理相关标准的研究，尤其是在科学数据研究聚焦的图书情报学领域，部分学者借鉴国外相关领域数据标准，尝试探索了诸如数据质量标准和元数据标准等的研究，具有一定的基础。

（二）数据质量

数据质量的高低代表了该数据满足消费者期望的程度。在技术层面的探讨中，国外的数据质量相关研究已经开展已久，主要是从继承产品质量框架下的管理视角开展的。在数据治理的框架模型中，可以发现数据质量仍然是重要的组成要素，Friedman 和 Eppler 认为其对业务过程和数据报告的呈现具有重要影响，是数据治理的先决条件因素，在此基础上，Haider 提出数据治理不仅是提高短期组织的数据质量，更是一个长期持续完善和优化的过程；除了关注数据的价值质量和服务质量，Ryu 和 Park 还引入了数据的结构质量，并解释了该结构质量的三个领域（价值域、服务域、结构域）；此外，文献中均说明了数据质量的改善涉及的元数据管理、数据分析、数据清洗、数据监控和预警、数据质量评估等过程。

国内包冬梅等在高校图书馆数据治理过程中提及了数据质量，认为应该通过跨界合作提高数据质量，建设科研要素基础知识库。从具体实现角度而言，目前研究主要涉及两个方面，即数据质量的评估和技术提高，数据质量评估的关键在于如何具体地评估各个指标维度；数据质量的技术提高主要是关于实例和模式，而其中数据清洗的相关研究又最为丰富。

综上所述，国内外的数据质量研究都较为成熟，取得了一定的成果，国外在此基础上开始研究数据治理情境下的数据质量问题。国内研究主要关注数据质量评估和质量提高，部分已经深入技术细节层面。但目前还有许多问题需要国内外进一步探索，如大数据环境下，大量异质、非结构化数据的出现，数据孤岛问题更加突出，使得数据质量管理受到全新的挑战，值得从大数据的认知角度和语义层面对数据质量进行深入研究。

（三）数据隐私和安全

数据的隐私和安全是关于电子媒介上数据存储、使用和传输的保护问题。Bhansali 指出数据治理是对数据持续监控和评价的过程，以便更好地管控数据风险；此外，Begg 等探寻了研究中受访企业对数据安全因素的认知态度及影响因素；在具体对策建议方面，Trope 和 Power 建议组织应提高其安全策略的标准，类似地，其他学者也均认为数据隐私和数据安全事关信息质量，组织应该建立相应的政策加强数据安全管理。

在国内现有的数据治理领域，刘子龙和黄京华从隐私策略、隐私伦理，特别是对电子商务领域的隐私态度和隐私行为进行了研究；同时，陈火全认为数据治理的网络安全策略不仅需要提高网络安全性的信誉机制，还需要建立社会信誉机制来加强隐私的保护。类似地，多位学者呼吁将数据保护纳入国家战略资源的保护和规划范畴，并加快完善数据隐私保护的相关立法。

可见，国外多数学者已将数据隐私和安全列入治理框架的重要内容，国内数据隐私问题也已得到广泛关注。大数据时代，数据隐私保护和数据安全的诉求更加多变和多元，传统的数据隐私和安全保护问题面临巨大挑战，如被动响应、溯源困难等，国内外在数据治理过程中，都应该考虑如何在保护安全和隐私的前提下推动数据科学环境下的数据连接、流动和应用，做好数据监管工作。

总之，在数据治理的内容研究中，数据政策是首要的促进方式，数据质量是必要的实现目标，数据隐私和安全是重要的保障前提。此外，数据生命周期、数据的开放存取和元数据管理等同样是数据治理领域需要涉及的内容。

纵观国外数据治理的整个研究历程，国外已经涌现出一些涉及数据治理的研究成果，从研究内容来看，这些成果主要集中在以下几个方面：数据治理的理论框架模型的设计；来自跨领域的数据治理价值的探讨；基于不同框架模型的驱动实践探索。国内的数据治理研究起步较晚，大量研究主要借鉴了国外数据治理的思想，目前集中在理论层面的价值讨论阶段，对数据治理框架构成内容的各个方面研究均不深入。

作为新领域的研究，国内外多数采用探索性研究方法，结合叙述性论述和经验总结，实证性研究较少，少数半结构化访谈的实证研究也存在样本不充足的局限，对数据治理框架模型的设计还有继续完善和优化的空间，数据治理理论框架的普适性应用仍然需要验证。有关数据治理的框架体系、政策标准、成熟度模型、数据质量、非结构化数据的质量评价、元数据管理等仍然是未来研究的重心，产业界驱动的模型框架的制定需要与理论界融合创新。

需要特别指出的是，在数据科学时代，面对模态繁多的数据类型和海量数据，对传统的数据质量管理、数据隐私和安全等都提出了巨大挑战。数据治理正是大数据环境下对数据生命周期进行科学管理的一套治理方法，是对数据资产进行管理和控制的系列活动的集合，今后开展数据治理的研究务必要注重模型和数据的双驱动，即在遵循传统模型框架的基础上，也要特别注意非结构化数据的聚集特征和质量评价。此外，在实施过程中，注意引入外源视角，比如在图书馆领域的数据治理中，数据质量评价能否引入科学数据评价环节中的同行评议等。总之，大数据技术不仅能重塑数据治理的思维，提升数据治理的能力，而且有可能变革数据治理的模式，是数据科学时代科研创新的一条重要发展路径。

第二节　数据治理的特点和大数据治理结构框架分析

一、数据治理的特点

现阶段，国内外学者对于数据治理的研究已经取得了很多成果，数据治理的研究得到了社会各界的重视，但是根据数据治理在金融行业和通信行业的实践表明，传统的数据治理存在一定的缺陷。数据治理委员会是和传统数据治理体系相关的一个重要部门，数据治理委员会的职责在于制订科学合理的数据治理方案，对数据治理的过程进行调度，但是在大数据环境之下，数据治理提出了更高的要求，同时数据治理也要求达到更高的标准。数据治理委员会需要重视数据治理的整体质量，加强数据治理的安全管控，做好数据分析与合规管理的兼顾，实现数据中蕴含的业务价值的充分体现。大数据环境之下，数据种类繁多，数据来源广泛，数据增长快速，数据蕴含的价值庞大，传统的数据存储类型将难以满足大数据的存储要求，在数据整合分析过程中，数据的业务化流程要求数据治理不断调整策略，传统的数据治理结果应对越来越多的挑战，面临着很大的困境和弊端。

在数据治理的结构研究中，需要根据数据的特点，设计科学高效的数据处理规范和数据处理流程管理制度。在数据处理的同时，还需要建立行之有效的数据管理保障体系。充分考虑数据业务的整合，为了避免数据业务的扩展过快或创新方向不对，需要在数据治理结构方面奠定坚实的基础。在大数据环境之下，数据治理工作的重点与难点主要集中在如下三点。

（一）数据标准的建立

现阶段，企业中的不同部门对数据采集的方式不尽相同，所选用的数据处理模式也因此不同。不同的部门针对不同的数据类型选择不同的采集对象、不同的数据标准、不同的数据储存，很大程度上会导致数据的准确性问题，影响到数据共享的质量。

（二）数据质量的保证

大数据环境强调数据处理的准确性和实时性，大数据环境对数据的准确性和实时性要求很高。数据标准的不统一，可能会由于数据的冗余问题而出现数据的重复。企业中不同的部门对数据更新的要求不一致，往往难以满足对实时性的要求，进而无法保证数据处理质量的准确性与实时性。

（三）数据隐私的保护

数据的开放和共享涉及安全问题，对数据所蕴含的价值进行充分挖掘利用的同时，需要提升数据处理的精度、广度，数据的透明度增强之后，可能涉及数据的泄密问题，数据会被非法人员所利用，因此，数据的安全维护工作面临着较大的压力。

二、大数据治理结构框架分析

具有创新意义的大数据治理结构框架，主要分为四个部分，即治理目标、治理环境、治理领域和治理方法。

（一）数据治理的目标

数据治理强调战略一致性，我们在进行数据治理过程中，首先需要满足的是社会可持续发展的要求，大数据中所包含的是巨大的业务价值，同时也包含着一定的社会风险因素。风险控制设计在数据处理过程中，保证数据运转的可靠性，提升数据决策的合理化水平，避免数据处理的风险发生。数据运转的合规性和数据运转的价值涉及企业在数据处理过程中对大数据价值的挖掘分析工作，需要建立符合法律规范和企业标准与规范的价值评价体系。

（二）数据治理的环境

在科技大幅度进步的情况下，在数据处理过程中，需要充分利用和保护科学技术和文化因素，这些因素涉及数据治理工作水平的提升。在进行数据处理工作的时候，需要树立大数据的治理意识，充分考虑数据处理的技术和文化氛围，数据处理的文化氛围、技术氛围就是数据治理的外部环境因素。在开展数据处理工作的同时，也需要加强数据处理工作的基础设施建设，选用科学的技术手段提升数据治理的高效性和安全性，提升数据处理的安全保护程度，将数据治理的内部环境梳理好，建立良好的数据处理内部环境。

（三）数据治理的领域

数据治理的领域涉及数据治理工作的重点内容。大数据战略在数据治理工作中占据重要位置，在制定战略的时候，需要充分考虑数据治理的成本因素，依据数据治理的内外部环境因素，根据数据治理的目标制定数据治理的领域。在建立组织框架的时候，需要针对企业的实际情况，根据组织架构设置人员的职责，大数据治理工作领域的团结协作对于提升处理效率至关重要。需要重视数据处理的生命周期，在整个生命周期都坚持数据治理的高质量，保证数据所蕴藏的价值能被充分吸收利用。

（四）数据治理的方法

数据治理的方法涉及数据的评估与监督工作，在进行数据处理工作的同时，需要针对现阶段存在的问题，深入了解各学科的评估工作，针对数据治理工作的流程进行深入研究分析，数据治理体系的完善关系到数据优化的整个过程，对于数据处理工作的决策部署和科学存储产生深刻影响。大数据治理工作目标的实现需要数据治理方法的促进和推动。数据治理的方法论可以有助于数据处理价值的提升，数据治理的方法论对于治理工作的可持续提升产生极为深远的影响。

第三节　数据治理的应用

一、数据治理技术

（一）大数据治理

近年来，大数据已成为国内外专家学者研究的热门话题，目前基本上采用 IBM 的 5V 模型描述大数据的特征：第 1 个 V（ volume ）是数据量大，包括采集、存储和计算的量都非常大；第 2 个 V（ velocity ）是数据增长速度快，处理速度也快，时效性要求高；第 3 个 V（ variety ）是种类和来源多样化，包括结构化、半结构化和非结构化数据；第 4 个 V（ value ）是数据价值密度相对较低，可以说是浪里淘沙却又弥足珍贵；第 5 个 V（ veracity ）是各个数据源的质量良莠不齐，需要精心甄别。随着数据量的激增，可以用“5V+I/

O”——体量、速度、多样性、数据价值和质量以及数据在线来概括其特征。这里的“I/O”是指数据永远在线，可以随时调用和计算，这个特征是大数据与传统数据最大的区别。

2014 年，吴信东等人基于大数据具有异构、自治的数据源以及复杂和演变的数据关联等本质特征，提出了 HACE 定理。该定理从大数据的数据处理、领域应用及数据挖掘 3 个层次来刻画大数据处理框架，如图 1-1 所示。

框架的第 1 层是大数据计算平台，该层面临的挑战集中在数据存取和算法计算过程上；框架的第 2 层是面向大数据应用的语义和领域知识，该层的挑战主要包括数据共享和数据隐私、领域和应用知识两个方面；架构的第 3 层集中在数据挖掘和机器学习算法设计上：稀疏不确定和不完整数据挖掘、挖掘复杂动态数据以及局部学习和模型融合。第 3 层的 3 类算法对应 3 个阶段：首先，通过数据融合技术对稀疏、异构、不确定、不完整和多源数据进行预处理；其次，在预处理之后，挖掘复杂和动态的数据；最后，通过局部学习和模型融合获得的全局知识进行测试，并将相关信息反馈到预处理阶段，预处理阶段根据反馈调整模型和参数。

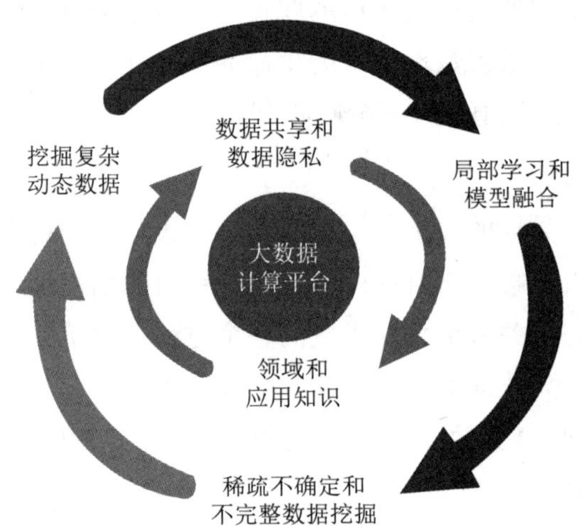

图 1-1　大数据处理框架

面对大数据兴起带来的挑战，为了促进大数据治理的发展和变革，目前业界比较权威的大数据治理定义是：大数据治理是广义信息治理计划的一部分，它通过协调多个职能部门的目标，来制定与大数据优化、隐私与货币化相关的策略。此定义指出：大数据的优化、隐私保护以及商业价值是大数据治理的重点关注领域，大数据治理是数据治理发展的一个新阶段，与数据治理相比，各种需求的解决在大数据治理中变得更加重要和富有挑战性。

1. 海量数据存储

根据本地实际数据量级和存储处理能力，结合集中式或分布式等数据资源的存储方式进行构建，为大数据平台提供 PB 级数据的存储及备份能力支撑。云计算，作为一种新型的商业模式，它所提供的存储服务具有专业、经济和按需分配的特点，可以满足大数据的存储需求。

2. 处理效率

大数据治理提供多样化的海量数据接入及处理能力，包括对各类批量、实时、准实时及流式的结构化、非结构化数据提供快速的计算能力和搜索能力，比如数据加载能力≥130MB/s、亿级数据秒级检索、百亿数据实时分析≤ 10s、千亿数据离线分析≤ 30m 等。对于大数据的搜索能力方面，为了保证数据安全，大数据在云计算平台上的存储方式一般为密文存储，因此，研究人员设计了很多保护隐私的密文搜索算法，基于存储在云平台上大数据的计算安全问题的解决方法一般采用比较成熟的完全同态加密算法。

3. 数据可靠性

围绕行业数据元相关标准规定，基于行业元数据体系打造大数据平台采集汇聚、加工整合、共享服务等全过程的、端到端的数据质量稽核管控体系，确保数据准确可靠。

4. 数据安全性

数据价值是大数据平台的核心价值，所以数据的安全是保证平台运行的基础。数据安全包括数据存储安全、数据传输过程中的安全、数据的一致性、数据访问安全等，如图 1-2 所示。数据安全的总体目标是保证数据的存储、传输、访问、展示和导出安全。数据安全措施主要有数据脱敏控制、数据加密控制、防拷贝管理、数据权限管理、数据安全等级管理等。

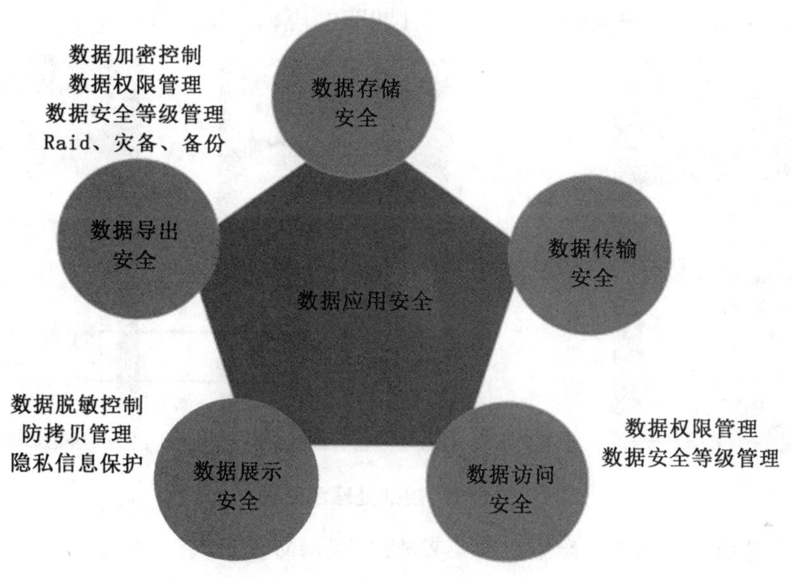

图 1-2　数据应用安全示意图

数据治理技术就是在数据治理过程中所使用的技术工具，主要包括数据规范、数据清洗、数据交换和数据集成 4 种技术。

（二）数据规范

1. 数据规范的含义

数据治理的处理对象是海量分布在各个系统中的数据，这些不同系统的数据往往存在一定的差异：数据代码标准、数据格式、数据标识都不一样，甚至可能存在错误的数据。这就需要建立一套标准化的体系，对这些存在差异的数据统一标准，符合行业的规范，使得在同样的指标下进行分析，保证数据分析结果的可靠性。例如，对于数据库的属性值而言，可以建立唯一性规则、连续性规则以及空值规则等来对数据进行检验和约束。唯一性规则一般是指为主键或其他属性填写约束，使给定属性的每个值与该属性的其他值不同；连续性规则是指属性的最大值和最小值之间没有缺失值并且每个值也是唯一的，一般用于检验数；空值规则是指使用其他特殊符号来代替空值，以及对于这样的值应该如何处理。

数据的规范化能够提高数据的通用性、共享性、可移植性及数据分析的可靠性。所以，在建立数据规范时要具有通用性，遵循行业的或者国家的标准。

2. 数据规范方法

数据治理过程中可使用的规范方法有：规则处理引擎、标准代码库映射。

（1）规则处理引擎

数据治理为每个数据项制定相关联的数据元标准，并为每个标准数据元定义一定的处理规则，这些处理逻辑包括数据转换、数据校验、数据拼接赋值等。基于机器学习等技术，对数据字段进行认知和识别，通过数据自动对标技术，解决在数据处理过程中遇到的数据不规范的问题。

根据数据项标准定义规则模板，“出生日期”的规则如图 1-3 所示。

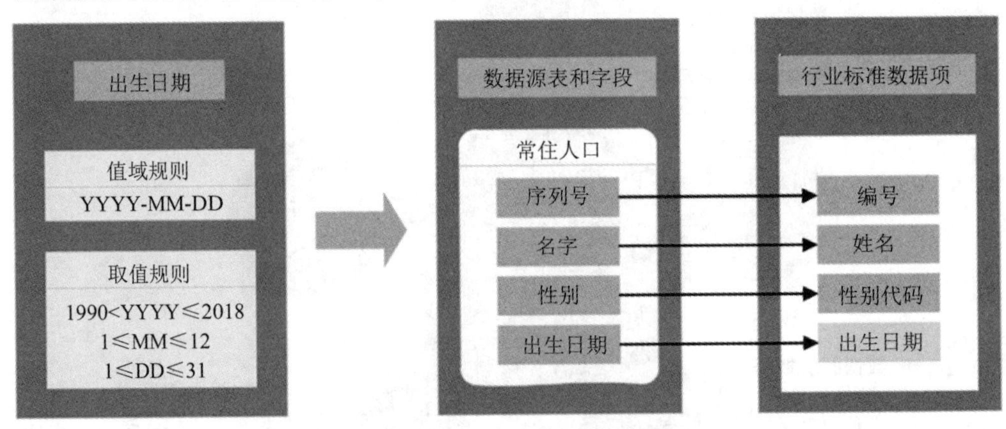

图 1-3　规则处理示意图

值域稽核规则：YYYY：MM：DD 或 YYYY-MM-DD；

取值范围规则：1900<YYYY ≤ 2018，1 ≤ MM ≤ 12，1 ≤ DD ≤ 31。

将数据项与标准库数据项对应。

借助机器学习推荐来简化人工操作，根据语义相似度和采样值域测试，推荐相似度最高的数据项关联数据表字段，并根据数据特点选择适合的转换规则进行自动标准化测试。根据数据项的规则模板自动生成字段的稽核任务。

规则体系中包含很多数据处理的逻辑：将不同数据来源中各种时间格式的数据项，转化成统一的时间戳（timestamp）格式；对数据项做加密或者哈希转换；对身份证号做校验，检验是否为合法的 18 位身份证号，如果是 15 位的，则将其统一转换成 18 位；将多个数据项通过指定拼接符号，连接成一个数据项；将某个常量或者变量值赋给某个数据项等。

规则库中的规则可以多层级迭代，形成数据处理的一条规则链。规则链上，上一条规则的输出作为下一条规则的输入，通过规则的组合，能够灵活地支持各种数据处理逻辑。例如，对身份证号先使用全角转半角的规则，对输出的半角值使用身份证校验转换规则，统一成 18 位的身份证号；再对 18 位身份证号使用数据脱敏规则，将身份证号转成脱敏后的字符串。

（2）标准代码库映射

映射标准代码库是基于国标或者通用的规范建立的 key-value 字典库，字典库遵循国标值域、公安装备资产分类与代码等标准进行构建。当数据项的命名为 XXXDM（XXX代码）时，根据字典库的国标或部标代码，通过字典规则关联出与代码数据项对应的代码名称数据项 XXXDMMC（XXX 代码名称）。

（三）数据清洗

1. 数据清洗背景

数据质量一般由准确性、完整性、一致性、时效性、可信性以及可解释性等特征来描述，根据 Rahm 等人在 2000 年对数据质量基于单数据源还是多数据源以及问题出在模式层还是实例层的标准进行分类，将数据质量问题分为单数据源模式层问题、单数据源实例层问题、多数据源模式层问题和多数据源实例层问题 4 大类。现实生活中的数据极易受到噪声、缺失值和不一致数据的侵扰，数据集成可能也会产生数据不一致的情况，数据清洗就是识别并且（可能）修复这些“脏数据”的过程。如果一个数据库数据规范工作做得好，会给数据清洗工作减少许多麻烦。对于数据清洗工作的研究基本上是基于相似重复记录的识别与剔除方法展开的，并且以召回率和准确率作为算法的评价指标。现有的清洗技术大都是孤立使用的，不同的清洗算法作为黑盒子以顺序执行或以交错方式执行，而这种方法没有考虑不同清洗类型规则之间的交互简化了问题的复杂性，但这种简化可能会影响最终修复的质量，因此需要把数据清洗放在上下文中结合端到端质量执行机制进行整体清洗。随着大数据时代的到来，现在已经有不少有关大数据清洗系统的研究，不仅有对于数据一致性以及实体匹配的研究，也有基于 Map Reduce 的数据清洗系统的优化研究。

2. 数据清洗基本方法

从微观层面来看，数据清洗的对象分为模式层数据清洗和实例层数据清洗。数据清洗识别并修复的“脏数据”主要有错误数据、不完整的数据以及相似重复的数据，根据“脏数据”，数据清洗也可以分为 3 类：属性错误清洗、不完整数据清洗以及相似重复记录清洗，下面分别对每种情况进行具体分析。

（1）属性错误清洗

数据库中很多数据违反最初定义的完整性约束，存在大量不一致的、有冲突的数据和噪声数据，我们应该识别出这些错误数据，然后进行错误清洗。

①属性错误检测。属性错误检测有基于定量的方法和基于定性的方法。

定量的误差检测一般在离群点检测的基础上采用统计方法来识别异常行为和误差，离群点检测是找出与其他观察结果偏离太多的点，Aggarwal 将关于离群点检测方法又分为 6 种类型：极值分析、聚类模型、基于距离的模型、基于密度的模型、概率模型、信息理论模型，并对这几种模型进行了详尽的介绍。

定性的误差检测一般依赖于描述性方法指定一个合法的数据实例的模式或约束，因此确定违反这些模式或者约束的就是错误数据。

图 1-4 描述了定性误差检测技术在 3 个不同方面的不同分类，对图中提出的 3 个问题进行分析。

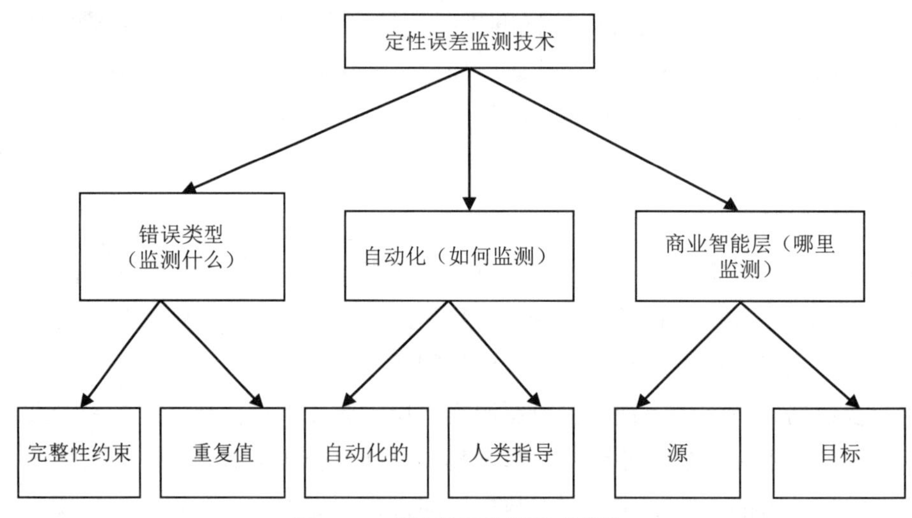

图 1-4　定性误差检测技术分类

首先，错误类型是指要监测什么。定性误差检测技术可以根据捕捉到的错误类型来进行分类。目前，大量的工作都是使用完整性约束来捕获数据库应该遵守的数据质量规则，虽然重复值也违反了完整性约束，但是重复值的识别与清洗是数据清洗的一个核心。

其次，自动化检测。根据人类的参与与否以及参与步骤来对定性误差检测技术进行分类，大部分检测过程都是全自动化的，个别技术涉及人类参与。

最后，商业智能层是指在哪里检测。错误可以发生在数据治理的任何阶段，大部分检测都是针对原始数据库的，但是有些错误只能在数据治理后获得更多的语义和业务逻辑才能检测出来。

对属性错误进行检测不仅可以使用统计方法，还可以使用一些商业工具，如数据清洗工具以及数据审计工具等。Potters Wheel 是一种公开的数据清洗工具，不仅支持异常检测，还支持后面数据不一致清洗所用到的数据变换功能。

②属性错误清洗。属性错误清洗包括噪声数据以及不一致的数据清洗。

噪声数据清洗也称光滑噪声技术，主要有分箱以及回归两种方法。分箱方法是通过周围邻近的值来光滑有序的数据值但是只是局部光滑；回归方法是使用回归函数拟合数据来光滑噪声。

不一致数据的清洗在某些情况下可以参照其他材料使用人工进行修改，可以借助知识工程工具来找到违反限制的数据，例如，如果知道数据的函数依赖关系，通过函数关系修改属性值。但是大部分不一致情况都需要进行数据变换，即定义一系列的变换纠正数据，也有很多商业工具提供数据变换的功能，如数据迁移工具和 ETL 工具等，但是这些功能都是有限的。

（2）不完整数据清洗

在实际应用中，数据缺失是一种不可避免的现象。很多情况下会造成数据值的缺失，例如，填写某些表格时需要填写配偶信息，未婚的人就无法填写此字段，或者在业务处理的稍后步骤提供值，字段也可能缺失。处理缺失值目前有以下几种方法。

①忽略元组。一般情况下，当此元组缺少多个属性值时常采用此方法，否则该方法不是很有效。当忽略了此条元组之后，元组内剩下的有值的属性也不能被采用，这些数据可能是有用的。

②人工填写缺失值。这种方法最大的缺点就是需要大量的时间和人力，数据清理技术需要做到最少的人工干预，并且在数据集很大、缺失很多属性值时，这种方法行不通。

③全局变量填充缺失值。使用同一个常量来填充属性的缺失值。这种方法虽然使用较为简单，但是有时不可靠。例如，用统一的常量“NULL”来填写缺失值，在后续的数据挖掘中，可能会认为它们形成了一个有趣的概念。

④中心度量填充缺失值。使用属性的中心度量来填充缺失值。中心度量是指数据分布的“中间”值，例如均值或者中位数，数据对称分布使用均值、倾斜分布使用中位数。

⑤使用最可能的值填充。相当于数值预测的概念。回归分析是数值预测最常用的统计学方法，此外也可以使用贝叶斯形式化方法的基于推理工具或决策树归纳确定缺失值。鉴于现在很多人为了保护自己的隐私或者为了方便，随意地选择窗口中给定的值，Hua 等人于 2007 年提出了一种识别伪装缺失数据的启发式方法，当用户不愿意泄露个人信息时故意错误地选择窗口上的默认值（如生日字段），这时数据就会被捕获。

（3）相似重复记录清洗

①相似重复记录识别。消除相似重复记录，首先应该识别出相同或不同数据集中的两个实体是否指向同一实体，这个过程也叫实体对齐或实体匹配。文本相似度度量是实体对齐的最基础方法，大致分为 4 种：基于字符的（例如编辑距离、仿射间隙距离、Smith-Waterman 距离、Jaro 距离度量、Q-gram 距离）、基于单词的（例如 Jaccard 系数）、混合型（例如 soft TF-IDF）和基于语义的（例如 Word Net）。随着知识表示学习在各个领域的发展，一些研究人员提出了基于表示学习的实体匹配算法，但均是以 TransE 系列模型为基础构建的。TransE 首次提出基于翻译的方法，将关系解释为实体的低位向量之间的翻译操作，随之涌现出一些扩展的典型算法，下面对这些算法进行简单介绍。

MTransE 算法：基于转移的方法解决多语言知识图谱中的实体对齐。首先，使用 Trans E 对单个的知识图谱进行表示学习；其次，学习不同空间的线性变换来进行实体对齐。转移方法有基于距离的轴校准、翻译向量、线性变换 3 种。该知识模型简单复用 Trans E，对于提高实体对齐的精度仍存在很大局限。

JAPE 算法是针对跨语言实体对齐的联合属性保护模型，利用属性及文字描述信息来增强实体表示学习，分为结构表示、属性表示。IPTrans E 算法使用联合表示的迭代对齐，即使用迭代的方式不断更新实体匹配。该方法分为三部分：知识表示、联合表示、迭代对齐。但这两种算法都是基于先验实体匹配，将不同知识图谱中的实体和关系嵌入统一的向量空间，然后将匹配过程转换成向量表示间距离的过程。

SEEA 算法分为两部分：属性三元组学习、关系三元组学习。该模型能够自学习，不需要对齐种子的输入。每次迭代，根据前面迭代过程所得到的表示模型，计算实体向量间的余弦相似度，并选取前 β 对添加到关系三元组中更新本次表示模型，直到收敛。收敛条件：无法选取前 β 对实体对。

实体对齐方法不仅应用于数据清洗过程中，对后续的数据集成以及数据挖掘也起到重要的作用。除此之外，还有很多重复检测的工具可以使用，如 Febrl 系统、TAILOR 工具、WHIRL 系统、Big Match 等，但是很多匹配算法只适用于英文不适合中文，所以中文数据清洗工具的开发还需要进一步研究。

②相似重复记录清洗。相似重复记录的清洗一般都采用先排序再合并的思想，代表算法有优先队列算法、近邻排序算法、多趟近邻排序算法。优先队列算法比较复杂，先将表中所有记录进行排序后，排好的记录被优先队列进行顺序扫描并动态地将它们聚类，减少记录比较的次数，匹配效率得以提高，该算法还可以很好地适应数据规模的变化。近邻排序算法是相似重复记录清洗的经典算法，近邻排序算法是采用滑动窗口机制进行相似重复记录的匹配，每次只对进入窗口的 w 条记录进行比较，只需要比较 w×N 次，提高了匹配的效率。但是它有两个很大的缺点：首先，该算法的优劣对排序关键字的依赖性很大，如果排序关键字选得不好，相似的两条记录一直没有出现在滑动窗口上就无法识别相似重复记录，导致很多条相似重复记录得不到清洗；其次，滑动窗口的值 w 很难把控，w 值太大可能会产生没必要的比较次数，w 值太小又可能会遗漏重复记录的匹配。多趟近邻排序算法是针对近邻排序算法进行改进的算法，它是进行多次近邻排序算法每次选取的滑动窗口值可以不同，且每次匹配的相似记录采用传递闭包，虽然可以减少很多遗漏记录，但也会产生误识别的情况。这两个算法的滑动窗口值和属性值的权重都是固定的，所以也有一些学者提出基于可变的滑动窗口值和不同权重的属性值来进行相似重复记录的清洗。以上算法都有一些缺陷，首先，都要进行排序，多次的外部排序会引起输入 / 输出代价过大；其次，由于字符位置具有敏感性，排序时相似重复记录不一定排在邻近的位置，对算法的准确性有影响。

（四）数据交换

1. 数据交换的基本概念

数据交换是将符合一个源模式的数据转换为符合目标模式数据的问题，该目标模式尽可能准确并且以与各种依赖性一致的方式反映源数据。

早期数据交换的一个主要方向是在关系模式之间从数据交换的上下文中寻求一阶查询的语义和复杂性。2008 年，Afrati 等人开始系统地研究数据交换中聚合查询的语义和复杂性，给出一些概念并做出了技术贡献。在一篇具有里程碑意义的论文中，Fagin 等人提出了一种纯粹逻辑的方法来完成这项任务。从这时起，在数据库研究界已经对数据交换进行了深入研究。近年来，Xiao 等人指出，跨越不同实体的数据交换是实现智能城市的重要手段，设计了一种新颖的后端计算架构——数据隐私保护自动化架构（DPA），促进在线隐私保护处理自动化，以无中断的方式与公司的主要应用系统无缝集成，允许适应灵活的模型和交叉的服务质量保证实体数据交换。随着云计算和 Web 服务的快速发展，Wu 等人将基于特征的数据交换应用于基于云的设计与制造的协作产品开发上，并提出了一种面向服务的基于云的设计和制造数据交换架构。

完善合理的数据交换服务建设，关系到大数据平台是否具有高效、稳定的处理数据能力。

2. 数据交换的实现模式

数据整合是平台建设的基础，涉及多种数据的整合手段，其中，数据交换、消息推送、通过服务总线实现应用对接等都需要定义一套通用的数据交换标准，基于此标准实现各个系统之间数据的共享和交换，并支持未来更多系统与平台的对接。平台数据交换标准的设计，充分借鉴国内外现有的各类共享交换系统的建设经验，采用基于可扩展标记语言（XML）的信息交换框架。XML 定义了一组规则，用于以人类可读和机器可读的格式编码文档，它由国际万维网联盟设计。XML 文档格式良好且结构化，因此它们更易于解析和编写。由于它具有简化、跨平台、可扩展性和自我描述等特征，XML 成为通过互联网进行数据传输的通用语言。XML 关心的重点是数据，而其他因素如数据结构和数据类型、表现以及操作，都是由其他的以 XML 为核心的相关技术完成。基于基本的 XML 语言，通过定义一套数据元模型（语义字典）和一套基于 XMLSchema 的描述规范来实现对信息的共同理解，基于此套交换标准完成数据的交换。概括地说，数据交换有以下两种实现模式。

（1）协议式交换

协议式数据交换是源系统和目标系统之间定义一个数据交换交互协议，遵循制定的协议，通过将一个系统数据库的数据移植到另一个系统的数据库来完成数据交换。Tyagi 等人于 2017 年提出一种通用的交互式通信协议，称为递归数据交换协议（RDE），它可以获得各方观察到的任何数据序列，并提供单独的性能序列保证；并于 2018 年提出了一种新的数据交换交互协议，它可以逐步增加通信大小，直到任务完成，还导出了基于将数据交换问题与密钥协议问题相关联的最小位数的下限。这种交换模式的优点在于：它无须对底层数据库的应用逻辑和数据结构做任何改变，可以直接用于开发在数据访问层。但是编程人员基于底层数据库进行直接修改也是这种模式的缺点之一，编程人员首先要对双方数据库的底层设计有清楚的了解，需要承担较高的安全风险；其次，编程人员在修改原有数据访问层时需要保证数据的完整性和一致性。这种模式的另一个缺点在于系统的可重用性很低，每次对于不同应用的数据交换都需要做不同的设计。

（2）标准化交换

标准化数据交换是指在网络环境中建立一个可供多方共享的方法作为统一的标准，使得跨平台应用程序之间实现数据共享和交换。下面我们依旧以安徽人与新疆人做交易为例来解释这种交换模式。为了解决双方无法沟通的困境，双方约定每次见面交易都使用普通话这种标准来交流，当下次即使遇到全国各地的人，也可以使用普通话来交流，而且大家只需要熟悉普通话的语法规则即可，无须精通各地的语言。这种交换模式的优点显而易见，系统对于不同的应用只需要提供一个多方共享的标准即可，具有很高的可重用性。实现基于 XML 的数据交换平台确实需要一系列的努力和资源来创建 / 管理交换，但它不是对现有系统的大规模改变而是有限的改变，所以使用基于 XML 数据交换的关键优势是信息共享的组织不需要更改其现有的数据存储或标准，使得异构系统之间可以实现最大限度的协同，并在现有数据交换应用的基础上扩展更多新的应用，从而对不同企业间发展应用集成起到促进作用。

（五）数据集成

在信息化建设初期，由于缺乏有效合理的规划和协作，信息孤岛的现象普遍存在，大量的冗余数据和垃圾数据存在于信息系统中，数据质量得不到保证，信息的利用效率明显低下。为了解决这个问题，数据集成技术应运而生。数据集成技术是协调数据源之间不匹配问题，将异构、分布、自治的数据集成在一起，为用户提供单一视图，从而可以透明地访问数据源。系统数据集成主要指异构数据集成，重点是数据标准化和元数据中心的建立。

（1）数据标准化

数据标准化的作用在于提高系统的可移植性、互操作性、可伸缩性、通用性和共享性。数据集成依据的数据标准包括属性数据标准、网络应用标准和系统元数据标准。名词术语词典、数据文件属性字典、菜单词典及各类代码表等为系统公共数据，在此基础上促成系统间的术语、名称、代码的统一，促成属性数据统一的维护管理。元数据中心的建立：在建立元数据标准的基础上，统一进行数据抽取、格式转换、重组、储存，实现对各业务系统数据的整合。经处理的数据保存在工作数据库中，库中所有属性数据文件代码及各数据文件中的属性项代码均按标准化要求编制，在整个系统中保持唯一性，可以迅速、准确地定位。各属性项的文字值及代码，也都通过词库建设进行标准化处理，实现一词一义。建立元数据中心的基本流程如图 1-5 所示。

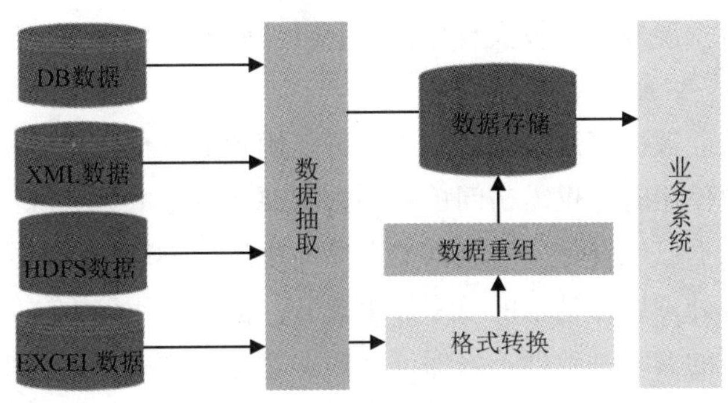

图 1-5　元数据中心

（2）数据集成方法

数据规范和数据交换的完成，对数据集成的有效进行提供了很大的帮助，但在数据集成时仍然需要解决以下难题。首先，异构性。数据异构分为两个方面：其一，不同数据源数据的结构不同，此为结构性异构；其二，不同数据源的数据项在含义上有差别，此为语义性异构。其次，数据源的异地分布性。最后，数据源的自治性。数据源可以改变自身的结构和数据，这就要求数据集成系统应具有鲁棒性。

为了解决这些难题，现在有模式集成方法、数据复制方法和基于本体的方法几种典型的数据集成方法：

①模式集成方法。模式集成方法为用户提供统一的查询接口，通过中介模式访问实时数据，该模式直接从原始数据库检索信息，如图 1-6 所示。该方法的实现共分为 4 个主要步骤：源数据库的发现、查询接口模式的抽取、领域源数据库的分类和全局查询接口集成。

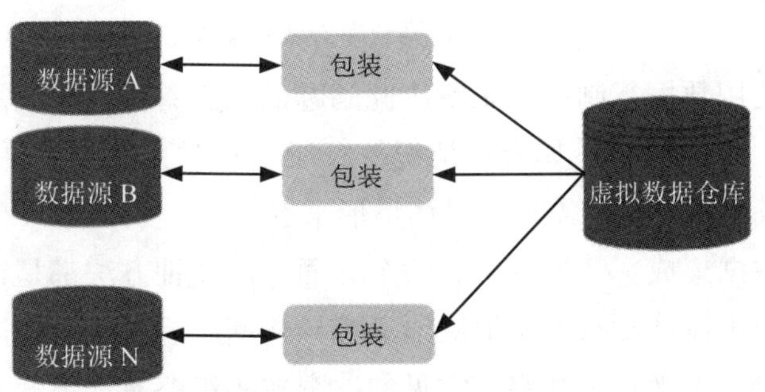

图 1-6　模式集成方法示意图

模式集成方法依赖于中介模式与原始源模式之间的映射，并将查询转换为专用查询，以匹配原始数据库的模式。这种映射可以用两种方式指定：作为从中介模式中的实体到原始数据源中的实体的映射——全局视图（GAV）方法，或者作为从原始源中的实体到中介模式——本地视图（LAV）方法的映射。后一种方法需要更复杂的推理来解析对中介模式的查询，但是可以更容易地将新数据源添加到稳定中介模式中。

模式集成方法的优点是为用户提供了统一的访问接口和全局数据视图；缺点是用户使用该方法时经常需要访问多个数据源，存在很大的网络延迟，数据源之间无法进行交互。如果被集成的数据源规模比较大且数据实时性比较高更新频繁，则一般采用模式集成方法。

②数据复制方法。数据复制方法是将用户可能用到的其他数据源的数据预先复制到统一的数据源中，用户使用时，仅需访问单一的数据源或少量的数据源。该方法提供了紧密耦合的体系结构，数据已经在单个可查询的存储库中进行物理协调，因此解析查询通常需要很少的时间，系统处理用户请求的效率显著提升；但在使用该方法时，数据复制需要一定的时间，所以数据的实时一致性不好保证。数据仓库方法是数据复制方法的一种常见方式，第一个数据集成系统便是使用该方法于 1991 年在明尼苏达大学设计的。该方法的过程是：先提取各个异构数据源中的数据，然后转换、加载到数据仓库中，用户在访问数据仓库查找数据时，类似访问普通数据库。

对于经常更新的数据集，数据仓库方法不太可行，需要连续重新执行提取、转换、加载（ETL）过程以进行同步。根据数据复制方法的优缺点可以看出：数据源相对稳定或者用户查询模式已知或有限的时候，适合采用数据复制方法。数据仓库方法示意图如图 1-7 所示。

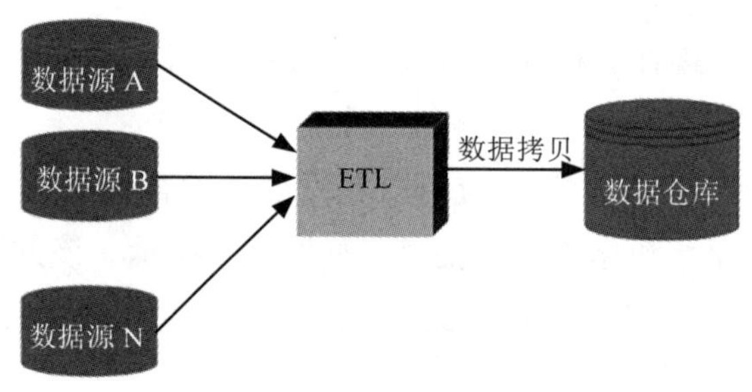

图 1-7　数据仓库方法示意图

如果我们选择使用数据复制方法来解决此问题的话，首先，我们需要把所有数据信息复制到数据仓库中，每当数据（如天气情况）有所更新时，我们也要手动集成到系统中。所以，两种数据集成方法的使用需根据具体情形来选择。

③基于本体的数据集成。数据异构有两个方面：前两种方法都是针对解决结构异构而提出的解决方案，而本体技术致力于解决语义性异构问题。语义集成过程中，一般通过冲突检测、真值发现等技术来解决冲突，常见的冲突解决策略有如下 3 类：冲突忽略、冲突避免和冲突消解。冲突忽略是人工干预把冲突留给用户解决。冲突避免是对所有的情形使用统一的约束规则。冲突消解又分为 3 类：一是基于投票的方法采用简单的少数服从多数策略；二是基于质量的方法，此方法在第 1 种方法的基础上考虑数据来源的可信度；三是基于关系的方法，此方法在第 2 种方法的基础上考虑不同数据来源之间的关系。

本体是对某一领域中的概念及其之间关系的显示描述，基于本体的数据集成系统允许用户通过对本体描述的全局模式的查询来有效地访问位于多个数据源中的数据。陶春等人针对基于本体的 XML 数据集成的查询处理提出了优化算法。目前，基于本体技术的数据集成方法有 3 种，分别为：单本体方法、多本体方法和混合本体方法。

由于单本体方法所有的数据源都要与共享词汇库全局本体关联，应用范围很小，且数据源的改变会影响全局本体的改变。为了解决单本体方法的缺陷，多本体方法应运而生。多本体方法的每个数据源都由各自的本体进行描述，它的优点是数据源的改变对本体的影响小，但是由于缺少共享的词汇库，不同的数据源之间难以比较，数据源之间的共享性和交互性相对较差。混合本体方法的提出，解决了单本体方法和多本体方法的不足：混合本体的每个数据源的语义都由它们各自的本体进行描述，解决了单本体方法方法的缺点。混合本体还建立了一个全局共享词汇库以解决多本体方法的缺点，如图 1-8 所示。混合本体方法有效地解决了数据源间的语义异构问题。

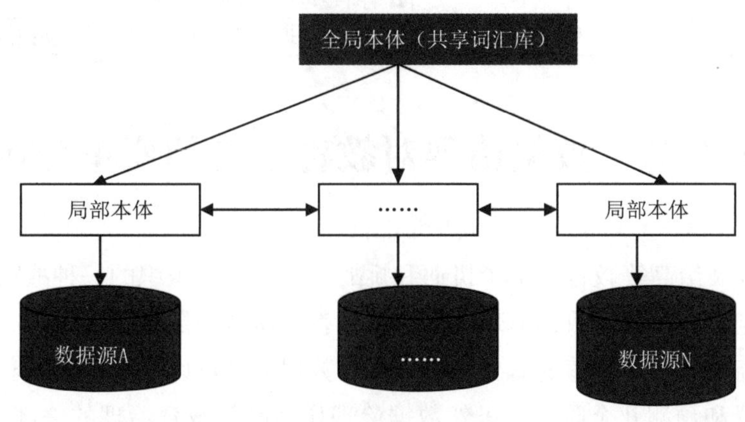

图 1-8　混合本体方法

二、数据治理的应用实践

现代组织日常经营活动中积累产生了大量的数据，这些数据除了能支持传统的业务运营，也被广泛用于各个行业的决策支持、信息分析、风险控制、绩效考核等，表 1-2 集中梳理了国内外具有代表性的现有各领域研究的开展情况。国外数据治理的研究在金融、教育、环境、农业、医疗等领域有所应用，而国内的研究应用多数借鉴了国外的思想，且研究应用领域较为局限，成熟的研究主要集中在科学数据聚集的图书情报领域。

表 1-2　现有应用领域的研究开展情况

研究领域	研究人员	研究概述
商业	Begg&Caira	采用行动研究，对 10 个中小企业进行调研，探讨数据治理使用的意识、态度、潜在价值和实施障碍
	Ng，Lo&Choy	设计一个集成了知识管理战略和数据治理的概念性框架，确保了合理决策的有效性，也降低了会计信息造假的可能性
金融	Demarquet	从 5 个方面指出金融领域也需要数据治理的原因
教育	Putro&Surendro	强调数据治理过程中的文化因素，以印度尼西亚大学为研究对象，确定其组织文化类型和领导风格，从而选择合适的数据治理方式
	许晓东等	将高等教育数据治理分为数据的获取和抽取、整合和分析、解释和预测三个阶段
	Ogier，Hall，Bailey.，et al	运用英国格拉斯哥大学人文科学技术与信息学院开发的数据资产框架 DAF 评估图书馆的电子数据资源

续表

研究领域	研究人员	研究概述
图书馆服务	包冬梅，范颖捷，李鸣	总结了数据治理在四个方面的作用，提出了高校图书馆数据治理的参考框架
	顾立平	从多个方面论述了数据治理是图书馆事业的重要发展机遇
医疗	Rosenbaum	关注医疗数据获取的隐私和安全、数据的所有权问题，探寻了医疗信息数据治理的未来道路
农业	Ge&Brewster	给出了针对农业领域的信息治理、信息机构、社会机构三要素的数据治理框架
环境	Soma，Termeer&Opdam	总结了数据治理在环境科学领域的应用，揭示了数据治理影响环境可持续发展的规律
安全管理	单勇	将数据治理的思想应用到社会治安防控体系

第四节　数据治理对教育带来的变革分析

大数据的发展给高等教育带来了机遇和挑战。数据作为组织的一种战略资源，可以为组织决策的制定提供支撑。数据治理是提高大学教育质量的需要，是提高大学决策科学性的需要，是提高大学管理效率的需要。高等教育数据治理可以分为数据的获取和抽取、整合和分析、解释和预测几个阶段。虽然数据治理作为高等教育治理的一部分才刚刚萌芽，但为决策系统提供支持是数据治理的动力所在。数据治理理应且必将成为高等教育治理的一个重要组成部分。

一、高等教育的数据治理

高等教育的发展与技术的进步是密不可分的，每一次技术的革新都会给高等教育带来创新性发展，比如 MOOCs 课程的发展改变了我们传统的教学和学习方式。但是，最能对高等教育的发展产生革命性影响的数据（data）却常常在每一次变革中遭到忽视。数据的大量增加使得对数据的存储、获取和分析的要求越来越强烈，虽然新技术的发展使我们能够更快速、更便捷地处理数据，但现在我们对数据的处理仍然处在确保学生能够选择正确课程的阶段，而不是利用学生和课程的信息来进行招生和课程规划等；还未能够对数据进行有效的应用，特别是社会舆论对高等教育形成的大数据尚未引起办学者的足够关注。但是，我们必须承认，以数据为基础的决策显著地改善了组织的产出和生产率。

（一）数据治理是提高大学教育质量的需要

中国高等教育的大发展一方面为社会提供了更多的合格劳动力，另一方面也给大学治理带来了巨大的挑战。现在，中国的高等教育已经从精英教育走向了大众教育，从以数量为主的规模化发展转为了以提高质量为主的内涵式发展；比如学校的课程质量、教师质量、研究设备、大学的排名等，都是政府和社会广为关注的，高等教育的问责使大学十分注重自己的绩效。同时，激烈的国际高等教育市场竞争和中国建设世界一流大学的目标也促使我们把质量摆在首位。大数据方法是提高高等教育质量的有效途径。美国高校已经应用大数据的“学习分析技术”，通过对与学生相关的海量数据进行分析，教师能够辨别每个学生的学习行为和学习模式，可以实时监控学生的学习情况，发现学生的问题所在；也可以获得学生对学习材料的掌握情况，从而针对学生的个人情况制订个性化学习方案，减少辍学率，提高毕业率。

里奥萨拉多学院（Rio Salado College）有41000名学生注册了网上课程，建立了发展和课程参与系统（Progress Course Engagement System），自动追踪学生的学习情况。该系统包含学生登录课程的次数、查看教学材料的情况、课程得分情况三个方面的数据。其旨在通过个性化的指导及关注学生的个性化需要来实现教育目标。利用该系统得到的报告分为绿色、黄色、红色三个预警等级，预测准确率在70%左右。另外，北亚利桑那大学的分数评估系统（Grade Per-formance System）、普渡大学的课程信号系统（Course Signals System）、鲍尔州立大学（Ball State University）的可视化合作知识群（Visualizing Collaborative Knowledge Work）都是类似的系统。不仅如此，数据治理还可以帮助我们发现常规情况下难以发现的问题，进而促使大学转变方式、改善措施，有效保证教育质量。

例如，华中科技大学的课题组利用深层网络数据爬取技术，对H大学、J大学、X大学的本科教育质量进行大数据研究。通过对爬取到的数据进行结构化统计分析，我们发现了一些民间与官方不太一致的数据。通过对这些数据的着重研究，我们发现了一些常规研究难以发现的问题，得出了一系列常规研究难以得到的对策和建议，大大有利于这三所高校的教育质量的提高。

（二）数据治理是提高大学决策科学性的需要

有学者认为，如果大学想要在高等教育市场中取胜，那就必须将技术作为战略工具来进行规划发展。数据治理作为一种有力的新兴战略工具，能够使大学清楚地看到自己的优势和劣势，有利于提高大学决策的合理性，进而为教师和学生提供更加优质的服务，更加切合社会经济的发展需要。另外，有学者认为，信息交流技术（Information Communication Technology，ICT）在改善组织决策方面起显著作用。而数据治理，就是通过应用信息交流技术来实现信息交流和共享的，其可以被理解为运用科技手段将信息有效、快速、透明地传递给公众的过程，或者是组织内部不同部门之间相互沟通的过程。这种信息交流和共享可以为底层和弱势群体提供参与决策的机会，信息的质量和通畅性决定了广大利益主体能否最大限度地参与决策，这对于“底部厚重”的大学决策来说，有利于保证利益主体的知情权和决策权。

数据治理符合大学治理的去中心化和协商民主的特点，为改善大学治理的透明度提供了机会和途径，这就极大地提高了大学决策的科学性。田纳西大学信息系统是应用大数据方面的先锋。这个平台提供了公正的评价田纳西大学的资料，提供了十项关键评价指标，比如学生毕业率，机械、法律、护理、药学等专业的证书通过率，SAT、ACT、GRE、GMAT等入学考试的分数，与其他同行相比的学费及其承受率、师生比率、完成学位所需时间等。这些数据使学生、家长以及其他利益主体都能够自主地评价田纳西大学。此系统对所有的公众开放，而不用通过田纳西大学的系统登录，这就大大增加了大学的透明度，提高了大学决策的透明性、合理性与科学性，也为其他高校提供了宝贵的借鉴模型。现在，该校领导正在考虑建立各级学院的信息系统，并且这些学院数据也完全对公众开放。

（三）数据治理是提高大学管理效率的需要

大数据注重顾客的体验和需求，是分析和改善组织管理效率的有力工具。在高等教育领域，数据技术带来的不仅是教学和学习手段的更新，还有管理方式的改变。大学管理者应该考虑新技术的发展及日益增加的学习者的需求。大学领导者必须明白，数据治理不能仅仅局限于大学管理的高层，而是应该包含学校的各个层级。华中科技大学利用数字迎新系统的信息，在开学前就知道了新生自助办理手续的情况，包括自选宿舍信息、财务缴费信息、生活用品选购信息等数据，有助于精准安排接待新生现场报到的人员和资源；同时，利用数字迎新系统的信息还使我们掌握了各个时间节点新生到达的人数，有助于精准安排车辆和学生志愿者，这些都大大提高了管理效率。数据治理的发展改善了管理层与其他利益相关者的关系，使得各利益相关者共同关注学校整体的发展目标，通过更广泛的参与、在线群体讨论以及学习、生活改革等方式，使大学各个层级都能致力于大学整体目标的实现。

数据治理与传统治理的不同之处在于，它关注每个主体的需求，尽可能地降低人为的干预，建立公平、反应迅速的系统，提高大学管理效率，进而带来更大的收益。数据治理以其高效、负责和透明的特征成为高等教育治理的又一研究课题。它符合善治的透明性（Transparency）、责任性（Responsibility）、回应（Responsiveness）和有效（Effectiveness）的特点。数据治理的有效应用可以使大学变得更加智慧（Intelligent）和敏捷（Smart）。

二、高等教育数据治理的分析框架

虽然目前高等教育数据治理技术还不非常完善，仍有许多技术难题需要解决，比如数据体积过大、同质性过高、更新速度过快等，但其对大学发展的重要性不言而喻。大学包括不同类型的决策者，有学生、家长、教师、管理者等，他们都会对大学的决策和管理产生影响。因此，使他们获得相关的可信的数据非常重要，这也影响着决策的有效程度。高等教育数据治理分为数据的获取和抽取、整合和分析、解释和预测三个阶段。

（一）获取和抽取

从大量元数据中提取出有用的数据是非常重要的一项基本工作。不同的数据来自不同的数据产生者，包括不同学校产生的数据、学校层面的数据、学院层面的数据、项目的数据、课程的数据、学生的数据、学习管理系统（Learning Management System）或课程管理系统（Course Management System）的数据等，也包括来自网络（脸书、推特和博客等）的数据。首先要做的工作是利用高效的数据爬取软件获取海量数据，然后将这些数据按照一定的顺序排列存储。明确这些数据所代表的信息，并依据某一标准丢弃不需要的数据，保留有用或有关的数据。这个时候，数据已经被格式化，可以进行下一步的整合和分析。

（二）整合和分析

对大数据来讲，虽然高等教育的数据是凌乱的（Messy）、动态的（Dynamic），但仍然可以从中获取有用的数据。鉴于高等教育数据的庞大性和异质性，数据的整合和分析是非常关键的一步。如何将不同的高等教育数据结构化并以计算机能够明白的方式进行编码是其中的核心。在检查冗余、遗失及矛盾的数据中可能会发现这些高等教育数据之间隐藏的信息。数据库之间缺乏合作以及非结构化的语言都是高等教育数据治理需要面临的问题。

（三）解释和预测

如果高等教育的这些数据不能够被有效地解释，或者不能够被决策者参考，那么它们毫无价值。解释的过程包括检验所有的假设和重新回顾分析的过程，通过数据挖掘技术、描述性和推论性统计方法，比如相关、回归、市场分析、图表分析等分析信息的意义。这是一项冗长而又复杂的工作，因此在解释结果的时候提供额外的指导信息是非常必要的。数据解释可以使决策者更加清晰地看到顾客的需求、了解影响大学发展的关键指标、得到详细及可解释的问题阐述报告，进而在报告的基础上，运用决策树（Decision Trees）和策略地图（Strategy Maps）等方法针对特定的问题制定出有效的战略决策。

三、高等教育数据治理的实施

（一）高等教育数据治理的实施概况

大数据时代背景下，政府、企业、公司都已经开始积极应对大数据发展所带来的机遇和挑战，当然，高等教育领域也不例外。2011 年由美国西部大学协会（Western Interstate Commission for Higher Education，WICHE）的分会教育技术协会（Cooperative for Educational Technologies）发起的预测分析报告框架（Predictive Analytics Reporting Frameword），是美国大学之间的数据共享计划，其最初有 6 个主要机构参加，现在已增至 16 个。这项计划的目的在于确定影响学生保留率以及发展因素，进而为提高学生的毕业率提供政策和建议。目前，该计划已经收到比尔·盖茨基金会（Bill Melinda Gates Foundation）的 356 万美元的支持。现在，该数据库已经收集了 170 万名已消除个人识别信息、匿名的学生的记录和 300 万条课程记录。2013 年，纽约大学联合加州大学伯克利分校、华盛顿大学制定了一个为期五年的规划，旨在帮助研究者充分利用日益增加的数据来进行数据管理和数据分析。该项计划耗资 3700 万美元，鼓励各种不同领域（比如物理学、经济学、遗传学等）的专家相互合作，共同建立大数据的生态系统（Ecosystem for Big Data），为将来从事跨领域研究的科学家在进行大量复杂的数据计算时提供新的路径。现在的大学生可以被称为“数据一代”（Data Generation），他们每天面对着大量的数据，具有良好的数据敏感性。作为 IBM 促进学术发展项目的一个组成部分，IBM 正在跟合作高校积极地推进关于大数据课程的学习，乔治镇大学、乔治华盛顿大学、伦斯勒理工学院、西北大学、密苏里大学等正准备在本科生及研究生课程中加入大数据课程部分，IBM 将会提供技术、专家以及资金的协助。通过课程的学习，学生将会掌握如何在商业、科学和其他领域中应用数据流（Floods of Data）。大数据时代的到来也将高校的数据建设摆在了我们面前。虽然中国高校对数据的应用意识相对薄弱，但大数据依然使我们意识到了数据本身就是巨大的知识资源。2013 年，同济大学首先携手中科曙光，构建了基于云技术的大数据柔性处理平台，为信息学科及交叉学科的发展提供了良好平台。中南大学也启动了临床大数据建设项目，开展大数据在临床医学领域大范围、系统性地探索和研究。华东师范大学云计算与大数据研究中心，联合清华大学、武汉大学、中国人民大学、中山大学、西北工业大学、东北大学、云南大学等 8 所高校以及微软、SAP、华为、上海宝信、聚胜万合、高德软件等企业组成了大数据技术和应用联盟，合作进行市场需求调研、联合项目研究和科研成果转化。

（二）高等教育数据治理的典型案例

2007 年以来，华中科技大学、中山大学、北京师范大学等高校与教育部高等教育教学评估中心合作，利用信息和网络技术，按照教学工作规律，将高等学校与本科教学工作相关的数据按照一定的逻辑关系组织起来，由此形成了全面反映教学运行状态的数据集及其管理系统，即“全国高校教学基本状态数据库系统”。该数据库系统是大数据社会下的产物，是高等教育数据治理的一个典型案例。

1.“全国高校教学基本状态数据库系统”的数据获取及抽取

“全国高校教学基本状态数据库系统”具有数据采集系统及“全国高等学校本科教学基本状态数据库数据填报指南”，各高校工作人员在该系统中填报本校的相关数据。今后，该数据库系统还将能够直接与各高校的校内教学基本状态数据平台实现无缝连接，直接汇总高校各个职能部门及二级单位的原始数据。在完成年度数据采集工作之后，对这些数据进行交叉校验、错误纠正。这就实现了利用该数据库系统进行高等教育数据治理的基本一步——数据获取及抽取。

2.“全国高校教学基本状态数据库系统”的数据整合及分析

该数据库系统在科学性、系统性、可操作性及导向性原则的指导下，确定了指标体系。在此基础上，根据学校管理体制及机构设置，将采集的数据项划分为 11 个大类，即学校基本信息、师资队伍、教育教学、教育经费、科研仪器、教学条件、学生基本情况、学生课外活动、科研情况、学科建设以及补充说明。该数据库系统建设了数据挖掘与分析子系统和评估管理信息系统，利用数据挖掘及分析技术，依据报送的数据，自动生成各种核心指标的统计值，并对同类高校的核心指标进行对比分析。同时，还将对各高校的核心指标与教育部的条件要求进行比较，对于未达标的指标，系统会给予预警和提醒；通过逐年的数据积累，还可对各高校核心指标的变化情况进行时序分析。此外，还可用于辅助评估工作。这就完成了海量数据的结构化及编码，探索了数据间的隐藏信息，实现了利用该数据库系统进行高等教育数据治理的重要一步——数据整合及分析。

3.“全国高校教学基本状态数据库系统”的数据解释和预测

该项目组利用该数据库系统，撰写了高校“教学基本状态数据分析报告”及“全国新建本科院校教学质量监测报告”，对数据所表示的信息进行了分析解释及预测。这些解释及预测使得高校、评估、政府乃至社会大众纷纷受益。例如，对于高校来说，有利于其进行教学质量的自我监控及校际比较，促进其科学决策、提高质量、有效管理，保障其健康发展；对于评估来说，有利于实现评估工作的全过程管理信息化，提高工作效率，保证评估的客观性和效果；对于政府来说，有利于其对我国高等教育及评估工作进行宏观把握，提高政府进行教育决策的科学性及可靠性；对于社会来说，有利于其真实、全面地获得高等教育教学质量的相关信息，增加其对我国高校的了解，帮助其合理、有效地选择学校及专业。这就实现了利用该数据库进行高等教育数据治理的核心一步——数据解释和预测。

四、高等教育数据治理的未来

对于大众来说，获得数据比直接获得信息或结果更为重要，他们更喜欢自己从数据中得出结果，而不是直接给他们结果。大数据在高等教育领域的应用还处于萌芽阶段，二者的结合需要领导者对以数据为基础的决策的认同和支持，也取决于未来大数据技术的发展。为决策系统提供依据是大数据发展的动力。大数据使高校教师、学生以及高校信息化均面临一定的挑战，其在高校中的应用存在一定的问题，如没有足够的教师或管理者能够胜任大数据的管理工作以及学生个人数据的隐私性和安全性问题等，同时大数据分析方法也不是解决高等教育管理者所有问题的万能药。但不可否认的是，大数据能够为管理者和决策者提供建议及指导依据，为高等教育治理带来前所未有的宝贵机遇，数据治理理应且必将成为高等教育治理的一个重要组成部分。

为此，我们要树立正确的“数据观”，遵从信息时代的发展规律，建立数据开放共享的体制机制，发现数据、尊重数据；要利用相关政策大力推进数据化战略，对相关资源进行数据化处理，盘活已有数据存量，利用大数据增量，进行数据挖掘，进而提高高等教育管理者的管理效率，增强高等教育决策的科学性，加大高等教育治理的有效性，提升高等教育质量，促进高等教育的健康发展。

第二章　应用型本科院校人才培养体系的一般性研究

第一节　应用型人才培养体系的概念辨析

一、应用型人才的概念

（一）应用型人才的基本概念和本质内涵

应用型人才概念的提出，是科技发展促进社会分工不断细化的结果。农业和畜牧业的分工、手工业从农业中分离出来、商人形成一个独立的社会阶层是人类历史上三次影响重大的社会分工。科学技术工作成为单独的行业标志着人类历史上出现了第四次社会大分工。在科学技术工作内部，就所需人才而言，又可以分为发现知识的研究型人才、运用知识的应用型人才和完成具体操作的技能型人才。

应用型人才主要是在一定的理论规范指导下，从事非学术研究性工作，其任务是将抽象的理论符号转换成具体操作构思或产品构型，将知识应用于实践。换言之，应用型人才是与精于理论研究的学术型人才和擅长实际操作的技能型人才相对应的，既有足够的理论基础和专业素养，又能够将理论知识应用于实际的人才。学术型人才的主要任务是致力于将自然科学和社会科学领域中的客观规律转化为科学原理；应用型人才的主要任务是将科学原理直接应用于社会实践领域，从而为社会创造直接的经济利益和物质财富。应用型人才的核心是“用”，本质是学以致用，“用”的基础是掌握知识与能力，“用”的对象是社会实践，“用”的目的是满足社会需求，推动社会进步。

我国正处于经济转型的关键期，新四化要求工业化路径转型，即由传统工业化向新型工业化的转型。新型工业化的特征是：科技含量高、经济效益好、资源消耗低、环境污染少、人力资源优势得到充分发挥。经济发展从要素驱动、投资驱动转向创新驱动，必须有大量专业基础扎实、技术实力雄厚、实践能力突出、真正学以致用的高素质应用型人才作为支撑。

我国经济社会发展迫切需要高校培养三类人才，一是“理论＋技术实践＋多专业知识交叉应用”的技术集成创新人才；二是“理论＋技术实践＋创新设计”的产品创意设计人才；三是“理论＋技术实践＋创业市场能力”的工程经营管理人才。

应用型人才的本质内涵是科学技术转化为现实生产力的重要桥梁，是高等教育应用价值的直接载体，是“智慧”转化为“实惠”的关键所在。

（二）应用型人才的层次

作为一种独立的人才类型，应用型人才具有分层体系，大致分为：应用型本科人才和应用型高端人才，其中，应用型高端人才主要指应用型硕士和博士。相比而言，应用型本科人才更多地偏向知识和理论的基本应用，应用型高端人才则在进行知识应用的同时，侧重于应用型科学研究，能够掌握核心技术，推动应用科学技术质的发展，在应用理论的创新方面发挥作用，取得突破。从更广意义上理解应用型人才，也可以认为高技能型人才是应用型人才体系的一个层次。由此，应用型人才体系应当包含高技能型人才、应用型本科人才和应用型高端人才，对应的高等教育培养体系由高职、应用型本科、专业硕士、专业博士四个层次组成，当前我国政府正高度重视，积极构建此应用型人才培养体系。图 2-1 是包含传统的学术型人才培养体系的我国高等教育人才培养体系模式图，应用型人才培养体系与学术型人才培养体系各自独立又互联互通，由此图可以形象地将我国高等教育人才培养体系称为大 H 型高等教育人才培养体系。

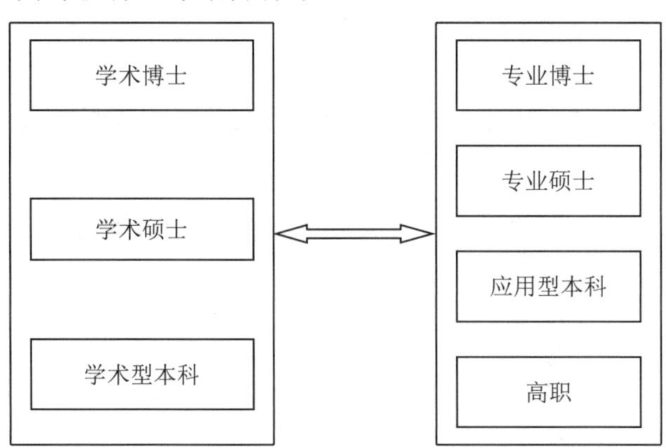

图 2-1　大 H 型高等教育人才培养体系示意图

（三）应用型人才辨析

有研究者从职能、目的、需求量、培养方式、知识结构、能力结构、素质结构等维度将学术型人才、应用型人才和技能型人才进行了严格的区分，这里仅以职能、知识结构和能力结构为例，如表 2-1 所示。

表 2-1　学术型人才、应用型人才和技能型人才辨析

人才类型	学术型人才	应用型人才	技能型人才
职能	从事科学理论研究和发展客观规律的工作	从事设计、规划、管理、决策等工作	在生产第一线或工作现场为社会谋取直接利益工作
知识结构	以学科体系为本位，注重学科知识本身的系统性和理论性	以行业设置专业，注重知识的现实性、复合性和跨学科性	以职业岗位为本位，以“必需够用”为原则构建基础理论，重在掌握实用技术和熟悉相关规范

续表

人才类型	学术型人才	应用型人才	技能型人才
能力结构	科研能力、创新能力	运用科学理论知识和方法综合能力和解决问题的实践能力，具有更强的社会能力，如语言表达能力、自我表现能力、团队精神、协调能力、交际能力等	技能型的实践能力

正由于学术型人才关注在自然科学、社会科学、人文科学领域发现和研究客观规律，偏重理论学习，其知识结构更依赖学科，具有系统性和理论性特征，科研能力、创新能力比较突出。技能型人才倾向于围绕岗位的具体应用，强调对职业技能的掌握，对理论知识“必需够用”即可，不要求知识结构的系统性和完整性。而应用型人才则介于二者之间，与学术型本科人才相比，应用型本科人才相对于科学知识，更注重技术知识；相对于理论研究，更注重技术应用；相对于某学科知识纵向精深，更注重多学科知识综合应用；相对于实践验证理论，更注重理论指导实践；相对于升学深造，更注重职业需求，其培养特征是学术性与职业性的有机统一。与技能型人才相比，应用型本科人才更强调扎实的理论教育，强调技术体系知识的系统性和完整性，强调应用科学研究的能力，强调后续职业发展潜力。

应用型是高等教育发展到一定阶段的必然取向。传统的高等教育往往具有浓厚的精英主义气质。随着高等教育规模的扩大，尤其是大众化和普及化的到来，整个高等教育从学术型和研究型转向应用型已是大势所趋。因此，有必要对应用型人才培养尤其是对应用型本科人才培养进行深入研究与探讨。

二、应用型大学的含义及特征

（一）应用型大学的含义分析

弄清楚应用型大学含义之前，首先必须明确以下几个相对应的概念或范畴：

1. 理论与应用

应用是一种适应社会需要并有一定理论指导的实践活动。不能把应用简单地理解为使用甚至操作。使用与操作主要是具体的动手方面的问题，应用则要考虑一定的需求，有一定的理论基础。理论与应用为不同的范畴，又有密切关系。理论是在实践基础上抽象出来的客观规律，研究理论的目的是应用，在应用中又丰富了理论。从理论到实践需要经过若干个环节，如同从认识世界到改造世界需要经过若干个环节一样。从认识路线来说，可以简化成如下公式：理论（发现和研究客观规律）—理论应用（将客观规律运用于相关领域，进行工程设计、规划、决策，或对行政事业进行组织、管理等）—理论应用技术与技能（能在生产、建设、管理、服务第一线进行实际操作）—理论应用技术与技能的成果（经过以上相关环节，转化为物质文明、精神文明或政治文明）。

以上公式中的各个环节虽各成体系，但也并非隔离孤立，而是相互关联，逐渐深化的。作为理论型教育强调学术学科（《辞海》解释“学术”为：“较为专门、有系统的学问”，解释“学科”为“学术的分类”），应用型教育强调学以致用。理论要最终转化为成果，还必须与相关的行业、企事业紧密结合。

2. 理论科学与应用

科学按照《辞海》解释，理论科学是综合研究一门科学的基本概念、基本原理和基本规律等的科学。其主要任务是探索人类或自然界的普遍规律，追求新的科学发现，作出新的科学预见，提出新的科学观点。它基于宏观研究，但不拘泥于具体的应用：它从应用科学中概括出来，并对应用科学起指导作用。应用科学的发展，反过来也会深化和充实理论科学。应用科学是直接服务于生产或其他社会实践的科学，由理论应用和生产技术所组成。其主要任务在于解决基础科学和技术科学物化为生产力，以及生产技术的应用等问题。应用科学的发展，对社会生产力的发展起着直接的推动作用，直接关系到国家建设的速度。

理论科学与应用科学的另一个角度或提法是基础研究与应用研究。当前我们正处于知识经济兴起与发展的时代。这一时代的重要特点是科学与技术的联系更加紧密，技术中的科学含量不断加大，科学技术转化为生产力的时间更加迅速，从发明到应用的周期不断缩短，这为应用学科或应用研究的发展提供了广阔的天地。但从我国人才，尤其是高级专家的分布来说，国家人事部人事人才研究所的研究结果表明，面向国民经济主战场的，尤其是地方基层的人才极少，今后需要重点培养的是应用科学或应用研究人才。我们强调应用学科或应用研究的时候，并不意味着我们可以忽视或削弱理论科学或基础研究，因为理论科学或基础研究是整个科学大厦赖以建立的基石，是科学不断发展的先导，是衡量一国科学水平的重要标志。但从知识经济兴起与我国经济建设的现状看，应用学科或应用研究的地位和作用更加突出。因此，我们必须把握历史机遇，大力发展应用科学或应用研究。

3. 理论型人才与应用型人才

现在人们对人才的划分并不一致，从人力资源在社会活动过程中的功能看，产业系统（以工业系统为典型）的人才一般分为理论型、工程型、技术型、技能型等。行政事业系统的人才有理论型、管理型、操作型等。此外，还有复合型、创新型、综合型或国际型人才等。北京市政府根据国家加强高层次人才队伍建设的要求，着眼于首都经济社会发展，着眼于增强首都核心竞争力，重点实施“三高一化”人才工程，即“高级公共管理人才建设工程”“高级专业技术人才建设工程”“高级经营管理人才建设工程”和“国际化人才建设工程”，这说明人才类型随形势发展需要而变化。

从哲学角度说，人才一般分为两种类型：一类是发现和研究客观规律的人才，即理论型（学术型、研究型、基础型）人才；另一类是应用客观规律为社会谋取直接利益的人才，即应用型人才。具体地说，所谓理论型人才，主要是指从事基础理论或应用基础理论研究，以及与此相关研究的科学工作者。他们的任务是运用各种抽象的价值符号系统构建某个学科或领域的概念、定律和学说，创造新知识。所谓应用型人才，主要是指从事非学术研究性工作的实际操作者。他们的任务是在一定的理论规范指导下，进行社会化的操作运用，将抽象的理论符号转换成具体的操作构思或产品构型，将新知识应用于实践。前者侧重于理论研究，后者侧重于实际操作。

理论型人才与应用型人才虽是两种领域的人才，但并非泾渭分明、高低不同的两类人才，他们有内在的联系和各自的社会需要，不能认为应用低级、理论高级。理论有初级、中级、高级之分，应用也有初级、中级、高级之分，同样可以为社会做出重大贡献。

4. 理论应用型人才与技术（技能）型人才

广义的应用型人才又分为理论应用和技术应用两个层次。从理论应用的角度说，应用型教育的要求是以知识发展和工作需要的基本技术为逻辑体系，注重掌握一定的学科知识和技术；从技术应用的角度说，应用型教育的要求是以行业、产业、岗位或岗位群所需要的技术、技能为逻辑体系，注重掌握相关的学科知识和技术与技能。从高等教育所授予的学历看，目前培养理论应用型人才主要由普通本科院校承担，培养技术应用型人才主要由高等职业专科院校承担。高等职业教育属于技术应用型教育，而不是理论应用型教育，更不是学科型或学术型教育。目前高等教育的分类研究有一种见解，就是将技术应用型人才列为本科教育，将技能应用型人才列为高职高专教育，但从实际情况看，技术与技能很难截然分开。我国教育主管部门明确提出："高职高专教育是我国高等教育的重要组成部分，培养拥护党的基本路线，适应生产、建设、管理、服务第一线需要的，德、智、体、美等方面全面发展的高等技术应用型专门人才。"有关这方面的研究专家杨金土认为，我国的职业教育原来称为职业技术教育，它的本意是职业教育和技术教育。联合国教科文组织称这类教育为技术与职业教育，它的具体内容也是技术教育和职业教育。

世界多数国家中，职业技术教育分中等、高等两个层次实施，在目前，职业教育以培养技能型人才为主，多数在中等层次；技术教育以培养技术型人才（即技术应用型人才或技术员类人才）为主，已经较多地向高等层次延伸。因此，我国的高等职业教育主要是高等技术教育。

5. 应用型大学的含义

应用型大学的含义与上述的概念或范畴都有密切的关系。比照联合国教科文组织的国际教育分类标准，广义的应用型教育相当于其中的 5A2 类本科教育和 5B 高职教育，狭义的应用型教育主要指其中的 5A2 类本科教育，即应用型本科教育。应用型教育特别注重为地方经济和社会发展服务，根据学科特点及服务情况还可以具体划分为不同的应用类型。其中，依托学科、注重专业、突出应用的以本科教育为主的院校，我们称为应用型大学。

应用型大学侧重培养从理论到实践的第二个环节的人才，即培养理论应用型（将客观规律运用于相关领域，进行工程设计、规划、决策，或对行政事业进行组织、管理等）人才。这种人才的主要特点是学以致用，具有一定的理论联系实际，以及解决实际问题的能力。第一个环节的理论人才主要由研究型大学承担，第三个环节的技术技能人才主要由高等职业院校承担。应用型大学要为地方经济社会发展培养应用型人才，同时要从事应用研究，直接服务于生产或其他社会实践。应用型教育的要求是以知识发展和工作需要的基本技术为逻辑体系，注重掌握一定的学科知识和技术。从国内外办学现状看，一部分大学明确提出自身是应用型大学，也有一部分大学（包括研究型）提出办应用型的学科与专业，培养应用型人才。总之，应用型大学或学科与专业的教育类型在现实中实际存在。应用型本科教育（相当于国际教育分类标准中的5A2类教育）已发展成为本科教育的主体。

中国以普通本科教育为主的大学数量庞大，类型也发生分化，有的侧重理论，有的侧重应用，有的兼顾理论与应用，这要结合历史与现实情况进行具体分析。归纳以本科教育为主的应用型大学的含义，大致可这样表述：面向地方经济和社会发展需要，设置应用学科专业；强化实践实训教学，提高应用能力；重视应用研究，促进产学研紧密结合；培养具有一定理论基础和技术能力，为党政机关、企事业等基层单位管理服务的应用型人才。与应用型大学侧重于培养应用型人才相区别，研究型大学侧重培养基础研究及创新拔尖人才，职业型学院侧重培养生产、建设、管理、服务第一线需要的技术技能人才和高素质劳动者。

无论是研究型大学、应用型大学还是职业型学院，作为高等教育的组成部分，其共性都是培养《中华人民共和国高等教育法》规定的“高级专门人才”，都是按学科分类或职业分工设置各类专业。由于办学类型不同，其所设专业内容、基础及面向等方面又有所区别。我国目前这三类院校从专业设置的基本方向来说：研究型大学以学术为导向，注重学科的系统、完整及学术研究；应用型大学以需求为导向，注重学科基础及社会发展所需的专门知识和能力；职业型学院以就业为导向，注重职业或岗位工作所需的技术技能以及相关的学科知识。当然三者的区别是相对的，实际其中又有相互吸收、借鉴或融合的一面。

（二）应用型大学的基本特征

应用型大学作为新兴的大学类型，需要在实践中不断总结探讨。从现有的实践经验看，至少有以下几个基本特征：

1. 为行业或地方区域经济社会发展服务

应用型大学是高等教育大众化发展的必然产物。高等教育进入大众化阶段以后，逐渐从社会的边缘走向社会的中心，经济的发展越来越离不开高等教育，社会服务成为高等学校的重要功能。应用型大学的一个基本特征就是以为行业或地方区域经济发展服务为宗旨，国外的应用型大学是这样，我国的应用型大学也必须以此为己任。我国经济发展呈现东、中、西和东北几个大的区域经济结构的特征，在此基础上，各省针对本省的优势资源和省情提出发展目标，而实现这一目标的人才保障是需要建设一批为实现这一目标服务的应用型大学。

2. 人才培养目标以应用型人才培养为目标

根据应用型教育的特点，应用型大学的人才培养目标是培养直接为地方经济社会发展服务的应用型人才，其应用型集中体现在两个方面：一是学术、技术和职业三者的结合，二是学生社会适应能力和工作能力的提高。

3. 专业设置以新兴专业或新的专业培养方向为主

两次社会现代化理论认为，一个国家由农业经济向工业经济、农业社会向工业社会、农业文明向工业文明的转变是第一次现代化阶段，而由工业经济向知识经济、工业社会向知识社会、工业文明向知识文明的转变是第二次现代化阶段。在每一次现代化过程中都会产生新的对高等教育的人才需求。应用型大学培养的人才要适应社会需要，不仅在办学定位上应坚持应用型的方向，其专业设置也应以经济社会发展需要的新兴专业和新的专业培养方向为主体，主要培养工程应用型、技术应用型、服务应用型、职业应用型、复合应用型等专业应用型人才。

4. 将面向应用作为专业建设的基本指导思想

应用型大学应把面向应用作为专业建设的基本指导思想，即在科研、教学、服务诸方面都应以应用为导向，坚持为地方区域或行业经济发展服务的性质，面向劳动力人才市场需求设置专业和办好专业。因此，应用型大学在专业建设方面应认真调查研究，了解地方经济社会发展规划、产业行业的技术需求，决定学校人才培养结构，形成学校的重点专业设置和专业层次。应依据地方发展规划的重点产业、龙头产业，集中学校力量，使高等职业教育和应用型本科教育相配合，组建专业群，实现人才培养、科技开发、社会服务为一体的组合功能。与经济社会发展紧密结合，将成为学校发展的立足之本，因此，笔者认为对于应用型大学的专业建设，本科应突出工程教育、技术教育和专业教育，专科应突出职业教育。

5. 将构建应用型学科体系，发展应用型科学研究作为学科建设的指导思想

我们对应用型大学的构思是以本科为主体，把高等职业教育作为应用型大学教育的重要组成部分，同时应努力发展应用型研究生教育。本科教育是依托学科的教育，要达到这一目的必须加强学科建设。学科建设是任何一所大学发展建设的基本任务，应用型大学必须首先搞好学科建设，它包括：规划学校的学科专业布局，遴选重点建设学科和明确学科研究方向，组建学科梯队，构建研究环境，争取研究课题和研究成果等。但应用型学科与研究型学科属于两类不同性质的学科，应用型大学在努力建设各类应用型学科的同时，还应重点发展新兴学科，尤其是发展符合自身办学宗旨和定位的技术性学科和复合性学科。制定符合应用型大学学科建设的标准和评价体系，实行鼓励应用型研究的政策措施，是建设好应用型学科体系的关键。

6. 课程体系设计强调学科和应用两个方面

学科基础知识的内容设计遵循学科内部逻辑结构，理论深度要适度降低，应用能力适度提高，教学内容针对性应大为加强，尽量考虑应用的需要；实践教学环节应以实验为主，实验依附于理论课。

应用能力课程体系应分为：

①培养较通用的能力，即指专业人群的相应工作应用能力。

②培养专业需要的专门应用能力。在能力培养过程中还应传授更多的与应用能力相关的学科性知识，特别是经验性知识和工作过程性知识。

③教学过程中注重应用型人才的素质培养。

7. 学科性教学方法与应用型教学方法相结合的教学方法

学术性高等教育认为学科是专业的基础，教学以为学生构建学科知识体系为主，主张先学好理论知识，实验的目的是对理论的理解和巩固，其教学理念是“先学再做”；应用型教育认为学科不仅是专业的基础，也是专业的背景学科基础课程体系和应用能力课程体系可以同步进行，学生应在学习和实践过程中掌握理论，技术是通过训练掌握的，技术训练是实践教学的主要环节，因此应用型教育把“做中学”“通过做学习”作为自己重要的教学理念。应用型大学的本科教育教学过程中把这两种教育理念结合起来，构建应用型教育的教学模式和方法。

此外，由于目前应用型大学的生源主体多数为居于高考成绩中间段的学生，这些学生一般具有思想活跃、参与热情高、社会活动能力强的优势，同时存在学习目标不明确、学习动力不足、稳定性差、缺乏创新精神和自我调控能力等缺点，在教学设计中，教师应更注重学生多元智能的开发，用其所长，激励学生的学习积极性。

8. 教师队伍具备应用能力素质

教师是实现学校办学定位和宗旨，贯彻落实学校办学理念，提高学校教学质量的根本保证。由于应用型大学培养的是应用型人才，所以教师队伍不仅要具备较高的学术水平，同时还要有丰富的实践经历。

9. 产学研结合是实现应用型人才培养的根本途径

应用型大学培养的是面向地方、服务大众的应用型人才，因此建立产学合作的机制是保证其健康和可持续发展的关键。应用型高等教育的科研也应与经济社会发展紧密结合，解决生产中的实际问题，推动产业发展，这也是建立互利互惠的高校和产业界合作机制，保障产学研可持续发展的关键。因此必须大力推进教育和应用型科研的结合，开展应用研究式学习，从构建新型应用型人才培养模式的高度，进一步加强实践教学的创新。

10. 走国际化道路是加快应用型大学建设的重要保证

虽然应用型大学具有较强的区域性和地方性色彩，为区域或地方的社会经济发展服务，但在经济全球化的推动下，我国投资环境日益改善，将成为世界信息业的大国和强国，成为现代制造业的中心，使区域经济与全球经济融为一体。尤其是我国加入 WTO 后，“国际规则”无疑将使地方经济带有国际化色彩，要求应用型人才的国际化，需要有“国际意识的人”“国际视野的人”“国际合作与交往能力的人”“懂得规则和善于利用规则的人”等。这都要求高校的教学思想、人才培养模式和人才培养质量带有更多的国际性特征，因此，走国际化道路是加快应用型大学建设的重要保证。

三、应用型本科人才及其培养

应用型本科人才是应用型人才的主体构成，我国大规模开展应用型本科人才培养仅仅十多年时间，至今人们对应用型本科人才培养的基本规律存在概念不清、认识模糊现象，培养措施和方法更是难觅真谛，因此，对应用型本科人才及其培养进行研究与探讨极具现实意义。

（一）应用型本科人才的基本规格

应用型本科人才是在本科专业学科的基本规范的基础上注重人才的岗位性和职业性要求的本科人才，要求他们具有本科底蕴，实践能力强，专业特长突出，是通才基础上的专才。正如上文指出，应用型本科人才在知识结构方面以行业与职业需求为本位，以技术体系为依据，自然科学与人文社会科学交融，显性知识与隐性知识（专业经验知识）并重渗透，形成复合性、动态性和先进性的知识结构。在能力结构方面，应用型本科人才应该具备较强的分析和解决实际问题的能力、较强的专业实践能力、一定的创新创造能力、必要的社会适应能力和终身学习能力。在综合素质方面，除了法律、品德、仁爱、诚信、社会责任、团队合作等基本规范要求外，还应特别强调职业素养，这是职业内在规范和要求，在职业过程中表现出来的综合品质，是应用型各类人才培养规格的“通行证”，包括职业道德、职业技能、职业行为、职业作风和职业意识等。

因此，应用型本科人才的培养规格应该是基础扎实、知识面宽、具有较强应用性和职业性的专门人才。

（二）应用型本科人才培养的基本模式、方法与途径

1. 应用型本科人才培养的基本模式

由于应用型本科人才具有区别于其他人才的众多特征，在培养过程中就必须构建区别于其他人才培养的不同模式。近年来，很多致力于应用型人才培养的高校积极开展应用型本科人才培养理论与实践的探索，他们借鉴国际先进教育理念，学习先进教育方法，结合我国实际，提出了独到见解，比如南京工程学院提出“五化、五注重”培养模式，湖南科技学院提出“学业、产业、就业、创业相互贯通”的人才培养模式，南昌工程学院提出“两平台＋N模块＋一拓展”的人才培养模式等。尽管这些模式不尽相同，但它们的基本要素和本质内涵是一致的，概括起来，可以将应用型本科人才培养的基本模式表述为：遵循本科教育的基本规律，在本科教育的基本理论知识要求之上，按照行业的职业规范制定人才标准，特别注重人才的能力培养和实践性要求，以技术体系为依据构建人才培养的课程内容体系，以胜任人才培养为原则构建“双师型”结构、多元组成的教师队伍，以加强能力培养为目的构建“做学结合”为特征的教学方法体系，以满足社会需求为目标构建“多样化”的学习评价体系和“市场化”的人才评价体系，所有这些要素的达成必须坚持产学研相融，走校企合作（行业合作）教育的道路。

2. 应用型本科人才培养的课程内容体系

“课程是教学的科目，是教学的内容和进程，是实现专业培养目标的基本单元，专业的人才培养主要是通过课程教学来实现的。”与传统本科院校相比，应用型本科院校的课程体系具有自身的特点：不是建立在学科体系上的课程内容体系，而是以技术体系为依据的课程内容体系，在“基础扎实、口径适当、强化能力、注重实践”目标指导下，强调理

论的应用性、技术的先进性。行业发展趋势、技术进步动态、市场需求呼声是应用型本科人才课程内容体系的“催化剂”，课程内容的应用性、实践性、可雇佣性是应用型人才培养过程中区别于传统本科人才课程体系中的探究性、理论性和学术性的显著特征。

3.应用型本科人才培养的教师队伍

教师队伍关系到应用型本科人才培养的质量和水平，对于以应用型人才培养为主的本科院校而言，一是要求教师队伍除了常规的学历、职称、年龄结构外，特别应当具备合理的能力结构，要求教师具有“一德三能”，即具有高尚的师德、优秀的教学能力、科研能力和工程实践能力（职业标准下的专业实践能力），其中工程实践能力要求大多数专业教师具有企业经历或掌握相关职业技能；二是要求教师多元组成，即学校要定期聘请一定数量的来自科研院所、大型企业的资深专家作为学校的外聘教师。当前工程实践能力不足是应用型本科院校教师队伍存在的突出问题，学校应当采用“内培外引”加快教师工程实践能力建设，“内培”就是将那些没有工作经历，从就读学校到任教学校，理论性惯性思维明显，工程实践能力较弱，不能很好满足应用型人才培养要求的教师，送到企业（事业单位）锻炼研修。“外引”是指引进具有应用型人才教学资质的理论性、实践性双高水平的师资，或者邀请企业的工程师参与应用型人才培养的过程。

4.应用型本科人才培养的教学方法体系

对应用型人才培养而言，其教学方法体系应在大力提倡启发式教学、互动式教学、基于问题的教学、案例教学等先进教学方法的基础上，进一步强调做中学、做中研、做中创；强调综合训练、仿真训练、创新训练等；突出项目教学和企业实习环节。这就要求应用型人才培养过程中，特别是日常教学环节，必须改变过去以课堂为中心、知识为中心、教材为中心的惯性思维，密切关注行业发展动态，实时关注技术发展的趋势，做到知识与技术相融合，理论和实践相结合，学习和实训相整合，学生能力模块与市场需求相契合。

5.应用型本科人才培养的质量评价体系

对学校而言，人才培养的质量评价体系，是保障人才培养目标顺利实现、提升学生就业竞争力的关键；对学生而言，人才培养的质量评价体系，是促进自身明确学习方向、提升学习效率的坐标。应用型人才培养的质量评价体系，其根本着眼点在于增强学生理论联系实际、解决实践问题的综合能力，这就要求此类院校对传统人才培养质量评价体系做出以下调整。

一是对学生的学习评价要采取评价方法多样、成绩构成分段、评价主体多元等有效措施，促进课程考核从评价“分数高低”向评价“能力大小”转变；学生学习从注重“期末考试”向注重“学习过程”转变；学位论文或毕业设计从注重理论研究向注重应用创新转变。应用型本科院校应当以能力培养为导向，根据不同课程、不同教学环节的特点，采用笔试、答辩、课程论文、现场答辩、综合评价等多样化学习评价方法，致力于消除传统考试重知识、轻能力，重结果、轻过程的弊端，通过考试的导向作用，促进教学方法和学习方法的转变，把学生学习的着眼点从死记硬背转向活学活用、强化能力。

二是对毕业生的质量评价以市场检验为标准，以就业率和就业质量为主要评价指标。应用型本科人才定位在行业，用人单位是最具发言权的评价主体，市场就是应用型本科人才培养质量的考场。市场对毕业生的质量评价和检验，应融合在整个人才培养过程中。对于学生毕业前的实习实训、毕业论文或毕业设计完成标准等一系列与培养质量相关的指标体系，都应该是学校和行业企业在充分互动、多元参与、彼此协商基础上共同完成。毕业生的就业率和就业质量，既是应用型本科院校履行人才培养和社会服务职能的具体体现，更应当成为这类学校获得社会声誉，保证可持续发展的动力。

6. 坚持产学研相融，走校企合作（行业合作）教育的道路

产学研相融是应用型本科院校开展应用型人才培养、推进事业发展的力量源泉，校企合作（行业合作）是应用型人才培养的必然途径。应用型本科院校唯有大力推进产学研结合、相融，才能不断提高科研水平和服务社会的能力，才能建设一支高水平的应用型教师队伍，也才能使学校与行业发展合拍，为校企合作育人奠定基础。应用型人才的特征决定了其培养必须走校企合作（行业合作）教育的道路，校企合作（行业合作）教育的内容应当包括：一要坚持产学研结合，与业界密切合作，大力开展应用科研，发展应用型学科，提升教师的科研能力，支撑应用型本科人才培养。二要通过组建学校、行业、政府主管部门共同参与的组织机构，进行人才需求预测以及人才培养标准的制定，增强人才培养与社会需求的符合度。要联合业界共建育人平台、共组教学团队、共享设备资源、共建实训基地，联合实施教学，与行业企业建立全方位、多层次的合作关系，形成与人才培养目标相适应的优质资源环境，建立协同培养、共同发展的新体制。

总之，应用型本科人才的培养，既是经济社会转型升级的需要，也是高等院校明确自身办学定位，谋求理性发展的必然。应用型本科院校的人才培养模式，必须立足于自身“服务地方经济发展，满足行业企业需求，提升课程可雇佣性，增强学生就业能力”的培养目标，打破传统人才培养模式的束缚，改变教育目标模糊不清、学生就业面向不够明确、片面强调理论知识、解决问题能力薄弱的现状，努力培养具备较强社会适应能力，尤其是职业适应和发展能力，满足经济社会发展需要的应用型本科人才。

第二节　应用型人才培养体系建设的原则及指导思想

本科院校应用型人才培养目标定位一所学校能否健康持续发展，涉及方方面面，但首先要明确培养目标定位。人才培养目标定位模糊，对于教学资源的配置、师资队伍的建设、教学内容的确定、教学方法的选择、教学活动形式的组织、教学管理制度的建立、教学质量的评价等各项工作的开展都将产生不利影响。从这个意义上说，人才培养目标定位对整个办学都起着决定性的指导作用。

一、科学认识应用型人才

经济和社会的发展，是人类认识世界、改造世界的过程，是发现规律、创新知识、转化应用、生产实践的过程，根据人们在这个过程中发挥作用的不同，可以将人才大致划分为理论型和应用型两大类。理论型人才，富有创造能力和研究兴趣，在经济和社会发展过程中主要承担发现规律、创新知识的重任；应用型人才，把发现、发明、创造变成可以实践或接近实践，主要承担转化应用、实际生产的任务。

（一）应用型人才不是低层次

人才在长期的封建社会里，人们奉行“道，为之上；器，为之下”的人才观，视技能技巧为“奇巧淫技”。多年来，我国大学也在一定程度上重“学”轻“术”，崇尚“大学者，研究高深学问者也”，常以培养“学术型”人才为大学的最高价值追求。而今，我国现行的高等学校教学工作水平评估的指标也多以“学术型”大学为参照指标，评价、指导和管理我国不同类型层次的人才培养。目前，我国应用型人才一般由职业技术学校、高职院校来培养，它们大多生源质量较低，社会声誉不高，地位明显低于普通本科院校。新建本科院校很多是由普通高等专科学校、高职院校升格而来，一般为地方性院校，层次不高，名气不大。由于历史和现实的种种因素，一定程度上，人们在潜意识中将应用型人才认同于低层次人才。

从概念本身而言，应用型人才是相对于理论型（学术型、学科型）人才而言的，他们只是类型的差异，而不是层次的差异。前者强调应用性知识，后者强调理论性知识；前者强调技术应用，后者强调科学研究；前者强调专精实用，后者强调宽口径厚基础。

事实上，我国的经济社会发展，不仅需要一大批拔尖的创新人才，还需要数以千万计的专门人才和数以亿计的高素质劳动者。有技术有技能的应用型人才已经成为当今社会经济发展中的非常关键的因素，因为很多创造最终效益的活动往往是在生产实践中产生的，而不是在实验室里产生的；很多产品的质量问题不是理论问题，而是技术水平问题。

（二）培养应用型人才的教育不是低层次教育

一般而言，大学具有教学、科学研究、社会服务等职能，根据承担职能的不同，可以将大学分为教学型大学、教学研究型大学、研究型大学。教学型大学可以将理论型人才作为自己的培养目标，也可以将应用型人才作为培养目标；同样，应用型人才也可以成为研究型大学的培养目标。从这个意义上说，以培养应用型人才为主的教育与培养理论型人才为主的教育之间没有高低之分，每一种类型的教育都有可能成为一流，也有可能降为末流。

长期以来，我国很多专科院校设有相当比例的偏重于理论性的学科专业，如文史哲、理学等，现有水平很难说是一流，培养的理论型人才也只能归属浅层次行列。相反，我国现有很多重点本科院校设有大量应用性专业，如工学、农学、医学中的诸多专业，应用文科类如新闻学、广告学专业等。历史证明，以应用为主的教育可以成为世界一流的教育。创建于 1861 年的麻省理工学院当时只是一所技术学院，而今成为全球一流大学。斯坦福大学在 1891 年创建时就认为，大学不是搞纯学术的象牙塔，而是研究与发展工作的中心，“实用教育”“创业教育”成为办学的优良传统，在科学研究上也更多地偏重于应用或具有应用前景的课题。

应用型教育相对于理论型教育而言，“应用”是学科布局、专业设置、科学研究、教学模式、质量评价、办学传统的主色调。在教学、科研、社会服务上，应用性是特色，是优势。

（三）应用型人才有层次之分

应用型人才与理论型人才相比，只是类型的差异，不存在高低贵贱之分。但是，每一种类型的人才，还可以进一步细分为不同的层次和水平。

根据在活动过程中所运用的知识和能力包含的创新程度、所解决问题的复杂程度，应用型人才可以分为如下层次：工程型、技术型、技能型。工程型人才主要依靠所学专业基本理论、专门知识和基本技能，将科学原理及学科知识体系转化为设计方案或设计图纸。技术型人才主要从事产品开发、生产现场管理、经营决策等活动，将设计方案与图纸转化为产品。技能型人才则主要依靠熟练的操作技能来具体完成产品的制作，他们把决策、设计、方案等变成现实，转化为不同形态的产品，主要承担生产实践任务。每一种应用型人才都是社会生产链条上不可或缺的一环，对于社会经济发展具有独特的作用。

因此，培养应用型人才的学校也应该有不同层次，如专科学校、本科院校、研究型大学等，有不同类型的目标定位，以形成自身的特色，满足社会发展对不同应用人才的需求，在与社会、市场的互动中求得学校生存和社会发展的共生双赢。

二、应用型人才培养定位的依据

人才培养目标定位，涉及社会人才需求情况、学校实际办学条件和生源素质等方面，即社会需要什么样的人才，学校现有条件能否培养出这样的人才，在学生原有的基础上经过学校培养后能否达到预期培养目标的规格要求。

（一）着眼于人才需求的多样化

学校生存与发展的基础在于能培养出适应社会发展需要的人才。为培养“销售对路”的人才，增强教育的适应性，学校要进行人才需求的调研与预测，包括预测社会对高等教育的需求，预测社会对专业规格的要求，以此作为人才培养目标定位的依据。社会经济发展不仅需要一定的研究型人才、学术性人才，还需要大量的从事实际工作的应用型人才；不仅需要大量的技能型应用人才，还需要一大批具有创造性的高层次应用人才。随着科学技术更新周期的大大缩短，生产技术也日益由单一的经验技术、在生产现场和生产过程中就能学习、掌握的技术为主转向以综合的理论技术为主，生产过程对劳动者素质的要求逐步提高，劳动者必须在一定的专业理论知识的基础上才能学习、掌握生产技能和生产要求。科学技术和生产技术的新变化要求高校在培养大量的技能型应用人才的同时，急需培养大量的有理论有技术的高素质应用型人才。此类人才的缺乏，使我国大量的科学研究成果大多处于理论层面，难以转化为现实生产力，制约了我国经济发展和产业结构的调整升级。因此，新建本科院校应认清应用型人才素质结构的新变化，合理确定人才培养的目标、规格，明确人才的知识、能力、素质结构。

（二）着眼于学校实际

在人才需求多规格、多层次的情况下，新建本科院校选取什么样规格、哪个层次的人才作为自己的培养目标呢？这还要着眼于学校实际办学条件。

新建本科院校大多由一些高职、高专院校重组、合并、升格而来，不仅办本科教育的历史较短，而且在学科建设、师资力量、生源层次、管理模式、教学水平、办学传统等各方面也难以培养出高层次、高水平的理论型人才。相反，新建本科院校在应用型人才培养上积累了一定的经验，培养面向生产、建设、管理、服务第一线的高素质应用型人才，不仅适应我国未来社会经济发展的内在要求，也是尊重学校客观实际的明智选择，更是发挥学校培养应用型人才的办学传统和自身优势的必由之路。特别是近年来一些大学纷纷向理论型、研究型大学靠拢，不愿培养应用型人才之时，新建本科院校在培养应用型人才上将大有用武之地。

近年来，为解决高层次应用型人才的缺口问题，我国一些研究型大学发展了以培养高层次应用型人才为目标的专业研究生教育，如工程硕士、临床医学硕士、工商管理硕士、建筑学硕士、法律硕士、教育硕士等，实践证明，这是迫切需要并且可行的。

（三）着眼于生源实际

培养目标的合理定位，还要考虑受教育对象的知识储备、能力基础和个性特征，以此增强教育的针对性。

现代多元智力理论认为，人的智力是多元的，语言能力与逻辑思维能力只是其中的一部分，智力还包括音乐—节奏智力、视觉—空间智力、身体—动觉智力、交往—交流智力等，个体的差别不在于有没有某种智力，而主要在于不同智力因素在不同个体中组合的方式与比例。不存在谁更聪明，只存在谁在哪方面聪明、怎样聪明的问题。每个学生都是独特的，同时，每个人都可以是出色的。

随着大众化高等教育阶段的到来，招生规模的扩大，一些文化基础知识不够扎实的学生也能进入大学学习，如果严格按照传统、划一的学科教学和学术标准要求他们，既不适应经济社会发展对人才多样化的需要，也不符合学生成长和发展的实际。一般而言，新建本科院校学生的学术研究能力虽然有些欠缺，对学理论缺乏兴趣，但他们是一个兴趣广泛、喜欢动脑筋、实践能力强，充满着个性化、多元化特点的、适合从事应用型职业的青年群体。因此，因材施教对新建本科院校来说有特定的意义，那就是扬长避短，因势利导，把这些在解决实际问题能力、社会交往能力、艺术想象力等方面存在优势的学生培养成各类应用型人才，使他们在解决现实生活中的实际问题上、在生产或创造出社会需要的产品上比学科型、理论型人才更出色、更有成效。这既是人力资源开发中以人为本的体现，也是高等教育大众化的内在意蕴。

三、应用型人才培养定位的基本原则

（一）发展性

一所学校的办学定位在一定历史时期内应保持相对的稳定性。但是，发展是历史的永恒主题，一所学校的人才培养定位不可能是一成不变的，必须坚持历史唯物主义发展观，既要从实际出发，充分考虑校情，不好高骛远，又要科学预测，保证一定的前瞻性。新建本科院校应深刻地理解发展的内涵。

首先，发展是一个历史渐进的过程。在应用型人才培养上，首先要循序渐进，打好基础，创出品牌，形成特色，这样生源数量才有保障，生源质量才有可能逐步提高，在激烈竞争的高等教育市场上才有立足之地和持续发展的资本，才可能逐步提高办学水平和层次。相反，急于把长远目标当作当前目标来追求，脱离学校现实，盲目仿效更高层次人才的培养模式，造成就业层面定位不准确，必将使学生在人才市场上缺乏就业空间和竞争力，终使生源数量减少、生源质量下降，从而把学校引向歧途。

其次，发展是一个不断前进的过程。在确保技能型、技术型人才培养质量的前提下，作为一所有远见的本科院校，需要不失时机地培养研究生层次的应用型人才。这需要学校大力开展科学研究，为高层次应用型人才培养提供学科支撑、创新动力。本科院校的职能决定了教师在教学的同时还要从事科学研究，而学生也绝不仅仅接受技能训练。实质上，只有从事创造性科技探索工作的教师，才能带出具有创新意识和创新能力的学生、培育出更高层次的应用型人才。

（二）全面性

作为新建本科院校，往往希望培养出来的学生上手快，动手能力强，能解决生产现场中的实际问题，迅速得到用人单位的认可，而比较容易忽视学生的发展后劲和人的协调、全面发展。一般而言，一个科学的培养目标要提出知识、能力、素质三个方面的基本规格要求，高校培养出来的专业人才应该是一个知识、能力、素质协调发展的人，是一个具有可持续发展潜力的人。这就要求新建本科院校对应用型人才培养规格的定位要有综合考虑，要正确处理好人才结构中的知识、能力和素质之间的关系。对于具有创新潜力的应用型人才来说，在知识上，一方面要有一定的广度，即不仅具有扎实的专业基础知识，还需要有过硬的应用性知识，还要有一定的财务、管理、社交等方面的知识。纯粹地研究人才主要掌握科学理论知识，纯粹的工人主要具有现场操作经验，但是技术型、工程型这种“中间人才”则两方面都要兼顾，这就是所谓的“灰领”人才。另一方面，知识要有一定的深度，要从以“够用”和“实用”为限的专科要求向“基础扎实、增强后劲”为目标的本科要求转变，从掌握职业岗位技能和技术的操作性知识向掌握完整、系统和科学的专业知识体系转变。在能力上，要从以成熟的技术和规范为基础、培养学生胜任某种职业岗位的职业技能、技艺转变为重视知识和技术的应用能力培养，由实用型、岗位针对性能力向发展型、创新型能力转变，为学生构建应用知识进行技术创新和技术二次开发的能力，形成可持续发展的能力。在素质上，新建本科院校在人才培养目标定位中，要避免“重专业、轻素养”的弊端，避免过分重视应用型人才的技术价值、工具价值，忽视人的自我发展的价值、人之所以为人的价值，要从片面强调学生的职业素质转变为重视综合素质的培养。

实际上，应用型创新人才在进行技术开发、生产管理的过程中，专业知识的运用、技能的发挥往往与个人的责任心、道德感、心理素质等非专业方面的素养关系密切，这些非专业素养直接影响着专业工作完成的效果和质量。

四、应用型本科院校人才培养方案的理念与框架

人才培养方案是实现人才培养目标的具体途径。应用型本科院校专业人才培养方案设计理念必须突出“强化教学”、学术性教育与职业性教育合理均衡、为区域经济社会服务的适用性特点，其构建框架包括理论课程体系、实践课程体系和素质拓展体系。

（一）应用型本科院校人才培养目标的价值取向与现实诉求

高校人才培养目标反映了国家、社会、学校对人才培养的总期望和总要求。一般而言，高校办学定位决定了人才培养目标定位。事实上，人才培养目标也正是高校的办学思想、办学理念和培养特色的实际载体的集中体现。培养目标与高校内外部需求的适应度、与培养模式的符合度，以及培养结果的有效度恰恰反映了一所高校的实际办学能力和教育教学质量。在经济社会快速发展的推动下，我国高等教育正处于精英化教育和大众化教育并存的时代。应用型本科院校是我国高等教育大众化的产物，其培养运用专门知识或技术于行业企业生产一线，以提高生产力，提升生产资源整合集聚度为主要工作内容和目标的人才。目标定位需要明确“以应用型本科教育而表达的社会期望”“应用型本科教育过程的实际特征以及学生在学习水平上所应达到的程度”两个核心问题，渗透着实践性、应用性、地方性或行业性的质量要求。

1. 人才培养目标的价值取向

设计一个科学合理的本科人才培养方案，首先要明确培养目标。人才培养目标是“教育实践活动过程中具有先决性质的核心概念”。而培养目标的确定依赖于人才培养的质量观。随着高等教育大众化的逐步推进，对“需求”的适应性高等教育质量观日益被众多高等院校所接受。根据高等教育满足需求对象的不同，适应性质量观可以分为内适性、外适性、个适性质量观三种。外适性质量观强调高校要满足外部社会发展需要，以社会需求和市场需求为导向，强调服务地方经济社会发展。应用型本科院校的办学定位反映了浓厚的区域社会性或行业性，它以“服务地方”为基本使命，以培养面向生产、管理一线的实用型人才为重点任务，具有强烈的行业性和地方性特征，与企业需求有着紧密联系。

一些院校“基础较厚，口径较宽，重于实践，善于运用”的高素质应用型人才培养目标，正是基于外适性质量观的市场化取向。应用型人才就其自身的社会属性来说，无论是工作岗位、内容、效益还是人才的成长过程、知识积累、能力提高，都要在社会实践过程

中其人才的效能才能实现。因此，基于外适性质量标准培养高素质应用型人才，既是高等教育“合法性”存在的体现，也是应用型院校与地方经济社会之间进行各种资源置换、能量交流的重要筹码。可以说，这种地方性导向、市场导向的教育质量标准，是应用型本科院校生存与发展的根本。

2. 人才培养目标的内在诉求

应用型人才是区别于传统的学术型人才的一种相对性概念，在不同的历史时期、不同的教育层次中有不同的内涵。实践能力是高素质应用型人才的基础性特征，“基于实践基础上的创新”是其核心价值。高素质应用型人才应该具有运用专业理论知识和方法来诊断、分析实际问题的综合能力以及将解决方案付诸实施的实践能力。这里所说的“应用性”，不只是继承性应用，而且是创造性应用；不只是对现有知识、技术、方法的应用，而且是通过不断地学习新知识、新技术、新方法，创造性地分析新情况，解决行业企业中的新问题。

应用型本科院校专业人才培养方案的逻辑基点正是在于将高素质应用型人才的基本特征概括为“实践 + 创新”，即实践能力和创新能力的叠加与复合。

其一，要求能够掌握符合本专业基本规范和基本要求的实用技术和基本技能，能够对实际岗位的工程技术、管理创新等问题保持一定的适应性和敏感性。

其二，要求具有一定的专业嗅觉，尤其在实习、实践中能够及时诊断和较快识别专业性工作岗位中存在的共性现象和关键问题，能积极探索解决问题的有效方法。

其三，注重锻炼学生收集、分析和应用相关信息的能力，培养对专业领域的新技术、新设备和新产品的浓厚兴趣。

其四，持续学习的意识和能力，具备不断自我提升、不断改造心智模式的能力。

其五，要具有扎实的人文科学素养、良好的心理素质和一定的职业伦理，如责任意识、协作精神、企业家品质、批判性思维、人格独立等。

（二）应用型本科院校人才培养方案设计的基本理念

1. 强化实践教学功能

应用型本科院校在人才培养上既要充分依托学科科研资源，又要和研究型高校甚至其他同类型高校在人才培养上适当错位，以实践能力培养为核心确立自身的教学特点，以避免专业设置和人才培养趋同化。因此，应用型本科院校人才培养方案首要的是强化实践教学功能，确定低重心、接地气的专业人才培养思路。在培养方案的制订上，要合理构建符合学校实际和目标定位的实践教学课程体系、制度体系和评价体系。注重为学生开设较多能培养其实践能力的课程，例如，着眼于职业技能训练的实习、实训课程；积极有效地拓展实习基地建设，搭建实践平台，着力培育学生的一般性应用技术能力与专业核心能力；创新教学质量评价方式方法，形成以学生实际能力为导向的评价标准。

相对于学术型人才的教育，低重心的培养和实务能力训练是应用型院校发展本科应用型教育的基本策略。低重心并不意味着低要求、低水平或降低质量，“低重心”，反映在培养目标和规格上，是依托学科平台，突出应用性，充分重视培养学生的实践能力。因此，在设计培养方案过程中，可以在某些方面对人才培养规格提出更具体、更实用的要求。每个学科专业都有自身独有的专业基本功训练和达标要求，特别是实践能力的高要求。例如财会专业，它要求本科毕业必须考得助理会计师以上的从业资格证书；机电专业本科毕业必须考得数控编程与加工等从业资格证书等。这些规格要求可以推进人才培养目标的具体化、可评测。

2. 学术性教育与职业性教育的合理平衡

作为应用型本科院校，其人才培养模式的特点应是学术性教育与职业性教育的合理平衡。在培养方案设计中，要特别注重素质教育与职业教育相结合，既要注重应用性，还要重视通识教育。科学确定专业理论与实践技能的深度和广度，结合学生入学实际水平和整体素质，整合教学内容，加大实践教学课时比例，在教学过程中让知识传授、能力培养、素质提高既相对独立又有机地结合，让每个学生都可以成为专业训练的体验者和成功学习的分享者。

3. 突出区域经济社会服务的适用性

服务地方和产业发展，是应用型本科院校的基本办学理念。体现在人才培养上，就是要根据地方经济建设和产业发展、紧扣经济社会转型和产业升级的需要制订相应的人才培养方案。

一是设置与地方产业结构和社会转型相匹配的专业，或在专业内部设置特定的专业方向，专门培养地方需要的人才。

二是根据地方发展的需求，在课程体系中植入能够体现地方产业结构特征和未来需求的课程模块，改革相应的教学内容，突出实践课程的地方性、实践性、灵活性和复合性，使学生的知识结构和实践能力能够适应经济转型、产业升级的需要。

（三）应用型本科院校人才培养方案的逻辑框架

课程体系和具体教学内容是人才培养的阿基米德点。应用型本科院校人才培养方案的主体框架包括构建和完善以专业基本理论为核心的理论课程体系，以提高专业基本技能为目标的实践课程体系，以提高综合能力和拓展专业外延为目标的素质拓展体系，形成以实务能力培养为重心的高素质应用型本科人才培养体系，体现多层次、个性化的培养特征。

1. 理论教学体系改革与调整

（1）适应学生需要，适度扩展通识教育

课程通识教育课程由必修课程和选修课程两部分组成，学时占课内总学时的 45% 左右。通识课程的设置应着眼于学生今后的发展和科学文化素质的提高。通识教育课程中的思想政治理论课、军事训练与教育、大学英语、大学计算机基础、体育、大学语文、高等数学、自然科学发展史等课程的名称、学分和周学时要严格按照统一规定执行。其他课程由各专业根据专业教育需要安排，如职业生涯与发展规划、就业指导尽量以讲座或社会实践的形式进行；理工、经管类专业对高等数学的要求更高；文献检索、大学语文、自然科学发展史等通识课程的学分和上课时段可由各专业自行安排、教务处备案。

（2）立足学生水平，适当调整学科基础

课程紧密结合学生实际水平，确定和调整学科基础课程。应总结人才培养方案执行过程中的经验，广泛征求和吸纳课程专家、业界专家等利益相关者的意见和建议，在充分论证的基础上，确定本专业的学科基础课程。

（3）因材施教，弹性开设专业课程

在高年级除开设专业必修课外，应让学生有更多的机会选修本学科的专业选修课。专业选修课程要体现对专业前沿知识、产业实务性知识的学习，为学生构建自己富有个性的知识和能力结构创造条件。专业课程学时数一般占课内总学时的25%。为突出人才培养的国际化，可要求每个专业至少在专业课里指定一门课程进行双语教学。

2. 实践教学体系改革创新

实践教学是一个培养学生获得包括实践知识、实践技能、实践理性、实践策略、实践智慧等在内的有机整体的系统过程。研究型大学同样强调实践教学，只是它们所突出的是这些要素及其组织方式的学术性、研究性特质。应用型本科院校实践教学的应用性强调的是教学要素及其组合方式的应用性。实践教学的价值不仅可以促使学生学到专业实践知识，还能让学生将这些专业实践知识运用于地方经济社会发展所需的技术、管理、工程、市场中，同时在实践中生成实践理性、实践策略和实践智慧。培养高素质应用型人才必须大力加强实践性教学环节，增加实践的教学时数，切实改进实践教学效果。要对实践性教学环节进行统筹规划，形成具有本专业特点和特色的实践教学体系。

3. 改革和完善素质拓展体系

为培养学生的实践能力与就业能力，应用型本科院校可以特别设定课外学分以鼓励学生参加课外实践活动，以提高自身综合素质和实践能力。学生可通过参加各种科技文化活动、社会实践、学科竞赛、参加各种水平和技能考试等途径获得课外学分，学校应合理规定毕业时获得的最低课外学分。课外实践活动由学生处、团委、教务处和各系组织，学院统一制定认定标准。通过制订“学生素质拓展（课外培养）实施办法”来规定获得课外学分的具体办法。

第三节　应用型人才培养体系建设的重点

一、学科专业设置

（一）学科专业设置的目标与意义

学科专业建设是培养高质量人才的平台，在大学建设中具有战略基础地位。专业是高等学校教学的基本单元。以培养高级专业人才为目标，以专业为基本形式组织实施教学，是我国高等学校人才培养的基本特点。专业的根本任务是根据社会对人才规格的要求，将相关学科的知识融合起来，组成合理的体系，培养符合社会需要的人才，专业与人才培养紧密相连。

学科是人类在认知和研究活动中，针对认知对象划分出来的知识的集合，是相对独立的知识体系。学科发展的根本任务在于知识的发现与创新，学科与科学研究紧密相连。学科与专业存在密切联系，学科是专业设置的基础。一个专业可能包含若干学科的知识，如汉语言文学教育专业可能包括文学、哲学、历史学、教育学等学科知识；以一门学科基础知识为基础又可以设置若干“相近专业”，如以经济学为基础，可以设立国际经济与贸易专业、会计学专业、金融学专业等。

教学和科研是本科院校的两大基本活动，教学活动的组织载体是专业，科研活动的组织载体是学科。人才培养的转型离不开教学内容和教学方法等的变革，这种教学的变革依赖于专业结构的调整。科学研究的转型则依赖于学科结构的调整。因而，学科专业结构的调整是地方高校人才培养和科学研究的关键。

核心竞争理论提示我们，大学核心竞争力是复杂、多元的系统，其核心是基于学科基础之上的对人、学科和专业进行科学管理，从而促进知识创新的能力。因此，科学合理的学科专业设置对形成和提高本科院校核心竞争力具有重要意义。同时，优势学科专业建设是本科院校的立足之本和强校之基，只有当某些学科和学科群占绝对优势或差异优势时，本科院校才具有强大的竞争力。

（二）本科院校学科专业设置现状与问题

当前，本科院校在应用型人才培养的学科专业中存在诸多问题。

1. 应用型专业体系不配套

发展应用性本科教育是对传统本科教育单一学术型人才培养模式的突破。就应用型本科院校内部而言，一方面，专业的应用型特征并不明晰，仅仅是将“应用型”作为一种文字表述写入了人才培养方案中，实际教育教学中依旧按照原有“学科”中心逻辑进行人才培养，难以保证人才培养目标的落实。另一方面，现在院校基本都是实行校园（系）的二级管理体制，行政权力下放，对于有限的教育资源进行分配时，专业建设经费往往集中于少数的几个优势院系或者专业，对院校整体发展不可避免地产生负面影响。就应用型本科院校之间来说，各学院间也存在差异。由于种种原因，专业建设投入难以均衡，各方投入的比重差异明显，不利于区域应用型专业的整体建设与发展。

2. 应用型本科专业教育理念偏颇

（1）专业教育理念偏颇

专业教育理念是人们基于哲学思考形成的对专业教育基本问题的认识，体现出个体所持有的教育价值观。当前应用型本科院校专业理念建设过程中存在的问题有：其一，该类院校往往效仿传统本科院校，以学科知识逻辑组织内容进行教学，注重学科知识体系结构，忽视了实践能力的培养，难以体现人才类别上的应用型特征；其二，由于发展历史的缘故，未能改变原有专科课程的思维，直接以具体行业的能力需求为指导进行人才培养，弱化了学生的知识储备，难以体现出人才层次上的差异。

大多数实施应用型本科教育的院校多为新建本科，该类院校由高职高专合并、升格而成，经历了或者正在经历着由“专”向“本”的层次过渡。部分学校基于发展实际，同一专业往往兼有本科和专科两个层次，本科仅表现为专科的扩展，课程开设几乎相同，并由同一教师负责相同或相近课程的教授。

另外，升格引发了该类院校发展过程中多方面的重新审视，其中不乏有向传统本科院校的模仿与借鉴。通过教材使用来看，专业教育观念方面的另一问题表现为，当该类院校以传统本科高校为效仿对象时，选择学科专家编写的，围绕学科知识为中心的课程教材，教授过程中突出知识的逻辑体系与整体性把握。值得注意的是，现阶段高校所使用的教材往往出现类似于“本书适用于研究生阶段、四年制本科以及专科学习”的表达，似乎一本教材可以通用于不同层次的教学。即使表明是针对应用型本科的规划教材，究其内容体系安排与传统教材并无区别，只是内容的相对减少，难易程度上进行适当调整而已。以学科知识为逻辑进行教学，易忽视教学过程中知识教授与能力培养之间的联系，导致理论与实践脱节，弱化动手能力的养成。对于培养学生应用能力的高校来讲，国内外的实践证明仅仅依靠学科专家来编制培养方案，无论对学校的教育目标还是学生自己的发展目标来说都是难以实现的。上述两方面问题的出现，究其根本原因在于专业教育理念的缺失。

（2）“知识”与“能力”的关系仍需思考

知识与能力的关系是教育学中一个永恒的话题，关系到人才培养的质量与规格，发展应用型本科教育，进行应用型人才培养是对传统单一学术型人才培养的突破，其基本的问题在于对本科应用型人才基本素质内涵的界定，只有本科应用型人才的内涵明晰了，才能有效地指导院校的人才培养。实际教育教学过程中，应用型本科院校更加突出学生能力的培养，直接以企业、行业的能力需要进行人才的实际培养，保证学生在实际工作知识的“好用、够用”，以“工具论”为指导进行教育教学。但知识的作用并不仅仅在于直接针对生产中的有用性，它还可以进行迁移，可以促进个体思维，可以引发对其他问题多维度深层次思考。

众所周知，现代职场中的精英，非相关“专业”出身的大有人在。简单的以能力为导向，仅仅将知识的“好用、够用”作为人才的培养目的，将会影响个体的发展。处理好知识与能力的关系将是应用型本科高校专业建设中不可回避的问题。

3. 应用型专业课程建设的学术化倾向

课程建设是专业建设中的核心环节，决定了整个专业建设的质量。课程建设涉及若干方面的内容，从“课程评价”“课程体系”两个方面对应用型本科院校专业课程建设中学术化倾向的问题进行说明。

（1）实践课程安排缺失

应用型本科人才知识与能力的特征，决定了应用型本科高校人才培养过程中，课程结构安排上需要进行相应调整，实践课程与理论课程的关系是其中的核心内容，也是该类高校教育教学改革的重点。当前应用型本科高校实践课程安排的问题主要体现如下：

①实施过程中传统模式的局限。高校教育教学的过程是学生专业知识掌握、能力形成的过程。传统本科教育是为学术理论型人才的培养而开展，理论课程与实践课程的编排中，实行先理论再实践的序列安排，实践课程的目的在于对理论本身的深化。目前新建本科高校往往也沿用这样的传统模式。以某校理科类物电专业为例，4 学年 8 学期的学习过程中，前 3 学年集中于理论课程学习，第 4 学年安排毕业实习和学位论文写作。前 3 学年的寒暑假期间，学生需要进行一定的社会实践。沿用了传统本科从理论到实践的课程实施顺序，从先理论再实践的课程编排，易造成学生感性认识不足，理论学习空乏，难以将所学知识进行有效的能力转化。仿造传统本科课程教学的安排使得应用型人才培养目标达成缺少形式上的保证。

②实践课程比例偏小。应用型本科人才动手能力的提升，必须在实际教学过程中增加实践课程的比例。目前应用型本科高校实践课程的比例，在整个课程体系中所占比例依旧偏低。

（2）课程评价的单一

课程评价的目的在于判断被评价事物价值的多少。课程评价是研究课程价值的过程，由判断课程在改进学生学习方面的价值的那些活动所构成，对于学生学习结果的反馈、教学质量的衡定具有重要作用。就课程评价活动本身来说，至少可以提出实施评价的主体是谁，评价了学生的哪些方面这两个基本问题。应用型本科院校课程评价过程中，上述两个方面也存在局限。

传统本科教育课程评价中，任课教师是唯一评价主体，通过考试或考察，检查学生学习情况，所有课程学习合格后即可获取高等教育文凭。若将学生比喻为高校生产的“产品”，那么任课教师既是产品的制造者，也是产品的质检员。

如果说培养理论型人才，仅由教师进行单一的评价具有其合理性，因为研究型院校的教师多为学科领域的专家，能够把握学科的学术标准，判断学生在相应学术领域的合格与否。那么对应用型本科学生仅实施单一主体评价，则会造成局限。我国高校师资绝大部分是从校门到校门的理论工作者，接受了多年学科理论系统训练，却很少有机会在相关行业从事实际的工作。仅由教师进行单方面评价，极易造成学校所教与企业所需之间潜在的不对称，不足以保证学生可以通过市场的检验。应用型本科院校课程评价过程中，缺少行业专家、企业人事代表的有效配合与支持，单一主体评价的方式并没有完全改变。评价内容的单一课程评价内容是指对学生哪些方面进行评价。传统本科教育以“知识量”的检测为评价的主要内容，关注学生对于知识、理论的记忆与理解，知识体系的完备性。通过访谈发现应用型本科高校中，该类现象依旧没有改善，决定学生是否“合格”的关键，依旧是“知识量”的多少，知识的记忆是否准确。考前学生进行熬夜备考，强记考试科目内容要点的现象依然存在。评价内容的单一，将导致学生对实践动手能力的忽视，仅仅为了学习而学习。

4. 学生参与度不够

专业是联系学生与社会用人单位的纽带，学生参与度是专业建设中的重要因素。但是通过调查问卷分析得出，在接受“专业教学”的过程中，学生个体对于本专业的认识并非明晰，对于可能从事的工作与专业学习之间的关系缺乏准确的认识。

上述情况从侧面说明，学院专业建设过程中，学生参与程度不高，只是被动的接受者，缺乏对本专业的全面了解。

5. 应用型专业建设保障力度欠缺

（1）专业对口合作的力度不够

首先，各学院之间发展的差异，地理位置间的距离，不利于院校间的专业合作。其次，现阶段专业合作的制度体系尚未完全建立，专业人才培养的“质量”认证仅是单个学校内部的事情，高校间内部并没有统一的人才培养质量认证标准。“模块化”教学改革依旧处于起步阶段，缺少统一的，被共同接纳的教育教学标准。

（2）专业教育教学改革滞后

有限教育教学资源投入的情况下，应用型本科人才培养使得院校专业建设过程中，必须改变原有传统本科教育教学的方法与组织形式，进行教育教学的改革与创新。以专业人才应具有的“合作”素养为例来说明，分工合作是现代化大生产进行的基础，高层次应用型人才的合作意识与能力在当下的生产中尤显重要。

大众化高等教育的背景下，院校多为满负荷运作，教师需同时面对几十名甚至数百名学生，教师工作量较大，难以解决学生的个别化问题，或者对小群体的学生进行单独辅导。培养学生合作的素养与能力，需要教师对少部分学生进行组织，以具体的任务来驱动，进行分工合作。教学资源的有限制约了教师对于小部分群体学生间合作任务开展的可能性。另外，高校现有以专业划分为基础的班级授课形式，同样限制了学生跨专业间的交流与合作。

（三）本科院校在学科专业设置上的改进措施

本科院校要密切关注当前经济发展的趋势，适时调整学科专业设置，培养我国经济转型升级过程中需要的各类人才，尤其是大量的应用型人才。因此，本科院校的学科专业设置必须适应地方区域经济社会需求，将地方区域经济结构、产业结构和技术结构以及社会人才需求的变化趋势作为确定学科专业的主要依据。本科院校要做好区域经济发展的趋势预测工作，了解经济社会对人才的数量、层次、类别的需求，使学科专业设置紧贴经济社会需求且具有一定的前瞻性。

本科院校在学科专业设置上要突出应用型学科建设，主动适应经济社会发展、适应高等教育国际化竞争和实现质量跨越式发展的要求；注重专业设置与专业发展相对接，实现由单一型向多元型的对接转变；建立学科专业设置的市场评议机制、学科专业结构和区域产业结构机制、区域特色人才培养平台的市场适应机制和学科专业自我调整和更新机制。

本科院校的专业设置要考虑地方产业结构的要求，应注意优化专业结构，以服务地方的人才需求与经济结构的战略性调整为原则，创建一批地方社会经济发展需求量较大的应用型和交叉型专业。

本科院校要加强对高等教育发展的分析与预测，按照社会经济发展对人才的需求调整学科和专业设置。新时期学科专业结构调整具有鲜明的时代特征，本科院校要以主动适应地方经济结构战略性调整、人才市场需求和提高国际竞争力的需要为出发点，以发展应用型学科专业为重点，全面进行学科专业调整，深化教学改革，努力形成与地方经济、科技和社会发展相适应的学科专业调整机制。

本科院校在加强学科专业建设上，具体有以下几点措施：

1. 完善学科发展的决策机制

要充分发挥教授、专家在学科发展决策中的主导地位，注意完善学术委员会等学术管理制度。

2. 合理规划学科发展格局

应集中力量发展优势重点学科，培育和发展一批具有标志性成果的强势学科，同时要兼顾一般学科，鼓励并扶持新兴学科、交叉学科和边缘学科。对重点学科在资金配置、人才引进等方面实行倾斜政策，建立合理有效的竞争机制和激励机制，努力形成有较高显示度的标志性成果，带动其他学科发展，提高整体学科实力。注意跟踪国内外的发展趋势，确定适合学校发展的研究方向，“集中优势兵力，突出重点”，形成学科的新特色和新优势。

3. 建立优胜劣汰的学科专业遴选机制

注重通过加强学术专业建设，建立高度竞争性的学科专业遴选机制，开放视野、广揽人才，学会甄别、选拔人才，坚持遴选的竞争性、开放性，确保学科专业的较高水准。

本科院校应注意促进学科专业交叉融合，拓展应用型人才的专业知识和能力。本科院校应打破割裂分离的学科专业状态，促进学科专业间的交叉复合，自觉将其融入教育教学中，拓展应用型人才的专业知识与能力。当社会出现一种新兴产业急需某种跨专业跨学科的复合型应用人才时，本科院校可以通过“专业 + 专业方向”“专业 + 专业”等嫁接形式将教学过程整合化、连续化，将不同的专业知识融入连续的、统合化的教学进程中，培养出该产业所需要的专业人才。当前，高等教育的发展趋势越来越多呈现出“专业 + 专业”的大复合形式，本科院校在应用型人才培养方面应重视这种现实需求的复合型倾向。

本科院校要适应地方经济建设、科技进步和社会发展的需要，合理设置专业，优化专业布局结构，凸显应用型人才培养的自身特点，避免我国高等教育人才培养同构化，更好地服务于社会经济发展的现实需要。学校可以根据科学发展、社会需要以及校情实际，做加法增加新的学科专业，同时也要做减法，甚至果断将没有优势的一些学科专业关停并转。

本科院校在进行学科专业设置中必须确立学校的优势学科专业。学科专业设置不仅要具有前瞻性，也要和市场同步。本科院校应该根据学校的具体情况，充分发挥实力较强的师资、实验设备等方面的优势，集中人力和物力，加大发展力度，形成学科专业特色和学科专业优势。

在进行创业教育时，本科院校应该将创新创业教育融入专业教育，注意培养学生的一技之长。学校的创新创业教育应与专业学科相融合，这有助于科学、工程等专业的学生在自身专业领域中锻炼创新意识和领导才能，在迅速变化的社会环境和激烈的竞争中获得成功。美国的很多高校已经开始这样的尝试，在非商学专业中，如艺术、环境科学、农业、机械等专业中整合创业课程。

在进行此类课程改革时，不能盲目地将创业教育与任何专业都进行融合；高校应该根据自身情况，有选择性地开展，特别是选择具有一定技术背景的专业（如建筑、机械、电子信息等应用性较强的工科类专业）进行先期试点，从点到面逐步展开；要结合专业特色，有针对性地进行创业教育的引导，不能简单地将某些管理学和经济学类的课程直接移植到其他专业院系。

同时要认识到，创新创业教育与专业教育的融合是一个系统工程，涉及人才培养方案、课程体系、实践教学体系等的改革，涉及创新创业教育实践基地的建设，涉及高校的教学、行政的多个部门，因此，本科院校必须建立一套科学有效的管理体制和运行机制，实践创新创业教育与专业教育的相互渗透、相互促进。

二、课程设置

（一）课程设置的目的与作用

课程是指学校学生所应学习的学科总和及其进程与安排。课程体系是教育活动得以完成的中介。对于高等学校而言，课程设置是专业建设的重要前提，只有明确了专业的课程，才能组织相应的师资和教学条件。课程体系是专业的核心内涵，师资、教学条件都不是区分专业的本质要素，各专业间师资、教学条件可能共享，但是课程体系的组合在各专业间是截然不同的。一定程度上“专业是课程的一种组织形式”，课程的不同组合形成了不同的专业。

（二）本科院校课程设置现状与问题

一些本科院校根据地方社会需求和办学实际，通过多种形式对学校的课程体系进行了一些优化：

其一，实施按类招生制度，实施分类、分流培养。

其二，实施以“平台＋模块”的方式构建人才培养模式，根据人才市场需求调整专业方向和专业特色，保证人才基本规格（共性）的同时，也体现多样化、个性化的发展要求，使专业教育适应经济社会发展。

其三，实施特色班，跨学院、跨学科、跨专业培养特殊人才。

其四，本科院校在课程设置上的问题主要为：在价值取向上，学科本位、社会本位和个人本位三种课程观没有得到很好的整合；在内容上，应用性知识课程偏少；在理论层次上，过于强调对理论知识的掌握而非应用能力的提升，等等。

（三）本科院校在课程设置上的改进与实施

本科院校要注重改革专业课程体系，调整课程结构比例。以应用型人才为培养目标，对不同专业应重新考虑课程设置，应注意遵循“厚基础、宽口径”的原则，注重对专业教育的适当加强，通过适当增加应用性课程，强化课程的应用性和专业性。

在理论层次要求上，学科基础知识的理论知识应适当降低，适度提高应用能力培养的知识，加强教学内容的针对性，注意考虑应用的需要，把应用能力课程体系划分为培养较通用的能力、专业需要的转口应用能力两个层面。此外，本科院校要鼓励有条件的专业建立科学合理的、与国际接轨的课程体系和教学内容。

在创业教育课程建设上，本科院校应该根据大学生学习阶段的变化，不断调整和进阶课程。大学低年级要注重对学生创新创业意识的养成，向学生开设一些发掘其创业意识和创新精神的课程。在高年级的创业教育课程中，则要减少讲授型课程的教学，增加学生自身主导的探索性课程，注重对学生自主能力、全局化视野的培养和提升。课程可以结合案例分析、分组模拟、专题讲座、企业考察等多种形式，应更多地从企业中层管理人员的角度而非成功企业家、创业家的角度，让学生产生更深刻的理解和共鸣。有条件的本科院校可以根据专业岗位的特点，与有企业创业经验的管理者联合为相关专业学生制订开发本专业领域的终身学习计划，强化其终身学习和持续学习的能力，并联合提供创业教育实践课程平台，使创业教育从理论到实践形成完整的课程体系。

三、实践教学

（一）实践教学的目标与意义

培养大学生的责任感、实践能力和创新精神是大学教育育人的重点。实践教学是相对于传统的理论教学而言的，是高校人才培养的重要环节，对培养学生的责任感、实践能力、创新精神等具有重要作用。

应用型人才培养过程更加强调与一线生产实践的结合，要重视实践性教学环节在应用型人才培养中的重要作用。“知识是基础，实践是根本”。因为认识来源于实践；认识最终要回到实践中去，接受实践的检验；能力和品德的培养也离不开实践。因此，实践教学是本科院校人才培养的重要环节。

（二）本科院校实践教学现状与问题

当前，我国一些本科院校进行了卓有成效的实践教学改革，但是本科院校在实践教学的开展上，也存在一些问题，主要体现在：课时安排比较少，支持开展实践教学的平台不够，实践教学的实践体系还有待完善，等等。

（三）本科院校在实践教学上的改进与实施

在实践教学上，本科院校可从以下几点入手，改进实践教学，提高实践教学在应用型人才培养中的效果和作用。

①注重实践课程和实习环节。在课程设置上，以培养学生运用理论知识解决实际问题的能力为目标大幅度提高实践性课程和案例课程的比重。在四年制的培养方案中，可设置至少两个“实习学期”作为应用性较强专业的学生的必修环节。

②注重校企合作的平台。在校企合作的平台上，建立校企合作规划和合作培养机制，探索学校和企业互建实训基地，尝试引校进厂、引厂进校、前店后校等校企一体化的合作形式，使学生在企业一线经验丰富的技术人员的指导下，参与生产或技术项目，培养学生的实践能力。

③实行灵活多样的学习方式。本科院校在一些应用性较强专业的人才培养上，应努力突破传统大学全日制的学习方式，提供给学生灵活多样的学习方式（如远程教育、双元制、工学交替等），特别是具有中国传统教学优势的学徒制，可通过与企业联合招生培养的方式，进一步发扬光大。

④注重学生创新精神的培养。建立专业课程教室、课程设计、实习实训、社会实残和毕业设计（论文）等比较完整的实践体系，增强学生的工程意识和动手能力。在课堂教学中提倡研究型、问题式、讨论式的教学方法，实行师生互动培养学生的问题意识和质疑精神。设立创新实验室，扩大实验室开放，支持学生参加各种课外科技创新竞赛活动，对学生课外科技成果奖励学分，鼓励学生大胆创新、勇于实践。

在创新创业教育上，由于创新创业教育的实践性较强，因此创新创业教育必须注重实践教学环节，构筑实践平台。本科院校要同时注重构建校内和校外两个实践平台。在创新创业教育校内实践平台上，可以从以下几个方面改进实施：有效整合专业实习、课程设计与创新创业教育；开展各种类型的创业大赛；建立和有效运用创新创业模拟实验室、大学生创业园区等。在创新创业教育校外实践平台上，本科院校必须注重与企业的合作，和企业共同建立创新创业实践基地，让学生可以更多接触和了解社会；通过开展各种形式的实习实践活动，提高学生的实践能力，更多了解企业的运行管理。

四、教学评价

（一）本科院校人才培养评价现状与问题

目前，虽然《高等教育法》规定我国大学作为独立法人应该具有办学自主权，但实际情况是，大学作为办学主体的相关制度还不健全，其应获得自主权也没有明确划定。政府与大学的关系，仍然是管制多于引导、管理多于服务。因此，由于大学办学几乎是严格按照政府的计划指令开展，大学在人才教学评价上也受到了政府的干预，很难从大学自身定位和办学实际出发，制定出符合自身实际的人才教学评价体系。

在本科教学工作水平评估上，教育部出台的《普通高等学校本科教学工作水平评估方案（试行）》适用范围的说明中，仍然强调“本方案适用于各类普通高等本科院校”，这种统一的高校教学评估工作在一定程度上促进了高校在办学尤其是在办学硬件上的发展，但这种过分标准化的制度就像一根指挥棒，容易使很多大学为了迎合这种标准化的管理不顾学校实际而去同构和消解自身特色，这种人才教学评价很难发挥积极的指导作用。

（二）本科院校人才教学评价改进与实施

在高等教育大众化阶段，高等教育是一个多层次、多类型的结构体系，学生群体也更加个性化和多元化。面对这样一个多元化的大学生群体，高校不论是在人才培养上还是在人才教学评价上都不能照搬学科教育和学术标准。在人才教学评价上，政府和本科院校必须改变同质性的学术化人才评价体系，根据学校的定位和学科专业的特点，结合学生的知识、能力和个性差异，建立起多元化的高等教育评价指标体系，在高校教育质量评估体系中应充分体现出“分类指导”“分类评价”的原则，根据办学目标与任务分类制定评价标准，包括教师岗位、学生发展以及教育资源配置评价等。

在高等教育评价尤其是人才教学上要做到多元化，国家和政府必须保障本科院校真正的办学自主权和相对独立性，不能“管得过多”“统得过死”，必须改变统一化的管理模式，不能再用统一化的管理标准、沿用统一化的评估指标体系来考核、评价不同类型与层次的高校。各级教育主管部门一方面要对本科院校加强宏观指导、加大管理力度；另一方面要转变观念，使本科院校在政府的宏观指导下，成为面向社会依法自主办学的主体，给予本科院校办学层次、学校类型、专业设置、教学管理等方面的自主权。

本科院校在拥有较大办学自主权的前提下，必须按照教育规律办学，根据自身的优势与劣势、机遇与挑战选择发展道路，在人才教学评价上制定出符合本校办学实际与学科专业培养要求与特点的评价标准。

五、师资建设

（一）应用型本科教师队伍应具有的基本素质

1.教育教学能力

培养应用型人才是应用型本科院校的首要任务，而教学活动则是培养人才的有效手段。要获得好的教学效果，就要求教师有较强的教学能力。要获得好的教学质量，教师必须具有良好的教学功底。一名教师，专业知识再扎实、再熟练，如果没有好的教学功底作为支撑，自己所学的知识无法很好地传授给学生，那作为教师还是不合格的。

2.科研能力

高等院校不仅要注重人才的培养，还要注重科研成果的创造，教学与科研是高等院校的两项基本任务。虽然应用型本科院校以培养面向生产、建设、管理、服务第一线的高素质工程技术应用型本科人才为主要目标，但仅有教学没有科研就不能很好地培养学生的创新能力，因此，在做好教学工作的前提下，努力提高教师的科研水平尤为重要。

3.实践教学能力

实践能力是应用型本科院校学生的立足之本，学生实践能力的培养与教师的背景和经历密切相关。就目前应用型本科院校的教师队伍而言，中青年教师占较大比例。这部分教师尽管拥有高学历，但普遍缺乏实践经历和指导实践的经验。如果教师指导学生实践的能力不强，学生的学习过程就会缺乏实践能力的培养，学生的实践能力就会先天不足，与高技术技能应用型人才的培养不相适应。

（二）应用型本科教师队伍现状分析

1. 教师队伍不够稳定

近年来，为了提升高学历比例，许多应用型本科院校加大对人才的引进力度，用较高待遇吸引人才。但是由于管理制度不够完善，教师队伍稳定性不容乐观。许多真正有能力的教师都把应用型本科院校当作一个跳板，等有了更合适、更好的单位就会跳槽。还有一些是学校好不容易培养的人才，等荣誉、地位、职称都有了，却远走高飞了。

2. 教学能力有待提高

由于招生数量的不断增加，教师规定完成的教学工作量也不断增加，教师难以有充足的备课。由于招生规模的不断扩大，对教师数量的需求也有所增加，新教师往往稍加培训就站上讲台。但由于应用型本科生源质量不是很好，应该因材施教，但教师往往缺乏耐心，埋怨学生，这就使得学生对教师的教学产生了抵触情绪，大大影响了教学效果。

3. 实践动手能力较差

目前，随着应用型本科院校不断发展，其教师队伍建设不断取得新成就，高学历、高素质的教师人才在整个教师队伍中所占比例逐步上升。但总体来看，在应用型本科院校的人才培养和引进中，仍存在重理论、轻实践、重知识、轻能力的错误倾向，严重地制约了学校教师队伍素质的提升。学校虽然不断在实践环节加大投入，但其投入明显低于理论教学投入。再加上按工作量计算，上理论课的工作量高于实践课。因此，教师更愿意上理论课而不愿选择上实践课或者外出实习指导。为进一步提高应用型本科院校教师队伍的实践动手能力，要在整个学校内树立加强动手实践、培养创新能力的教育教学理念，并保证实践课指导教师与理论课教师享受同等的待遇，提高教师上实践课的积极性。

4. 校企联合难以实现

年轻教师由于课务繁重、科研实践经验不足、学历进修压力大，很难开展相关科研教育工作。同时，他们与企业的联系较少，社会对他们的信任度不高。当前，在开展校企合作时，很多地方性企业过分看重经济效益，对成本高、收益小、周期长的校企合作缺乏积极性和认可度，校企合作难以实现。

（三）本科院校师资队伍建设的改进与实施

师资队伍建设在应用型本科院校建设中属于核心工作，对应用型本科院校的建设和发展起着至关重要的作用。在当前的环境下，应用型本科院校不能改变区域环境的劣势，能获得的外部支持不足，难以依靠外部力量建设应用型师资队伍，所以，应用型师资队伍建设需要从学校内部发力，激励学校现有师资向应用型转型，采用内部培养的方式建设师资队伍。

1. 加强师资队伍建设规划，完善师资队伍结构

师资队伍建设对学校的办学及发展起着至关重要的作用。然而学校的师资队伍规模较大，很难对其进行笼统划一的建设管理，故有必要着眼于长远，加强师资队伍建设规划，对师资队伍实施分类建设与管理。

（1）做好师资队伍建设规划

凡事“预则立，不预则废”。师资队伍的建设不能仅考虑当下情况，要着眼于长远，从规划的角度进行师资队伍建设，综合考虑教师的发展以及学校的未来发展。师资队伍建设规划是将学校的战略发展目标转化为对师资的需求，要求学校的人事管理部门从整体、超前、量化的角度来确定师资队伍建设的目标。学校可以针对已经确定的战略发展目标，进而确定每一步的详细计划。在学校的战略发展规划中，是否有符合学校发展需要的师资队伍支撑学校的发展，是值得考虑的重要因素。所以，成功的师资队伍规划有助于增加学校保持良好发展的能力。应用型本科院校师资队伍建设要根据学校整体转型发展需要，主动适应地方经济社会发展，超前谋划。充分考虑学校内外部的变化，确定学校发展战略与师资队伍建设规划相统一，以促进学校与教师的共同发展为原则来制定师资队伍建设规划。

（2）按师资结构分类管理

根据高校职称评审权下放和破除“身份管理”等制度的精神，为提高师资队伍管理动作的效率及科学性，学校可以对师资队伍进行分类管理。

首先，对学校岗位进行分类。应用型本科院校除了专业技术岗、工勤岗和管理岗的大类划分，还可以对教师占主体的专业技术岗进行细分，突出应用型特征，对师资队伍类别进行细化。

其次，对教师进行分类。在目前的分类方式中，一般来讲，可以按性别、年龄、职称、学历、学科对教师群体进行分类，突出应用型特征，可以按照转型发展的积极性不同对教师进行分类，还可以根据实践工作时限等对教师进行分类。应用型本科院校应根据自身学校教师队伍的特点，对教师进行分类，并制定相应的引进、聘用、培训、考核制度。

2. 创新教师聘用机制，加强师资来源多元化

针对教师总量不足，引才困难的问题，学校应该创新教师引进机制，广泛吸纳人才，加强师资来源多元化；针对人才流失的问题，则启示学校在引进人才后，还要用好人才，增强师资队伍的稳定性。

（1）创新教师引进机制

教师引进工作要服从学校事业发展的总体规划，结合学校应用型办学定位，从现实需要和长远发展来看，有计划地引进人才。

首先，在教师引进和宣传层面，可以通过互联网搭建多元化的人才就业平台，让人才对学校的办学情况有充分的了解，包括学术研究、专业设置、学科建设等情况。

其次，在人才引进范围的选择上，要着眼于国际国内人才市场，拓展人才引进的范围

和视野。从我国现有人才分布区域来看，人才主要集中在经济发达地区。从国际上看，发达国家的人才数量将高于其他国家。因此，高校在考虑开展相关人才引进工作时，可以着眼于国际人才市场，通过制订专业人才引进方案，吸引海外人才。针对不同类型的人才，设置灵活的薪酬分配方式，为人才提供良好的待遇条件。从引进教师的方式上看，应采取线上和线下相结合的方式，开展国内外学术交流活动，拓宽引进人才的渠道，改善学校与人才的互动，进而提高人才对学校的认可度。

（2）创新教师聘用机制

在青年教师的聘用上，应充分考虑到青年教师学历提升的需求，以加大扶持力度的实际支持鼓励青年教师攻读博士学位。可以根据学科建设的需求紧急程度，确定不同的扶持政策；保障本校青年教师在取得博士学位后可以享受引进博士同等待遇。引导青年教师把个人发展与学校发展需要结合起来，为稳定人才打基础。对于兼职教师的聘用，学校要积极挖掘兼职教师资源，选拔高素质的企业技术人员，建立“兼职教师库”。应制定与企业行业工作性质相匹配的兼职教师聘用政策，灵活安排兼职教师的上课时间，提供富有吸引力的条件及待遇，大力吸引企业技术骨干来校兼职任教。全面深化校企协作，聘请集团企业专家兼职担任专业带头人和骨干教师，结合当地经济社会发展和需要调整专业课程设置，参与指导专业建设。

3.完善教师培育机制，提升教师专业能力

对教师进行培育，可以促进教师成长。培育工作的成效决定着教师提升的程度，也决定着师资建设的方向。应用型本科院校应该深化与企业的合作，在校企合作中，可以构建行业高校一体化培养体系，以保障教师培育工作的持续开展和教师的提升成长。

（1）建立企业人才与骨干教师相互兼职流动制度

校企合作是培养应用型教师的强大平台。高校要鼓励教师在企业兼职，走访企业，了解行业和企业的最新知识，通过参与企业实际运行，真正体验企业的生产环境和生产过程，掌握实用技术，锻炼实践能力。

企业可以通过“校企合作”和“教师实践”传播企业知识文化，促进企业文化思想的发展；同时，企业要积极配合学校组织的教师实践活动，促进专业教师理论知识和实践知识的整合与互补。

学校和企业拥有不同的资源和人才，应用型本科院校要与企业建立管理人员、骨干教师和企业管理者、技术专家的兼职流动制度，促进校企师资资源双向流动，可以为学校和企业的发展带来活力与机遇。

企业为教师培训提供条件，学校为企业研发和成果转移提供便利，集合优势资源，互惠互助，于双方有利，还可以更好地发挥二者对地方经济的良性作用。

（2）学校与企业共建教师培养培训基地

应用型本科院校的核心使命是培养应用型人才，这对师资队伍的实践应用能力也提出了要求。提高师资队伍的实践应用能力，可以通过与企业合作共建实践培训基地的方式进行。校企双方可拟定共建培训基地的协议，组织领导协调委员会、组建实践培训监督管理小组、针对合作项目成立项目组。应用型高校可以与大中型企业建设教师培训基地，支持和规范大型企业开展应用型本科教师培训，提高教师实践能力。积极推进中小企业员工与教职工联合培训，鼓励多元化，制订教职工培训方案，实现校企资源共享。

4. 健全教师评价制度，打造“双师双能型”师资队伍

应用型本科院校师资队伍建设的落脚点为“双师双能型”师资队伍建设，要建设“双师双能型”师资队伍，首先需要明确标准，政府、企业和学校都应为标准的制定出力。为加强“双师双能型”师资队伍的建设，还应建立相应的激励机制，激励教师转型，专项津贴是直接的物质激励。由此，针对不同的教师应采取不同的评价管理方式，应建立分层分类的教师评价体系。

（1）建立统一的“双师双能型”教师资格标准

政府应该为应用型本科院校师资队伍建设起推动作用，可以通过出台政策，明确相关问题。“双师双能型”师资是应用型本科院校师资建设的重点和关键，但是目前缺乏统一的界定和标准，这就导致学校在实际建设中，因为认识不一而难以聚力。政府作为主管领导部门，有能力也有义务为学校提供支持。首要的便是制定完善相关的政策规定，使学校在建设中“有据可依”。企业作为经济主体，无论是对于行业还是地方，都应该有所担当。在校企合作过程中，企业的作用也很重要。可以依托自身的资源与条件，联合政府及高校，制定“双师双能型”教师资格标准，促进高校教师与企业专家的“双师双能型”资格认定，促进人才的流通，不仅于高校有利，也可以给企业带来活力与机遇。学校应该根据上级关于“双师双能型”教师的规定，结合本校教师的实际，制定本校“双师双能型”教师资格标准，鼓励支持和引导本校教师向应用型转变。

在应用型本科院校中，要充分重视教师的工作实践经历。每个学校甚至不同的学科都可以对教师的工作实践时限、技能水平等作出不同的要求，但均应出台相关的标准，以指导师资队伍建设的实践。

（2）设置“双师双能型”教师专项津贴

在师资队伍的管理工作中，激励的作用十分重要，它可以调动教师的积极性与创造性。激励分为物质激励与精神激励，最为直接的便是物质激励。应用型本科院校要实现转型发展，需要调动教师队伍的积极性，不仅可以通过在职称评审和工作量等方面对“双师双能型”教师有所倾斜，还可以通过设置“双师双能型”教师专项津贴，引导教师提升自我，积极追求向“双师双能型”转变。

对于“双师双能型”教师，设置专项津贴，用以奖励在企业实践锻炼中成绩特别突出、企业评价特别好的教师，这样可以增加教师参加实践培训的积极性，早日建成高水平高素质的“双师双能型”师资队伍。

（3）建立健全分层分类

教师评价体系良好的评价机制，可以准确地反映教师的工作成效，对于工作踏实努力

的教师予以认可，对于不好的行为进行鞭策，可以对教师起到良好的激励作用。教师评价制度应该尽量避免单一化，因为不同学科岗位的教师工作内容是有所不同的，所以应当采取分类评价与分层评价相结合的方式，使评价结果更为科学立体。就评价内容而言，应该涵盖教师多方面的素质和能力，既要注重教学、科研、社会服务等工作实绩，也要关注教师的师德师风以及心理素质等；就评价制度而言，对于不同专业和岗位类别，评价的重点应有所不同，应避免一刀切；就评价方式而言，应创新评价方式，摈弃传统的量化打分方式，注重质的评价。总体上说，要综合考察教师多方面的表现，建立科学合理公平客观的评价制度，关注教师多方面的发展。

5. 创设应用型校园文化氛围，促使教师积极转型

针对应用型本科院校存在转型文化氛围不足和教师观念固化的问题，可以采取创造性的措施，一个方法解决两个问题，即通过加强校园文化建设，营造良好的文化氛围，利用文化氛围的影响，促使教师转变观念，增强教师对学校转型发展的认同与支持。

（1）打造应用型本科院校特色文化

高品位打造具有应用型特色的校园文化、组织丰富的校园文化活动、创建良好的育人氛围是应用型本科院校应有的建设方向。应用型大学多为新建本科院校。由于建设时间较短，本科教育积累不多，一些学校对文化建设的重要性认识不充分，总体而言，文化建设之路还很漫长。如何建立自己的文化？有丰富的途径和办法。但是，每个学校都应该追求建设自身的特色文化，应用型本科院校也不例外。学校必须结合办学实际建设特色文化，从学校的发展历程中汲取营养，联系当地的地域文化，提炼形成本校的特色文化。一所学校之所以区别于另一所学校，主要在于精神气韵的不同，即校园文化的不同。应用型本科院校建设属于自身的特色文化，可以增强教师的认同感及归属感；优秀的文化可以给予教师源源不断的精神滋养、指引教师转变观念，向应用型转变；这样，全校教师形成合力，参与投入到转型建设中来，就能推动学校建设成为高水平应用型本科院校。

（2）组织丰富的文化活动

至于文化活动的组织，可以广泛借鉴世界名校的经验。例如，普林斯顿大学的下午茶有自己的特点。它有两种下午茶：一种是比较正式的教授聚会，另一种是学生聚会；教授聚会每周三下午在西休息室举行，学生聚会下课后在东休息室举行。对于教师群体，开展定期集会，可以保障教师的参与积极性；针对学生，采用不定期的方式，更符合学生群体较为活泼的特点。教授聚会比较正式，系主任、其他教授及其夫人穿着正式，并用贵重的餐具招待参会者。可以说是“仪式感”十足。学生聚会能每每吸引许多的教授参与进来。参与者可以自由交谈、讨论工作或交换信息。他们还可以在这样的聚会上玩各种纸牌游戏，放松繁重紧张的教学科研生活，给人精神上的慰藉。可以从中得到启示，比如说组织丰富的教师参与度高的文化活动，使教师们有充足的沟通交流机会，传播积极的认识观念；巧妙地把学校转型的思想融入文化活动中，使教师在愉快的参与过程中提升对转型的认识，转变自己的观念。师资队伍建设是应用型本科院校的基础性工作，学校应从多个环

节和层面做好这一工作。

首先，应该对师资队伍建设有一个宏观把握，即需要加强规划。至于如何加强规划，可以对其进行分类，便于建设和管理。

其次，为了丰富和完善师资队伍结构，需要从聘任环节发力，加强师资来源地多元化。

再次，要建设现有的师资队伍，使教师与学校转型发展的节奏相适应，一则培育现有师资。不仅可以通过与企业共建培训基地，提升教师实践能力，还可以促进企业与学校间的人才流通。二则健全激励机制，为“双师双能型”师资队伍建设做好保障，增强其吸引力，促使教师成长为“双师双能型”教师。

最后，通过文化软环境的建设，潜移默化地影响教师的观念，使教师主动转型。

第三章　应用型本科院校人才培养过程中的数据采集及分析应用

第一节　办学定位体系中数据采集的主要内容及分析应用

一、应用型本科院校办学定位分析

应用型本科院校肩负培养高层次应用型人才、开展应用研发创新、服务就业和区域发展等使命。应用型本科院校的定位不仅关系着学校的长远发展，也决定着办学的成败。

（一）应用型本科院校定位出现单一化倾向

高等学校定位，是指高等学校根据自身条件、职能、国家和社会需要以及学生需求，按照扬长避短的原则，参照高等学校类型和层次的划分标准，经过纵横向比较和分析，在清醒认识自己优势和不足的基础上，明确自身在整个高等教育系统及同行中的位置，准确把握自身角色，并确定服务面向、发展目标及任务的一系列前瞻性战略思考和规划活动。潘懋元在谈到我国高校的定位时曾指出，我国大学的定位呈现以下特点：水平定位动辄“国际化”，类型定位重学轻术；层次定位层层攀高，规模定位越大越好；学科定位综合求全。这反映出目前我国高校定位的单一化倾向。从实践看，我国应用型本科院校在定位上主要存在以下四个方面问题：

一是定位方法不科学，随意性大。一些新升本地方高校在确定办学定位时没有遵循科学的方法，没有进行科学周密的考察和论证，随意照搬、套用国内外著名高校的定位；一些高校领导不理解定位的作用，通过拍脑袋的方式随意定位；部分学校甚至希望上级领导或主管部门给自己定位，使学校定位成为“长官意志”。总之，我国应用型本科院校在定位过程中受较多人为因素影响，导致定位出现偏差。

二是对国情研判不准，定位盲目性大。许多新升格院校对国家教育发展战略把握不准，对区域经济社会发展研究不深，导致办校目标笼统、办学定位不合理。部分院校不注重控制规模，只看重招生数量而忽视人才培养质量，不注重培养人才的社会适应能力和竞争能力，其最终结果是使就业形势不断恶化。

三是对院校自身研究不够透彻，没有形成自己的特色。一些新升本院校在定位时没有对自身情况进行深入研究，不切实际地与其他高校攀比，盲目追求高层次、大规模、综合性、研究型，这样既丢掉了学校在过去发展中积累的好的传统和优势，也使高校因办学定位偏差而失去了自己的特色，最终影响学校的科学发展。

四是切断与原有定位的连续性，不可持续。任何事物的发展都具有连续性，好的办学定位也必然体现出对原有定位的继承。我国部分新升格高校或者对此认识不足，过分强调创新，或者因人为原因而全盘否定原有定位，影响学校的可持续发展。

（二）应用型本科院校在定位上存在模糊认识

1. 如何理解升格的内涵

有些新升本院校把升格理解成简单的培养层次升级。事实上，升本并非简单的“升格”。升本是学校的整体转型，它包含办学理念、发展路径、课程体系等一系列内容的根本性变化。由于新升本院校大多来自高职高专院校，在升格之前积累了高职高专教学办学特色，在升格后的很长时间内，这些院校还会沿用原来的教学管理模式，这将影响院校的下一步发展。因此，新升格院校尤其是院校领导必须准确理解“升格”的科学内涵，在此基础上，结合学院的办学理念、优势专业、院校特色、发展目标等因素，科学确定自身的院校定位，找准发展方向，厘清发展思路，实现高校的可持续发展。

2. 如何理解定位的重要性

“高校发展定位不仅是办学的行动指南，也是一种实践活动，高等学校定位的价值正在于学校发展中观念与行为的重建。因为定位决策过程既是不同因素之间利益平衡的过程，也是利益平衡基础上确定共同价值观和共同目标的过程。”高校定位只有实现观念和行为的统一，才能为高校发展提供坚实的基础。在新升格院校中，普遍存在一种错误的认识，即升本就意味着学校从职业教育转变成学术教育。一些高校认为，高职高专是以职业教育为主，而本科是以知识研究为主，因此，升格后就需要把学校定位在研究型大学，否则升格就没有太多的意义。实际上，新升格院校大部分是由原来的专科院校合并而成，它们与重点大学相比，既缺乏高水平的学科带头人，也没有形成必要的研究氛围，更谈不上前期的学术研究积累，这决定了新升本院校大多研究能力欠缺、研究水平较低。在此情况下，如果定位在研究型大学，只会影响院校的长远发展，使其长久落后于大部分老牌本科院校。

3. 如何看待升本中的继承与创新问题

升本就意味着学校的创新发展，然而，任何创新都不是绝对的，都是在继承基础上的发展和创新。许多院校在升本之前都经历了较长的发展过程，形成了自己的特色和优势，如果在升本后丢掉了这些特色，就有可能因失去竞争优势而影响自己的可持续发展。应用型本科院校必须突出自己的优势学科和专业，在“应用型”大学定位的基础上，借助以前的办学优势，不断提炼并凸显自己的特色，实现以特色求生存、以特色促发展。

（三）定位要坚持地方指向、特色发展

1. 遵循教育规律

根据教育的外部关系规律，教育一方面可促进政治、经济、文化的发展，另一方面

要受到政治、经济、文化的制约。因此，高等教育必须与社会发展相适应，高等学校的定位必须考虑社会政治、经济、文化的发展对高等学校的要求。从发达国家工业化、现代化的经验来看，经济发展对专业应用型高级人才的需求是专业应用型本科教育发展的根本动因。我国高校扩招以来，大批地方高校通过合并或者转型实现了升本，但在升本过程中，一些新升格院校出现了人才培养目标错位、人才培养质量不高等问题，原因就是没有考虑到社会环境各方面对教育的影响和对人才的需求，没有合理地给学校定位。因此，新升本院校在定位时，一定要遵循教育规律，按客观规律办事。

2. 突出地方指向

"教育的基本规律告诉我们：一定社会的教育必须与一定社会的政治、经济、科技和社会发展相适应；前者既要适应后者的要求，又要受它的制约。一句话，社会的状况是教育赖以生存与发展的生态环境。"从应用型本科院校的发展来看，这些院校具有鲜明的地方性特征。换言之，这些院校都是在地方经济发展过程中，为了满足地方经济社会发展需要而升格或转型的。这种区域性特征决定了这些应用型院校必然不同于传统意义上的重点院校。受这种特征的制约，新升格院校在进行院校定位时必须突出地方指向，即在服从整个国家发展战略及高等教育布局的基础上，紧密联系地方区域经济和社会发展的特点和实际，确定自身在地方经济社会发展中的地位和作用。在办学方向定位上，要始终坚持以地方或区域经济建设和社会发展为主的服务方向，在人才培养层次、学科建设、专业设置等方面提高针对性、增强适应性，积极为地方的政治、经济和文化服务，实现学校与地方的双向互动，处理好自身发展与地方发展的关系。

3. 注重自身特色

特色既是一所院校发展成熟的主要标志，也是一所院校区别于其他院校的主要依据。在确定办学定位时，高校不应盲目攀比，而要坚持共性与个性的统一，立足自身实际，突出学校特色，以特色立校，以特色兴校。地方高校培育和创造特色主要有两个途径：

（1）通过人才培养打造自身特色

为区域经济社会发展服务的地方高校，可根据地方人才市场的需求，在认真调研和论证的基础上，适时调整专业和学科设置，努力培养地方经济社会发展所急需的人才。

（2）通过科学研究形成自身特色

新升本院校可积极承担地方经济社会发展相关的科技攻关课题和项目，不断提升院校的科研能力，发挥自身优势，同时强化与地方企业的联系与合作，努力实现科研成果向现实生产力的转化。

（四）定位须明确办学类型、办学层次、服务面向

应用型本科院校在进行定位时，主要应考虑以下三个方面因素：社会政治、经济、文化发展对高等学校的要求；国内其他高等学校的发展状况以及自己的相对优势；学校的发展历史与实际。在此基础上，着重突出以下几个方面。

1. 学校类型定位

国家教育行政学院《不同类型高等学校定位与人才培养模式的实践与思考》课题报告把我国的高等学校分为研究型、教学研究型、教学型三大类。教学型高校又分为技术应用教学型高校（一般本科）高校和技能教学型高校（高职高专）两种。其中，地方新升本院校基本属于技术应用教学型高校，其培养的人才主要是技术应用型高级专门人才。

2. 办学层次定位

该定位要解决的是院校培养什么层次人才的问题。从理论上讲，新升本院校属于本科层次，应该培养具有本科水平的高层次应用型人才。因此，地方合并升本或转型升本院校应大力发展本科教育，尽快实现由高职高专教育向本科教育的转变。然而，不可否认的是，这些新升本院校大都还保留着一些专科教育。这些升格前的特色专业或特色学科，在升格后可以通过改造升级的办法，逐步实现向本科的转变。同时，地方新升格院校还可以通过联建、共建等方式，选取学校中的优势专业或学科，与其他有研究生教育的高校合作培养研究生，这不仅可以提高新升本院校的科研水平，锻炼教师队伍，还可以带动本科教育质量的提高。

3. 服务面向定位

该定位要解决的是院校服务对象的问题，主要从两个方面表现出来，一是服务的地域选择，即院校是服务于某个区域还是服务于全国；二是服务的行业选择，即院校培养的人才主要为哪些行业服务。应用型本科院校是区域经济社会发展的产物，具有地方性特征。因此，这些院校在定位时，必须突出院校的地方和行业特点，据此明确人才培养目标。

4. 学科门类定位

该定位要解决的是应用型本科院校以哪个或哪几个学科门类教育为主的问题。根据教育部的分类，我国目前有哲学、经济学、法学、教育学、文学、历史学、理学、工学、农学、医学、军事学、管理学、艺术学 13 个学科门类。从现有升本院校情况来看，只拥有单一学科门类的学校非常少，大多院校都根据自己的具体情况，在某一两个优势学科的基础上，努力做到多学科协调发展。

5. 办学特色定位

该定位要解决的是院校具有哪些优势的问题。学校在办学过程中，要想形成和彰显自己的特色，就必须“有所为有所不为”，突出学校的优势专业和学科，以区别于其他高校，实现激烈竞争中的创新发展。在这方面，美国一些知名大学作出了榜样。例如，霍普金斯大学特别突出医学科学，正是医学科学使其在世界上处于领先地位；加州理工学院在理、工两个学科领域享誉世界，学校并不设人文、社会科学学科。

二、应用型本科院校现代化办学定位的理论认识

（一）应用型本科院校现代化办学定位的内涵

在现有的文献资料中，学者们集中对高等教育治理现代化进行了较深入的研究，能检

索到对应用型本科院校现代化办学进行专门研究的文献少之又少，目前对应用型本科院校现代化办学的内涵缺乏相对统一的认识。但是，应用型高校是高等教育中的一种形式，由普通本科院校与社会资金相结合，实质上是教育部批准的公有民办二级学院，所以我们可以在众学者对高等教育治理现代化内涵研究的基础上，结合应用型高校的办学属性和培养目标，对应用型本科院校现代化办学的内涵加以总结。应用型本科院校现代化办学的内涵可理解为：遵循高等教育规律，以构建应用型高校申办者和拥有者以及政府、社会新型关系为核心，建立权责明晰、运行通畅的制度体系，在政府的宏观管理下，真正实现独立自主发展，并容纳社会资本的广泛参与监督，面向区域经济发展打造应用型本科人才培养特色，坚定中国高等教育自信，帮助实现我国高等教育跨越式发展。

（二）大数据推进应用型本科院校现代化办学的核心内容

通过技术手段实现网络大数据在应用型本科院校现代化办学中的作用，首先需要明确大数据建设核心内容。大数据是一个宏观的概念，主要包括数据定义、搜集、存储、传输、应用。构建指标考核体系时主要考虑数据的完整性、准确性、时效性和系统性。为此要准确把握核心指标，具体分析各指标的相关性，为推进应用型本科院校现代化办学添砖加瓦，如图 3-1 所示。

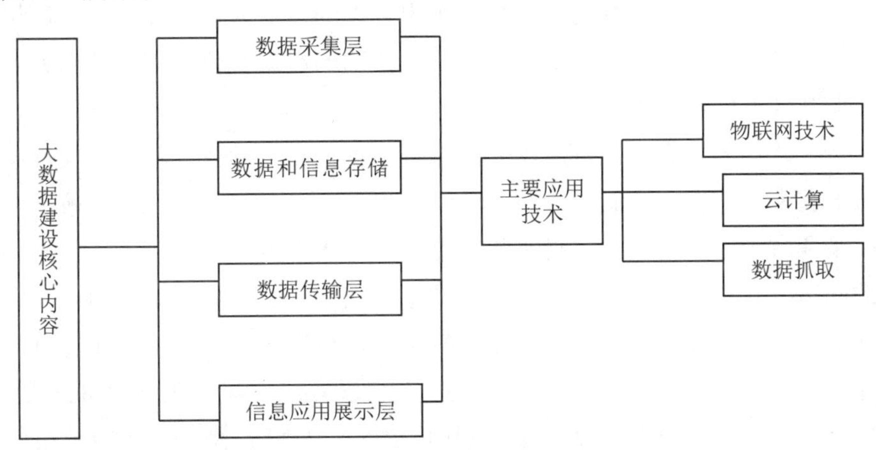

图 3-1 大数据建设核心内容

数据采集层是应用型本科院校现代化办学的重要数据来源，内部因素包括申办者、拥有者、全体学生和教师，外部应该包括政府、社会。通过内外部数据采集形成基础数据，数据采集要依赖大量基础设备数据采集层或物理设备，如摄像头、呼叫终端、移动终端等。随着新一代互联网技术的发展，应用型本科院校现代化办学的新设备、新系统会不断增加。高校治理可以形成实时人机交换、数据采集。

数据和信息储存即数据库，是信息存储和交换的基础。同时储存交换也是信息处理的核心环节，通过数据库的挖掘筛选可以形成各组数据的流通中转。有效性和效率性是高校教育治理现代化的核心环节，一个合理有序存放并高效应用的数据库能为该目标实现发挥事半功倍的作用。

数据传输与网络连接息息相关，应用型本科院校现代化办学的一些数据的查询获取都需要通过专网实现，面向特定的人群和公众，因此大数据传输中的加密和局域网设置为大数据流通提供了方便。

业务应用和信息展示层则是对数据实现汇总、分析并最终实现业务完成的模块。现代大学的评价标准应该是多元的、复合的，而不是单一的分割开来，要么故步自封，要么任由政府对其采取单一的、封闭的管控，应将学术、政府、社会、市场等均纳入指标体系，兼具公平公开、共治共享、民主科学、高效创新等价值，对应用型本科院校现代化办学作出更加客观、合理的评价。因此，业务应用层要实现大数据的深入发掘和处理利用自身优势形成合力，共同服务于应用型高校的发展，焕发活力，保障应用型本科院校现代化办学的稳步实现。

三、数据分析在人才培养方案制定中的应用

人才培养是高校的主要职责，如何才能培养出适应社会需求的人才成为高校教学的关键。当前社会科学技术的发展突飞猛进，如何能让高校毕业生一毕业就在社会上有立足之地，适应社会生产力的发展，跟上社会的脚步，成为高校教育的一大难题。

数据信息缺乏是造成人才培养方案与社会需求脱节、毕业生专业能力与岗位不匹配的重要因素。因此，需要大量的数据信息来决策出合理的专业人才培养方案。近年来，大数据技术在高校教学与管理中的应用越来越普及，精细的数据变化能够帮助相关人员提高决策效率，从而制订出更加合理的人才培养方案。

高校专业人才培养方案的制订属于一项系统工程，需要学校、政府以及行业的信息作为决策支持。在人才培养方案制订中政府政策是主导。高校与政府互动，通过大数据技术挖掘政府决策和政策中有价值的信息来指导专业人才培养方案的制订，已是大势所趋。行业为人才的归宿。获取最新、最全面的行业动态有利于人才培养方案的制订，专业人才培养方案与产业需求、课程内容与职业标准、教学过程与生产过程对接，通过市场导向来制订人才培养方案，使学生在毕业之后更好地适应科技的进步与社会生产力的发展。

在高校专业人才培养方案的制订中，利用 CRISP – DM 模型进行政府政策信息和人才需求信息挖掘需要商业理解、数据理解、数据准备、挖掘评价 4 个过程。

（一）商业理解阶段

商业理解阶段也就是对高校专业人才培养方案的制订的需求分析阶段，该阶段体现合理的高校人才培养方案对高校招生就业的重要性。应用型本科教育管理的本质是通过丰富的专业课程将知识技能传递给学生，学生利用学到的技能为社会做出贡献。然而，随着科技的进步，社会需求在不断变化，学校的专业人才培养方案却多年不变。只有提供一种基于大数据技术的人才培养方案决策支持系统，才能够准确地把握市场需求，提供一套相对完善的人才培养方案，进而提供市场所需之才。

（二）数据理解阶段

数据理解阶段也就是高校人才培养方案影响因子的确定，以及相关数据结构的构成。

人才培养方案的制订取决于市场对人才的需求，而市场需求的确定又取决于多方面因素，其中包括科学技术的革新、企业工作中创新型工具的使用、专业人才的缺口、区域经济的发展等方面。这些因素影响着毕业生能否顺利地找到合适的工作，因此，影响因子由以下数据决定：毕业生关于课程的实用性回馈、企业对每年毕业生的满意度回馈、技术革新的数据、地方经济报告数据以及地方政策数据等。影响因子的影响系数也会根据不同专业不同时代而发生变化，其变化趋势主要通过数据拟合的方法得出。

（三）数据准备阶段

数据挖掘技术从海量数据中挖掘出可用数据信息用于建立制订人才培养方案的数学模型。一般对极小值的数据类型可以通过导数等模型求得极大值。对于某些中间型的数据可以通过变量区间获取中间型数据的极大值。对于区间型数据，在其最佳稳定空间内，通过分段计算取值，获取其极大值。在人才培养方案的制订中，影响因子比较复杂，其数据结构也是由多种类型构成。

（四）挖掘评价阶段

近几年各行业的发展以及相关政策的动向统计分析表明，各专业的岗位缺口，并对未来 3～5 年的相关技术人才的缺口进行预测，并据此提出各专业招生人数的调整，避免招聘、应聘比例失调；通过对近几年已经毕业并从事相关专业的学生进行回访，统计在工作中大学所学课程（基础课及专业基础课除外）的实用性，并根据行业内技术的发展程度，提出各专业课学时的调整方案的预测。

第二节　学科专业体系中数据采集的主要内容及分析应用

一、关于应用性本科教育的理论梳理

高等教育需要一方面为有能力、有志向进一步从事学术性研究的个体提供知识储备，另一方面也必须为大量的个体奠定就业基础，高等教育因此兼有“学术性”与“应用性”两大特性。“学术性”与“应用性”是高等教育产生之初就具备的两大特性，后者地位凸显是科学技术力量推动、高等教育大众化的结果。高等教育是社会发展的产物，社会需要是其发展的第一动因。世界高等教育发展历史告诉我们，伴随科学技术影响不断深入，高等教育正日益成为社会事务的中心，与社会的政治、经济、文化等诸多系统发生密切的联系。与此同时，高等教育系统本身不断发生重组与分化，横向教育类型不断加深，纵向教育层次也在不断增加、变化，呈现出多样化趋势。科学技术引发了高等教育在办学定位、人才培养目标等方面的改变。应用性高等教育正是在这种力量的推动下，对于传统学术性高等教育类型的突破。

应用性高等教育是伴随社会工业化进程，科学技术快速广泛运用于生产领域背景下，

以培养各种高素质一线的技术人才为标准的高等教育类型。作为教育学的概念被提出，在我国还是近年来的事情。通过对应用性高等教育与应用型高等教育、应用性高等教育与学术性高等教育、应用型高等学校与应用性高等教育等概念的辨析，有助于概念内涵的准确把握，该部分内容是本研究的重要理论基础。

（一）应用性本科教育与学术性本科教育的区别

应用性本科教育是与学术性教育相对的一个概念，两者之间存在明显区别，通过概念比对，两者之间有以下区别：从实施教育的主体来看，学术性高等教育的实施主体为研究型高校（例如，我国的 211、985 高校），培养的人才具有坚实的学科理论基础，扎实的科学研究方法，以进行理论发现和知识创造为主要活动。而应用型本科教育的实施主体多为地方普通高校，尤其是新建本科院校。从人才培养目标来看。学术性高等教育主要培养理论型、学术型人才。应用性教育的核心要义在于“应用”一词。

需要注意的是，应用性高等教育可以贯穿于整个高等教育不同的层次，其内部存在层次差异。研究型高校、教学型高校以及高职高专院校中都能够进行应用性高等教育，它们之间的区别在于，不同类型高校应用型专业人才培养目标的差异。研究型高校进行应用性教育所培养的人才，一般称为工程型人才，其主要工作在于将所学知识转化为设计方案或图纸；高职高专学校的培养对象主要是以技能操作，进行一线产品生产的技能型人才；而地方本科高校培养的应用型人才，是衔接上述两段，将设计方案转化为具体操作方法、步骤的技术型人才。从评价标准来看，学术性教育追求科学理论的发现，成果的理论价值。应用性本科教育注重理论成果的实际转化，追求知识的经济价值与社会价值。

（二）应用性高等教育与应用型高等教育之辨

从“性”与“型”二字的解释来看，“性”指事物所具有的属性，是对事物性质的描述，体现出一种事物与另一种事物的区别。“型”指的是事物外在的表现形态、类型，事物归属于哪种具体的类型范围，由事物的内在性质所决定。事物内部具有多种属性，其中起决定作用的根本属性，决定了事物类型。举例来说，人类机体内部具有多种生命激素，但是，决定个体男女性别类型差异的激素是荷尔蒙，该类激素是造成性别差异的决定性要素。从这方面来看，具体实施哪种类型的高等教育是由高校所实施教育的性质决定的。可见，应用性高等教育不是应用型高等教育，它是对高等教育性质的一种描述，应用性高等教育是相对于学术性高等教育而言的一个高等教育学概念。而应用型高等教育是基于应用性高等教育所出现的一种高等教育类型表现。应用性高等教育的主要目标在于培养应用型人才，专业是人才培养的平台，应用性高等教育是指高校进行应用型人才培养的专业教育。一所高校可以有部分专业是应用型专业，同时存在学术型专业，也可以所有的专业都为应用型专业。应用型高等学校作为实施应用性高等教育的主体，院校内的大部分专业或者全部专业都应该是应用型的，是由应用性教育的特征所决定的。

通过应用性高等教育与学术性高等教育的比较，以及应用性高等教育与应用型高等教育概念辨析，可以得出，应用性高等教育主要具有以下基本特征。

1. 为地方经济发展服务

立足地方，服务地方经济发展需要，是应用性高等教育发展的基础。从应用型高等学校的专业设置来看，应用性专业以学科为依托，针对工程技术、应用技术、职业岗位（群）来设置，具有行业、职业或技术的定向性和地方性。应用型高校是促进地方经济发展的“助推器”。

2. 多样性教育

应用性高等教育直接为地方经济发展服务的特征，决定了其需要满足社会对于多样化人才的需求。从层次上来看，它可以跨越专科、本科以及研究生；并且该类型教育与社会生产中的众多行业发生密切联系；从高等教育的三大功能来看，该类教育围绕“应用”这一核心，来完成三大功能任务。

3. 现实性特征

区别于学术性高等教育，应用性高等教育以直接服务生产为现实目的，追求的是知识本身的经济价值与实用价值，关注人才的实践能力与动手能力。

（三）应用性本科教育的实施主体

高等教育大众化阶段需要高校科学制定办学定位、分类发展，形成多样化的办学格局。任何一所高校必须明确自己的发展方向，发展方向的确定要根据外部环境与自身特点作出准确的定位。我国现阶段实施高等教育体系中，应该存在研究型、应用型以及技能型三种主体类别。作为开展精英化教育的研究型大学，该类学校都具有较长的办学历史，教育教学资源丰富，学校的学术氛围浓厚，学术水平高，但是这类学校数量较少，即使在大众化教育阶段，所接受的学生比例也较小，依旧坚持学术性办学定位。作为大众化教育任务完成主体之一的技能型院校，多与地方经济发展紧密联系，具有较强的社会适应力，进行高等职业教育，具有明确的办学目标，且已有一定的办学经验。两者之间的一般本科院校，尤其是地方性新建本科院校，在办学力量、历史背景、学科积累上与本科层次的研究型高校有差距，与技能型高职高专相比，层次的差异必将导致办学理念、培养目标等一系列的异同。地方新建本科院校怎样确定在高等教育体系中的位置，找寻出科学发展的方向，是关系到该类高校生存与发展的大问题，也是关系到我国高等教育能否健康发展的重要问题。关于该类学校的发展定位，有三种选择：第一，办高水平的职业技术教育；第二，朝专业性应用型高等教育发展；第三，朝学术性研究型高等教育发展。历史的发展决定了该类高校中绝大多数，不可能简单模仿研究型高校，走学术型发展的道路。同样，由于我国现行的高等教育缺少相应的制度安排，其也不可能回到高职高专教育模式。基于高等教育大众化阶段对于高等教育多样化的需要，社会经济发展对于高层次应用型人才的需求，以及国外高等教育发展的成功经验，实施应用性本科教育是我国大多数地方本科院校，尤其是新建本科院校的必然选择。

应用型本科高校是一种新类型高校，从高等学校的三大职能出发，该类高校在教育、科学研究、社会服务三个方面都是“应用性”的。从教学上来说，应用型本科高校的教学强调应用性与实践性，教学内容围绕实际生产需要，教学安排上，突出实践性特征。理论知识的学习是为了实践与应用的准备，强调理论知识和方法在实际生产领域中的应用。从科学研究来看，应用型本科高校偏向于应用性研究，注重与行业、产业的密切配合，以解决实践中的具体问题。从服务社会的职能来看，应用型本科高校社会服务的职能更为直接，突出应用性高等教育的经济价值与实用价值。

二、数据分析在应用学科人才培育中的应用

（一）数据分析的教学设计

①符合我国市场发展对于岗位的需求。随着我国现代化市场经济的发展，大数据行业在各行各业迅速发展，并且我国在大数据产业上已经初具规模。因此，对于数据分析与应用专业必须符合市场的需求才能更好地扩展学生的就业前景。

②需要不断创新进取，符合我国社会发展的实际需求。因为大数据行业出现的时间距离现在较近，发展的时间也比较短，因此，大数据行业在我国还有很大的发展空间。虽然我国现在处于发展初期，但是发展速度极快，这就会造成在发展过程中，有许多不完善的地方，因此，针对这种情况，我国高等院校对于数据分析与专业人才的培养，应该根据我国市场经济的变化进行事实修改，让大数据行业快速发展，以匹配当今的发展趋势。

③注重理论与实际相结合。在高等院校中培养数据分析与应用专业人才时，除了要重视对理论知识的讲解，也要注重让学生进行实际操作。学院在开设相关课程时，应该重视加强实践教育，多设置一些实验类等教科教学，激发学生学习的兴趣，使高等院校的学生在真正意义上对数据分析与应用专业产生兴趣，提高学生的综合素质。

（二）符合社会需求的数据

分析教学方案提高教师资源的整体素质。高等院校大数据专业师资的力量和水平，目前与我国整个行业的发展需求还是有所差距的。针对这一现象，校方应该积极引进具有专业素质的人才，除此之外，还可以加强学校与企业的合作，企业可以为学校的发展提供相关数据，供学生们进行实践操作。最后，教师也应该注重自我能力的提升，要积极参加学校组织的项目培训计划，并且安排教师到当地的相关企业进行实际操作，拓宽教师对于大数据行业的知识面，使得教师资源的专业水平得到有效的提升。

加强学校与企业的合作，根据实际情况设计课程体系。针对学校目前为止对于大数据行业的实践可操作性较低这一现象，可以适当加强校园和企业的合作，根据企业对于数据分析应用的实际情况，共同开发和设计一套适用于高等学院教育学生的新型课程体系。在实际教学过程中，要实现工作与教学相结合，保证教学内容是未来适用于学生就业、可操作性强的内容。除此之外，学校也应该研究部分实训课程，对传统的教学模式和教学方法进行适当的调试，找到适合学生学习与发展的教学手段。

激发学生对于整个数据分析与应用专业的学习兴趣，从而提高学生就业率，激发学生学习兴趣。目前很多高等院校的学生对于大数据应用技术专业还缺乏相应的了解。很多学

生对于数据分析与应用专业的就业前景很不明确。这就导致学生对于大数据专业学习缺乏热情，学校针对这样的情况，应该开展各种各样的技术专业知识理论讲座。通过和企业的合作，让学生能够更加真实地接触到大数据行业发展的新动态，激发学生的学习兴趣，从而提高学习的自律性，让学生主动学习，通过一些实践课程的项目设计，提高学生动手能力与实践效果，增加学生对于数据分析应用的了解，为学生今后的就业打下坚实的基础。

随着大数据时代的来临，整个大数据行业的发展前景是美好的，很多高等院校在数据分析运用专业中具有很大的发展空间。但是一项新课程的开发也面临着许多挑战，所以学校为了顺应时代的发展，必须不断创新，培养人才的方案，改变传统的教学手段，紧跟时代发展，才能为社会培养出更多优质的就业人才。

三、教学案例

案例从中药专业课程体系设置、课程研究对象以及服务行业交叉学科群等人才培养方面进行了分析，思考在信息化条件下中药专业课程如何进行改革。通过说明中药专业学生毕业后最需要最可能从事的行业，在学校教育过程中必须掌握的知识和技能，以及需要拓宽的学科知识，促进中药专业毕业生更好地服务社会。

（一）中药专业课程体系设置

1. 专业必修课

学生通过对中药专业必修课的学习，需要掌握中医药理论和基本技能，学会运用中医药基本理论解决在为医药卫生健康事业服务过程中遇到的有关中药生产、分析检测、创新研究和管理等各方面问题。主要课程包括中医基础、中药学、方剂学、药用植物学、中药化学、中药鉴定学、中药炮制学、中药制剂学、中药制剂质量分析、中药药理学、中药资源学、药事管理。这些课程不仅要求学生掌握中药特性，而且要求学生熟悉中药作用对象——机体特点，还要求学生了解基本的药物使用方法。

2. 专业限选课

在学习了专业必修课等相关基础课程后，中药专业学生需要更加深入了解中药专业的研究内容、涉及方向。为了有助于学生今后发挥特长，使学生在感兴趣的专业方向上通过学习能够获得相对完整而又成系统的课程，进一步提高深造，体现因材施教、分流培养的思想，不同学校开设部分专业限选课，如药用植物栽培学（GAP）、药厂管理（GMP）、中药新药开发（GLP）、临床中药学（GCP）和中药市场营销（GSP）。这些课程涵盖有中药现代化规范基本知识，目的是促使学生对中药农业、中药工业、中药科技、中药临床和中药商业等方向有比较深刻的了解，以便服务这些行业特别是管理时能够更好更快地适应工作和促进其继续学习。

3. 专业选修课

不同区域、不同学校人文背景，对专业选修课有极大的影响，既要考虑本校教师是否能够很好地讲授课程，又要考虑培养的人才能否促进当地社会经济发展，还要考虑本校学生的知识水平能力和兴趣等因素。但是针对中药专业学生来说，有些专业选修课还是有共性的，如药用植物地理学、药用植物生态学、中药商品学、中药仓储管理等与中药专业相关的课程，学生选修这些课程后既可以扩大专业知识视野，又可以促进中药专业知识与其他学科知识的交叉融合，还有利于学生拓展研究思路。

（二）中药专业研究对象学科体系

1. 中药源头药用植物学科群

一般来说，中药源于植物、动物和矿物，但是药用植物是中药的主要来源，如果以中药专业研究对象为药用植物来看，所涉及的学科群主要包括 10 门课程，即“药用植物学”“中药资源学”“药用植物地理学”“药用植物生态学”“中药化学”“中药鉴定学”“中药炮制学”“中药药理学”“药用植物栽培学”“中药新药开发”。简单来说，这些课程需要让学生知道哪些植物可做药物？分布在哪些地方？这些植物的活性成分是什么？如何采收加工变成药材？有什么生物效应？以及通过生物效应再去寻找新的药物。

2. 中药材学科群

药用植物作为中药使用，采收后按照中药材产地加工技术要求，其加工品就是中药材，把中药材作为研究对象的中药专业学科群有 11 门课程，包括“中药学”“中药化学”“中药鉴定学”“中药炮制学”“中药药理学”“药事管理”“药用植物栽培学”“中药新药开发”“中药市场营销”“中药商品学”“中药仓储管理”。通过这些课程的学习，需要熟悉理解中药材的功效、药性理论以及成分与功效之间的联系，中药材生产、经营、销售、仓储和运输等中药产业链各个环节。

3. 中药饮片学科群

中药材经过炮制加工后，制成饮片，供临床医师处方应用，中药专业调剂以及研究开发时，必须学习以下 14 门课程获得相应的基础知识和基本技能，即“中医基础”“中药学”“方剂学”“中药化学”“中药鉴定学”“中药炮制学”“中药药理学”“药事管理”“中药新药开发”“药厂管理”“中药市场营销”“中药商品学”“临床中药学”“中药仓储管理”。饮片应用于临床，中药专业学生在调剂和应用研究临床药物时，必须要有中医药基础理论指导、饮片仓储运输涉及贵细饮片、有毒饮片严格管理知识的储备。

4. 中成药学科群

中成药由于其携带方便、服用方便、存贮方便、使用方便，特别是现代科学技术引进使用，使得中成药成为社会大众依从性最好的中药，不仅有中医师处方，而且有西医师处方使用，还有民众自行购买使用（OTC）药物，对中成药规范、研究和应用等学科群有 15 门课程，包括“中医基础”“中药学”“方剂学”“中药化学”“中药鉴定学”“中药制剂学”“中药制剂质量分析”“中药药理学”“药事管理”“中药新药开发”“药厂管理”“中药市场营销”“中药商品学”“临床中药学”“中药仓储管理”。中成药研究使用涉及安全、有效、稳定等各环节。以研究对象为切入点的中药学专业学科群（植物药来源为例），如图 3-2 所示，中药专业学生如果能够学习这些课程，对于进入中药行业或社会其他相关行业，基本能够适应工作要求和较快拓展学习。

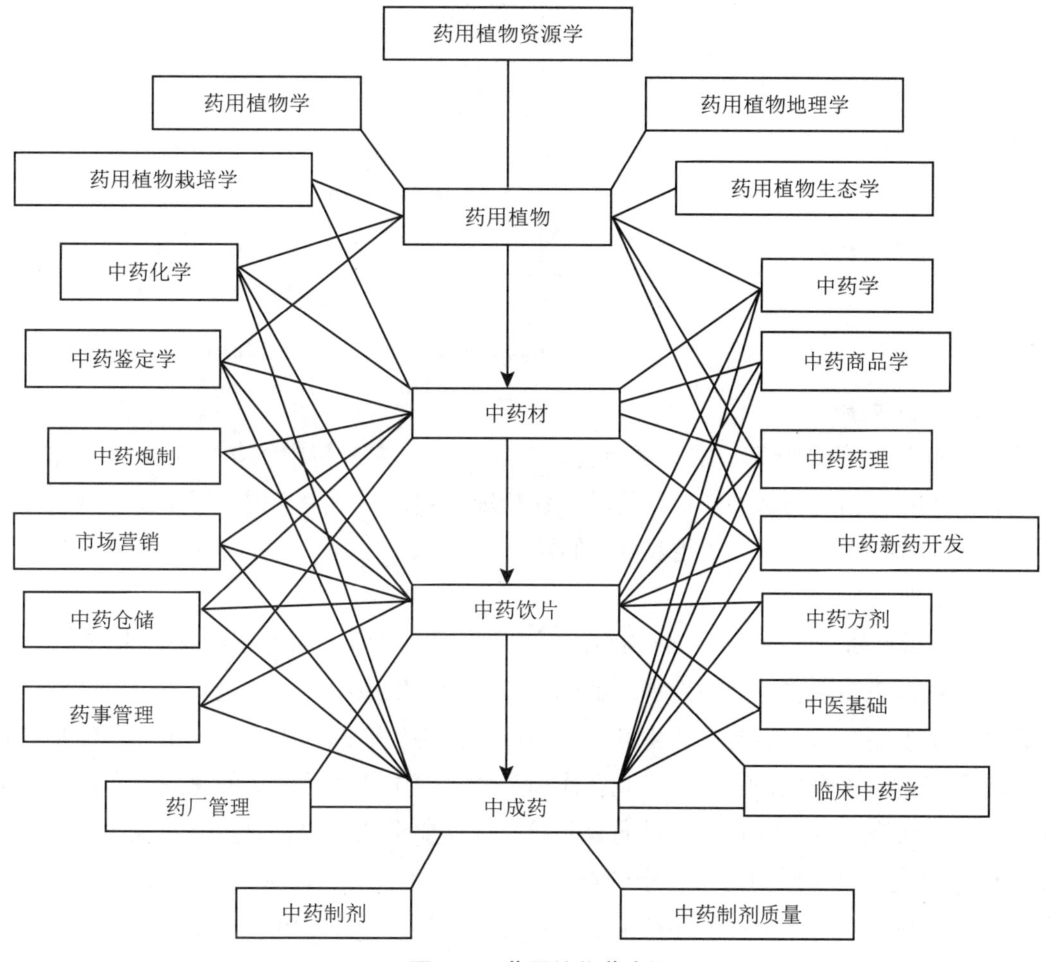

图 3-2　药用植物药来源

21 门课程涉及 4 个研究对象，这中间不少课程内容有交叉，这些交叉内容，在现代大数据条件下，有必要综合分析，做到信息互通共享，既保证教材体系完整，又能够减少学生学习压力。例如“中药学”“中药化学”“中药鉴定学”“中药药理学”和“中药新药开发”等课程对 4 个研究对象都要涉及从不同角度进行研究，中药学研究 4 个对象，需要理解记忆熟悉药物的药性理论、功效、应用和注意事项；中药化学需要采用现代技术研究中药，提取分离鉴定中药成分，让更多的人认识中医药治病的物质基础；中药鉴定学则是从源头开始直至临床以及患者自行购买药物各个环节就要涉及真伪和质量标准；中药药理学和中药新药开发采用现代手段探讨中药活性物质作用效应，以及使用世界其他民族都能理解实验方法和数据探讨中医药治病的基本原理。

（三）中药专业服务行业学科体系

中药专业学生毕业后服务于中药产业链，如图 3-3 所示，需要掌握的知识涉及多个行业，在课程建设时既需要考虑培养学生遇到问题、分析问题、解决问题的能力，又需要培养学生善于学习、终身学习和努力创新的精神。

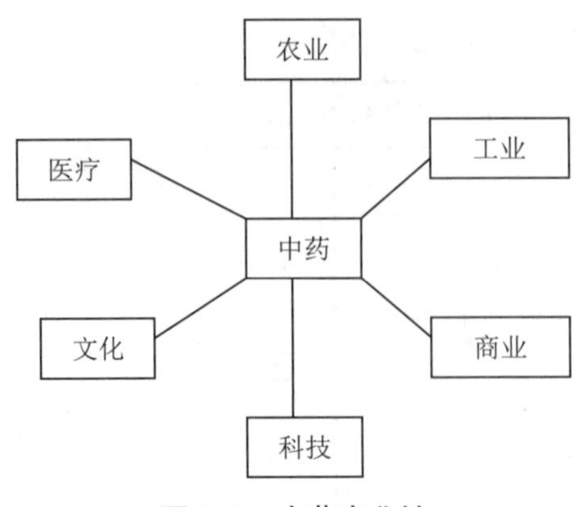

图 3-3　中药产业链

1. 中医与中医学

中药专业学生主要服务于中医药行业，所以需要首先涉猎中医与中医药相关课程内容，只有学生具有相关的基础知识，比较容易拓展学习，对学生来说也很重要，其他知识在工作生活实践中终身学习，就能取得好的效果。

2. 中药农业

中药源头特别是药用植物主要分布在农村，药材的采收、加工需要农民的积极参与，中药农业发展也牵涉到农村经济发展，就现阶段来看，发展中药农业也是边远山区农民脱贫致富的一个重要渠道。中药农业生产与大田经济作物生产的区别是，大田经济作物的目的是获得高产量的碳水化合物等初级光合作用产物，而中药种植的目的是获得含量稳定的药用植物次生代谢产物，两者生产目的有差异，这就要求从事中药农业不只是照搬大田经济作物种植模式，更重要的是符合中药材生产基本规律。因此，从事中药农业相关工作，既要具有中药基本知识，又要具有农业生产以及有关农业、农村和农民发展的学科知识。

3. 中药工业

农业发展走向工业，极大地促进了社会经济的发展，以前我国中药的工业化程度相对比较落后，导致中药走向世界进程缓慢，随着我国开放程度的加大，经济发展迅速，在国际经济生活中起到了越来越重要的作用，我国中药工业在现代科学技术基础上，发展越来越快，也越来越完善，中成药剂型越来越多，中药药效稳定性和安全性也越来越高，中药专业学生除了中药专业中药制剂学课程外，很有必要学习和了解信息化条件下中药工业发展趋势有关知识。

4. 中药商业

中药商业是中药服务大众的重要途径，由于中药的特殊性，中药商品的自然属性导致其商业属性也与其他商品的经营管理存在差异，中药材、饮片和中成药仓储、流通和用户使用必须有可塑性，特别是对于毒性类药物和中药的不良反应需要在现代信息技术条件下支撑完成全过程的可溯，这样就要求中药专业学生对信息管理知识要有比较深入的学习。

5. 中药科技

中药科技涉及从田间地头到使用者手中每一个环节的科技创新，药用植物种植、产地采收加工、饮片炮制生产、中成药生产以及仓储运输，狭义理解中药科技主要考虑应用现代科学仪器设备研究中药的效应作用以及新药开发，中药专业学生必须获得新仪器设备的应用技能，以及相关交叉学科知识，要求中药专业学生既要有对新知识渴求的愿望，又要有创造性运用相关学科知识解决中药研究过程中出现问题的能力。

6. 中药文化

中药文化从 2000 多年前秦汉时期我国最早的载药 365 味的药学著作《神农本草经》开始，至 20 世纪 90 年代载药 8980 味的巨著《中华本草》，中药学著作记载药物数量极大增加，最主要的是中药理论逐渐完善，中药知识历代都在吸收世界各民族先进的用药经验和药效明显的药物，这种兼容并蓄的理念，是中医药文化历久弥新的根本原因。2016 年颁布实施的《“健康中国 2030”规划纲要》是为推进健康中国建设，提高人民健康水平战略部署。中药专业学生对我国历史文化的学习，特别是历朝历代人们对健康追求做法的了解，这些课程知识需要在具备中医药专业基础知识的前提下，才能更好地进一步学习。

（四）信息化条件下中药专业课程变革

当今时代社会经济和科学技术发展极其迅猛，特别是由信息论、控制论、计算机理论、人工智能理论和系统论相互渗透、相互结合而成的一门新兴综合性科学——信息科学的发展。中药专业学生在日后要更快、更准确、更有效地完成中药信息的获取、传递、加工、再生和使用等，就需要对信息科学技术进行学习。特别是对中药复方的研究，中药复方中的化学成分有哪些？具有什么样的作用？对于这种大数据，在现有条件下还无法在一定时间范围内用常规软件工具进行捕捉、管理和处理的数据集合，需要借助新处理模式来分析统计和流程优化这些海量和多样化信息，只有要求中药专业学生有信息科学知识储备，才能在将来的实践中依托云计算运用大数据模型分析，预测中药多成分、多环节和多靶点综合作用效果。

中药专业课程体系是 20 世纪 50 年代末我国开始中药高等教育时奠定的基础，经过几十年的沉淀发展起来的，已经在我国中药高等教育院校普遍实行，但在大数据时代，每门课程教材编写教学内容需要互通共享，课堂教学需要协同才能提高教学质量，以便空出更多时间促使学生学习了解多学科知识，向多方向努力，才能更好地为促进中医药事业发展做出贡献。

第三节　课程与教学体系中数据采集的主要内容及分析应用

一、应用型本科专业课程体系设计

任何一种大学教育过程都可以描述为：设定人才培养目标，然后根据人才培养目标设计并实施课程和课程体系，最后根据人才培养的质量对课程体系进行改革。可以说课程和课程体系是实现人才培养目标、提高人才素质和能力的基本载体，应用型人才的培养最终要靠应用型的课程体系来完成。

（一）应用型本科课程体系设计的价值取向

如何在有限的教学时空中传递最有价值的知识、经验，正成为当下课程教学改革的重点与难点。这些知识与经验在课程教学中转化为知识与能力、理论与实践、人文与科技、职业与生活的关系，如何看待这些关系并对其进行组合，将从根本上影响课程体系总体设计和模式。基于培养实践动手能力强、具有较好发展后劲的应用型人才之需求，应用型本科课程体系设计应遵循以下价值取向和总体思路：面向工作过程，以应用能力培养为主线，以应用学科为支撑，兼顾学生个体需求。

1. 面向工作过程

从本性上分析，应用型本科教育主要不是升学教育，而是一种为工作做准备的教育，具有明显的职业性倾向或就业导向。这种职业性不是面向单一职业，而是面向某类行业或职业群，使学生具有较大的就业弹性和适应性。接受应用型本科教育的学生毕业后绝大多数直接就业，只有少量学生有机会立即进入研究生阶段学习或出国深造。

2. 以应用学科为支撑

本科专业建设不能离开学科的基础，专业与学科的关系十分密切。专业建设和结构大体上“折射”了社会职业需求的变化，是“处在学科体系与社会职业需求的交叉点上”。如果学科是根，那么专业是干、课程为末。专业建设、课程建设必须以学科为支撑，为学生可持续发展打下基础，使学生具有发展“后劲”。

3. 以应用能力培养为主线

这是处理“面向工作过程”和“以应用学科为支撑”关系时要遵守的原则，贯穿于课程设计的全过程。无论是设置直接面向特定职业群的课程，还是设置学科课程，都应为培养学生应用能力服务。应用能力可以分为：关键能力和基本能力，即面向所有职业、所有专业的学生都具有的能力；专业基本技能，即与具体学科专业相联系的能力；专业核心能力，即与职业群相联系的能力，主要通过实践课程培养，以及特色能力，即因个体特长和选择不同形成的能力。

4. 兼顾学生个体需求，以学习或学生为中心

这是课程体系设计的出发点和归宿。学习结果是检验课程体系的最终标准和依据，同时理想的课程体系不仅能使学生获得知识和能力的发展，还能促进学生人格的完善。根据杜智敏等人的研究结果，一般院校及应用型大学的学生学习动机排在第一位的是“找到理想职业提高经济地位”，其学习动机非常实际、实用。学习动机直接影响学习效果，在设计课程体系时必须予以考虑。特别是对学生群体特征的研究要有对策，进行所谓的“校本”研究，增强课程的针对性。

（二）构建应用型课程体系的一般步骤

1. 组成设计团队

课程体系的设计不是教师或专业负责人的个体行为，而是集体行动，需要多方智慧、多方参与。在接到课程体系设计任务或感到课程体系需要改革时，由专业负责人担任课程体系设计团队负责人，吸纳专业骨干教师、校外学科专家、用人单位代表、校友、教学秘书、学校教学管理部门代表等作为团队成员，正式组成设计团队。在整个过程中，专业负责人的作用举足轻重。专业负责人除了对本专业的知识体系十分熟悉外，还应通晓教育教学相关知识。课程体系设计是一项重要的学术（教学研究）活动，课程体系是学术活动成果，学校应予以承认，对承担课程体系设计的团队给予必要鼓励和支持。

2. 前期资料信息收集与分析

主要包括：学科知识更新趋势和要求分析，即对专业相关应用学科内容及其研究重点的发展趋势进行分析，使课程体系保持与学科研究前沿对接；社会需求分析，包括国家、区域（高校所在地）、用人单位、未来需求等多个层次和方面。其中了解用人单位的需求是最有实用价值的措施，可以通过两个渠道实施：一是学校自己组织调研，主要在毕业生聚集度相对较高的行业领域进行；二是通过社会上公布的现阶段人才需求调研分析或未来人才需求分析等；学生特征分析，包括学生知识和能力基础、态度、个人发展需求等。只有充分了解培养对象，课程设计和教学才更具针对性和有效性，对学生学业是否成功起重要作用。

就目前而言，应用型本科主要是一般地方性高校特别是新建（专升本）高校提出并实施的教育类型（在招生批次上表现为第二、三批本科），这类学校的学生具有一些共同的特征，如知识基础一般、求知欲不强、对未来缺乏明确规划等。但每所学校也会因生源地区分布、校风等不同，导致学生存在特征差异，这就决定了学校、专业必须专门对自己的学生进行特征分析。

3. 目标分析

主要对人才培养目标进行分解，将关键能力、专业核心能力、特色能力等落实到不同的课程组，并最终落脚到一门门具体课程，形成每一门课程的目标。其中课程组的课程会有重合或交叉。例如将档案学专业的人才培养目标确立为“面向地方社会发展和经济建设事业第一线，具有解决档案工作实际问题能力的应用型高级专门人才”，具体是在政府部门、企事业单位等领域从事文件档案管理、综合信息服务、秘书等项工作。那么，要胜任这些工作，需要具备多种专业技能与专业核心应用能力，包括“文件处理与控制技能”等五项专业基本技能和“文件档案实体管理能力”等三项专业核心应用能力。每一项专业基本技能和专业核心应用能力都有一组课程来支撑，如“文件处理与控制技能”的养成由“文书学”“公文写作”“科技文件管理学”三门课程来承担。

4. 结构设计

职业是专业，也是课程体系的起点，应用型本科的一般演进过程可以表达为：职业—

专业方向（课程组）—专业（完整的课程体系）。学科是专业的支撑，同时还要根据国家要求开设一定的公民课程。结构设计是课程体系设计的核心部分，它决定了每一门课程在专业教育中的位置，包括纵向时间上的序列和横向的相关关系。在处理通识课程与专业（职业）课程、理论课程和实践课程、必修课程和选修课程的关系时，应遵循以下几条原则：

（1）全面素质教育

在应用型本科课程体系中，素质教育课程或通识教育课程应该受到重视，诸如关键能力、职业道德、人文素养等方面培养不容忽视，必须占据一定的位置。应用型本科教育培养的人才除了“学会认知”“学会做事”外，还应“学会做人”“学会共处”。“过分功利的、实用的、职业化的大学教育，只能被动地适应社会。”

（2）理论与实践并重

应用型本科强调培养学生的专业应用能力，因此，在重视理论讲授的同时，高度重视实践教学。实践教学不是理论教学的附庸，既与理论教学紧密联系，又独立成为一个完整的体系，贯穿于教学的各个环节。

（3）模块化

由于一般高校没有直接设置新本科专业的权力，适应社会职业变化需求，及时调整专业方向十分必要，“平台＋模块”的课程结构模式被广泛应用。平台课程包括公共基础课平台、学科基础课平台、专业基础课平台，模块课程包括专业方向课模块和任意选修课模块。“平台”保证人才的基本规格和全面发展的共性要求，体现“宽口径，厚基础”，着眼于学生发展后劲；“模块”主要是体现不同专业方向人才的分流培养，体现个性，侧重于学生实践应用能力。例如在历史学专业设置两个专业方向课模块：文博旅游方向和文物博物馆方向，分别包含完全不同的13~14门专业方向课程，这样使学生在学习宽厚的基础课程之后，可以根据自己的兴趣和将来从事的职业需求出发，选择不同的模块课程。

5. 实施

目标分析和结构设计完成之后，每一门课程都以特定的目标和功能存在于特定的位置，形成一个有机的整体。接下来的工作就是确定每一门具体教学内容和实施教学。其中制定课程教学大纲是关键性步骤。教学大纲是落实人才培养目标、完成课程目标、实施教学的纲领性文件，以系统和连贯的形式，按章节、课题和条目叙述课程的主要内容。它规定了每个学生必须掌握的理论知识、实际技能和基本技能，也规定了教学进度和教学方法的基本要求。无论是理论课程，还是实践课程教学大纲都应充分体现应用型本科人才培养的目标，贯彻理论联系实际的原则，注重对学生实践能力的培养和训练。至于实施教学中时采取的教学组织形式和教学方法，往往因教学内容和教学对象而异，应充分尊重教师的独立性和创造性，避免过多行政干预。

6. 评价调整

任何一种课程体系都不是一成不变的，尤其是对于应用型本科来说，由于要“面向工作工程”，其变化频度要明显高于学术性本科。因此，对课程体系每年进行微调、每3~4年进行较大调整是必要的。这些调整不是盲目进行的，它们建立在科学评价的基础之上。

对课程体系的评价是一种间接评价，即通过评价学生的学习效果来评价其合理性。在具体操作层面上，可以通过制作量表测量应届毕业生具备的能力和往届毕业生的发展状态，以此来判断课程体系的质量。

二、数据采集面向企业需求的应用型人才培养课程体系设计

大数据技术的发展，使得各种与“教学”相关的数据成为高校办学的“生产资料”。大数据技术应用到高校办学“需求预测”“过程监控”“就业反馈”等各个环节，对数据有完备性、连续性、实时性、价值性等多个方面的要求。高校专业课程体系设计这一人才培养的基本工作，针对企业人才需求预测、行业发展动态、行业知识领域、岗位类别、核心知识域等课程设置共性问题，大数据技术已能在一定程度上辅助决策者较为全面、客观、可靠地进行课程体系设计。

（一）应用大数据技术进行课程体系设计的整体思路

纵观各高校专业课程体系设计，其内容一般包括专业知识和能力要求两大方面。对一个专业课程体系进行设计，其实就是为学生设计其行业领域知识树与对应的知识运用能力。把行业领域问题的出现得到解决，看成一个知识应用过程，对整个周期各环节对应的知识进行构建与还原，是一种较为全面、系统地构建专业课程体系的方法，这种方法在企业管理、软件工程等领域的应用已较为广泛与成熟。应用型人才培养强调知识应用于解决行业领域问题，因此，“领域问题具有生命周期”理念下设计的课程体系与能力框架，对“工程类”专业应用型人才培养课程体系构建具有普遍适用性。

利用大数据技术构建课程体系框架，其核心与首要任务是构造专业课程知识链。知识的推动过程对应解决行业领域问题的流程，每个流程对知识的运用要求具备相关能力，即在解决行业领域问题这一过程驱动下，形成相应的能力要求链，并据此要求具备相应的知识模块，其构造的流程如图 3-4 所示。

行业领域问题处理流程

问题领域	处理流程 1	处理流程 2	处理流程 3	…	处理流程 n
能力要求	能力要求模块 1	能力要求模块 2	能力要求模块 3	…	能力要求模块 n
开设课程	课程模块 1	课程模块 2	课程模块 3	…	课程模块 n

图 3-4 课程体育构建过程

该课程体系框架背后实质上需要解决以下几个问题：解决的是什么行业领域的问题？该行业的人才需求状况如何？该行业领域问题处理的一般流程是什么？每个处理流程、能力模块、课程模块如何对应转换？如何将课程框架具体实施于教学环节以实现专业培养目标？

整个课程体系框架设计，其主要研究重点有二：

如何更科学合理地确定专业培养的方向？应用型人才培养更着眼于面向社会需求，与社会需求对接，专业方向的设置有紧跟前沿、潜力巨大等特点。对于个人职业生涯规划而

言，专业方向设置倾向于选择热门行业。热门行业一般具有较好的就业前景，在个人福利待遇、升职空间、专业发展等方面往往具备竞争优势，并且一般也为人才匮乏重灾区。

作为课程框架主要内容的能力模块与课程模块，如何由相应的处理流程联系导出？从整体上看，整个行业领域问题可以拆解为多个处理流程。处于不同业务阶段的流程，人认识对象的内容与层次，应用的方法与工具，思维过程是不一样的。相应地，人处在不同阶段的能力要求也就不一样。课程知识模块主要由确定认识对象、掌握改造方法、使用改造工具等方面构成，而相应的能力要求则是由人对课程知识模块各组件的认知、固化、扩展与应用等学习过程组成的综合训练。由此，可推导出每个处理流程、能力模块、课程模块之间的转换规则。基于大数据技术的课程体系设计，就是利用大数据技术对网络招聘信息进行处理与提取，从中找到各个流程阶段对应的学习知识、工具、能力方面的信息。

（二）课程体系框架设计与实现

课程体系框架的实现路径即可用数据分析与挖掘技术来设计与实现。如此一来，此问题即为通过对网络招聘信息分析与挖掘，演变为“了解行业人才需求状况”与“获知行业领域知识能力结构”两大子问题。

1. 行业人才需求状况数据分析与实现

行业人才需求状况分析，从求职者就业关心的角度来看，可以从企业需求概况、热门需求、需求走向、择业因素关联分析等角度探讨。

统计分析人才需求概况，获取人才需求整体状况。

此分析可以从行业招聘整体情况、职位招聘情况等方面分析。部分分析思路可参考图 3-5 和图 3-6。

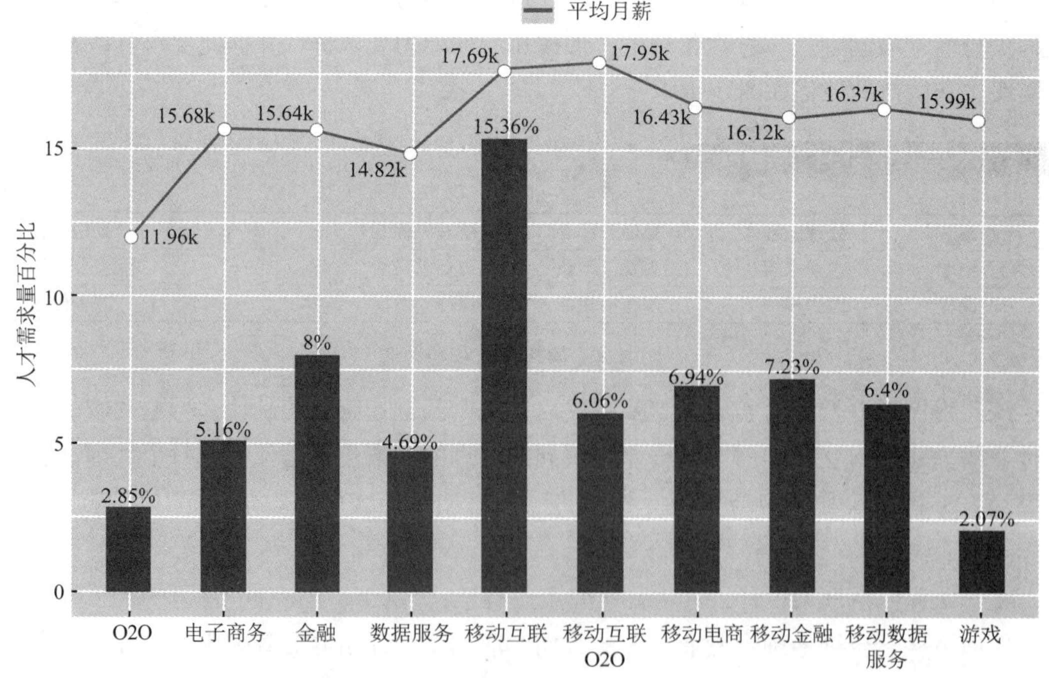

图 3-5 人才需求量排行前 10 行业薪资对比

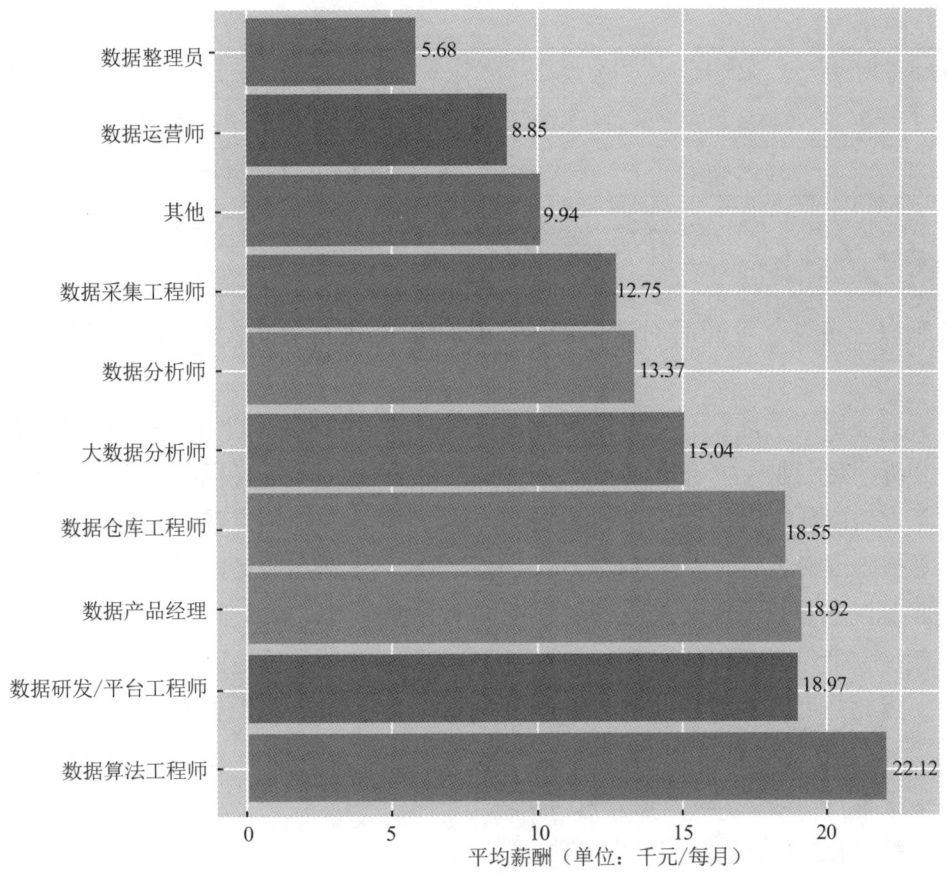

图 3-6　大数据职位月薪对比

分析热门的行业、职位、地域等信息，是行业人才需求分析的重要内容。

热门行业、热门城市、热门职位等对象，一般是高校专业建设与大学生个人就业最先关心的问题之一。热门是个综合性的概念，一个城市是否是热门城市，要综合考虑该城市各种不同规模企业的构成、企业发展阶段、人才需求量、平均工资水平等方面的因素。对于热门城市、热门行业的定义，均可从以上几个维度进行综合评估，在此可采用主成分分析法将相关变量转换成互不相关的主成分来衡量，并获取主成分得分，根据得分排名确定热门“城市”与“行业”等。对热门城市的分析结果如表 3-1 所示。

表 3-1　热门城市排名

城市	F_1	F_2	F_3	F	排名
郑州	−0.08384617	0.853597	0.45907150	2.457645	1
北京	1.60052994	−0.17714	−0.68567	1.475445	2
深圳	0.75671011	−0.12344	−0.2434563	1.217841	3
成都	0.08445819	0.298998	0.219024	1.204962	4
厦门	0.04712029	0.261502	0.28204	1.181326	5
杭州	0.39585321	0.063907	0.083834	1.087188	6

续表

城市	F_1	F_2	F_3	F	排名
南宁	0.14701919	0.63762	0.210873	1.023376	7
天津	-0.04898644	-8687843	0.591664	0.911599	8
广州	0.21643317	-0.8687843	0.10909	0.823411	9
上海	0.60192005	-0.08189	-0.12492	0.790206	10

按照以上方法，可同时对热门行业、热门职位进行分析，获取更全面的热门就业信息。

分析择业因素关联性。每个求职者在求职时考虑的着重点可能不大一样。招聘信息关联性分析，对专业人才培养层次、人才培养服务输出区域等目标的定位，具有一定参考价值。此方面信息的获悉，可用关联规则实现。从就业关注焦点看，对企业招聘要求与相关待遇等招聘因素之间的关系挖掘，可以为其学校人才输出服务区域定位、学生简历投放对象选取等问题提供参考。考虑到关联挖掘的数据是为高校专业建设及大学生就业提供决策信息，应届大学生具有无工作经验、优先考虑经济较发达地区就业、起步工资期望高等特点，因此，可以从大数据相关职位招聘数据里计算结果筛选出符合以上部分要求的规则。

2. 专业能力—课程结构数据分析与实现

（1）专业能力—课程结构分析原理

专业能力—课程结构的关系是课程体系设计的基本框架。

以培养实践能力为导向的应用型课程体系框架由 3 条主线构成，分别为业务阶段流程链、能力构成链、课程模块链。其中，业务阶段流程链可由该领域专家提供参考，而能力构成链与课程模块链内容的设计，涉及专业能力与课程之间关系的探索与研究。由于教学传授知识的形式主要是课程，因此，专业能力与课程内容之间的关系，即为专业能力与知识之间关系的探讨。目前，学者普遍认为知识是形成能力的基础，而能力是学习知识的目的。能力分为认识能力与实践能力。将课程划分为认知层与应用层，认知层侧重于对领域相关概念、原理、方法的了解与掌握，而实践层侧重于以培养专业实践能力为目的。知识向认识能力转换主要是心理过程，知识从认识能力向实践能力转换是心理过程与人肢体活动过程的统一。实践能力习得经常需要借助个体之外的外部工具与环境。该转换过程如图 3-7 所示。

因此，整个课程体系框架按照业务处理流程与知识—能力的结构关系设计，如图 3-8 所示，每一个业务阶段对人的专业能力要求包括认知能力与实践能力，同时对应着认知层与实践层知识结构要求。认知层的课程目标，在教学上表现为对该业务阶段相关概念、原理等知识的理解与掌握，而实践层的课程侧重对该业务阶段所需实践与创新应用能次关系，可进一步归类到认知层与应用层。

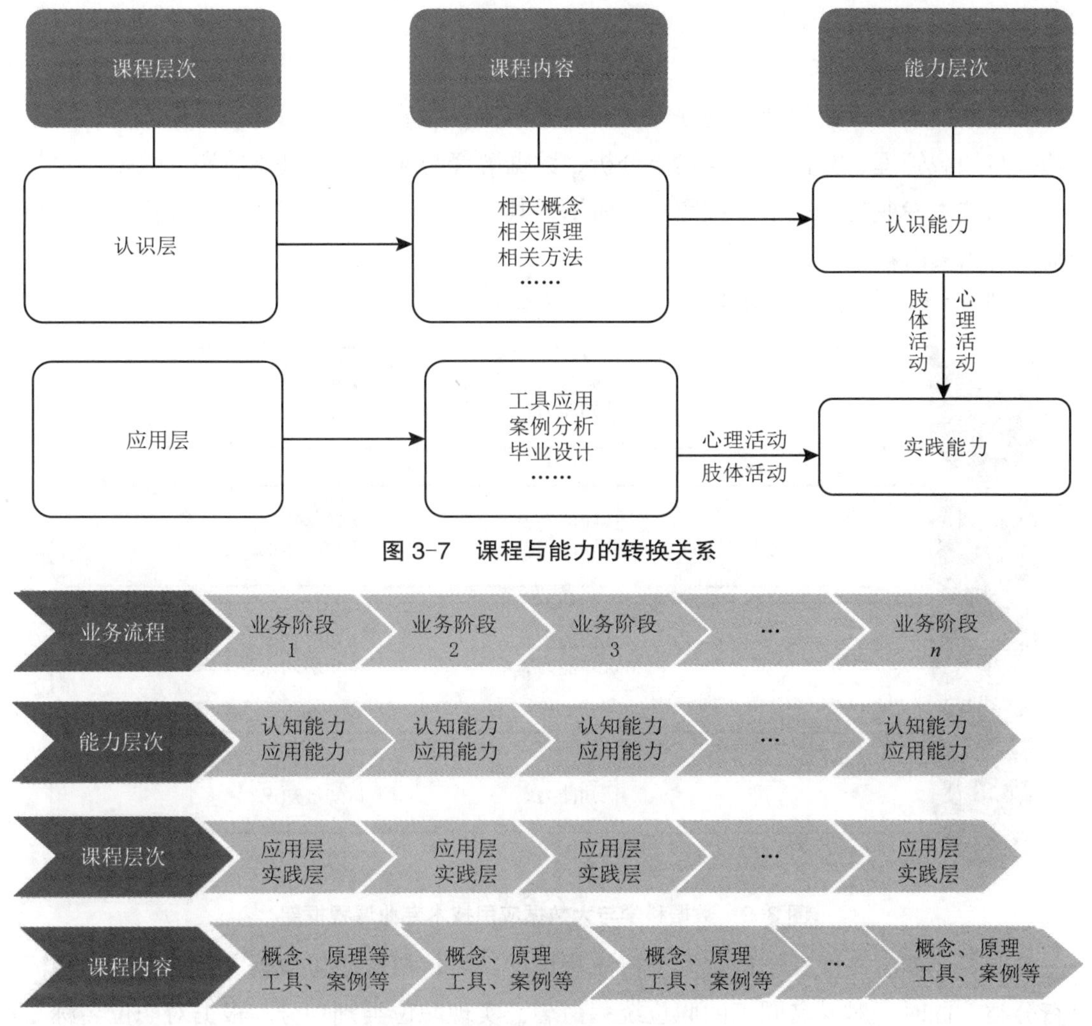

图 3-7　课程与能力的转换关系

图 3-8　课程体系框架设计思路

（2）专业能力—课程结构数据分析流程设计

专业能力—课程结构推导过程，主要包括“计算能力主题”与“能力—课程结构转换”两大阶段。第一阶段“计算能力主题”的主要流程如下：首先将职位按对应的“业务阶段”关系进行归类划分，根据划分结果对每种职位类别的“岗位描述”文本数据采用自然语言处理技术进行预处理，如数字与标点符号去除、分词处理、停止词过滤等，同时，应用 LDA 主题模型，对处理过后的岗位描述进行“能力”主题模型挖掘。在词频统计时，将与“工具”相关的文本进行分析，找出热门技术，可为实践教学工具选取提供参考依据。第二阶段为“能力—课程结构转换”。利用 LDA 模型，对其中的主题数经过多次参数计算，以获得相对独立、主题较突出的若干个“能力”主题，然后再对这些主题进行人工提炼并按认知能力与实践能力进行分类。最后，将各业务阶段的能力要求按认知层与应用层进行划分，并按课程内容形式（概念、原理类，案例、工具类等）辅助设置对应的课程。

3. 专业能力—课程结构分析实现

（1）LDA 模型计算“能力”主题

大数据技术在行业领域问题处理时，其基本流程为确定业务目标、数据采集、数据提取转换与加载管理、数据处理与建模分析、数据解释与应用几大基本阶段。数据科学与大数据应用技术专业的课程框架如图 3-9 所示，其中，“？”表示在利用 LDA 模型计算前尚未确定的相关内容。

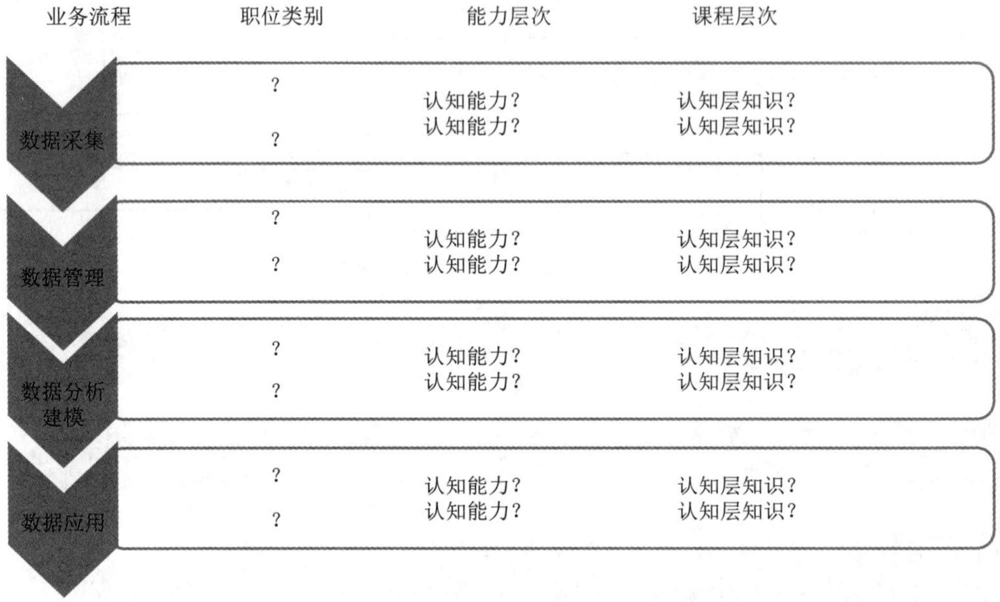

业务流程 职位类别 能力层次 课程层次

数据采集 ？ ？ 认知能力？ 认知能力？ 认知层知识？ 认知层知识？

数据管理 ？ ？ 认知能力？ 认知能力？ 认知层知识？ 认知层知识？

数据分析建模 ？ ？ 认知能力？ 认知能力？ 认知层知识？ 认知层知识？

数据应用 ？ ？ 认知能力？ 认知能力？ 认知层知识？ 认知层知识？

图 3-9　数据科学与大数据应用技术专业课程框架

按照专业能力—课程结构数据分析流程设计，需将招聘职位根据大数据技术应用流程进行分类，同时，对异名同工的职位统一命名，实现职位类别划分。根据对职位名称与对应岗位描述的研究，职位划分方法与归类如表 3-2 所示。

表 3-2　大数据部分职位划分方法与归类结果

职位类别	主要参与数据处理阶段	职位名称关键词	招聘职位举例
数据采集工程师	数据采集	采集	数据抓取和处理（高级）工程师
		抓取	数据采集专员
		爬虫	NET（爬虫 / 数据抓取方向）
		网络数据	网络数据抓取开发工程师
数据平台 / 仓库工程师	数据采集、存储、管理	平台架构	大数据平台架构师
		数据仓库	大数据平台开发工程师
		ETL 技术	数据仓库工程师 / 架构师
		数据架构	数据仓库 /ETL 工程师
			数据仓库架构师

续表

职位类别	主要参与数据处理阶段	职位名称关键词	招聘职位举例
数据算法工程师	数据分析与建模	机器学习	资深数据算法工程师
		模型优化算法	机器学习及数据挖掘算法工程师

从划分结果看，数据采集工程师、数据平台 / 仓库工程师、数据算法工程师、数据分析师这几种职位分别对应着数据采集、数据收集存储管理、数据建模、数据分析几个数据处理阶段，而数据可视化工程师、数据产品经理等职位则偏重于数据与业务应用的结合。

（2）词频统计

对每种职位类别的岗位描述进行分词，并对高频词进行统计，可以帮助对该职位的核心技能有整体认识。从上面的词云图中，可知数据采集工程师的职位有工作经验要求，同时，该类别职位与网页技术、网络协议、爬虫开发、算法设计等知识有密切联系。由于数据采集需要借用计算机语言来实现，而这些语言通常用英文表示，因此，将数据采集类职位的岗位描述信息里的英文字母提取并进行词频统计词云图可获知，用于数据采集的热门技术工具有 Python、Java、MySql 等，而 html、CSS、http、xpath 等网络知识是数据采集工程师必备知识体系。同理，可将其他相关职位进行词频统计。

（3）模型计算

按照 LDA 主题模型计算步骤，分别对每种职位类别构建语料库、构造岗位描述—词汇矩阵并进行 LDA 模型计算，可得到该职位类别相关的“能力”主题。在此，以“数据采集工程师”计算的结果举例说明。LDA 计算出来的每一个 Topic 即代表着该职位类别的某一种能力。这些能力代表的主题由相关的词汇集合组成，需要进一步加工提炼。

4. 能力—课程结构转换实现

（1）主题提炼

将 LDA 主题模型计算结果进一步加工提炼，以上 6 个主题分别为熟悉网络、网页原理；具备数据抓取经验；掌握 Java（数据采集语言工具）；提供职位福利待遇；熟悉数据采集协议；熟悉数据结构与算法。

（2）能力分类

提供职位福利待遇属于岗位薪资福利问题，可以剔除。根据能力的层次结构，剩下的 5 个能力中属于认知能力的有熟悉网络网页原理、熟悉数据采集协议、熟悉数据结构与算法。属于实践能力要求的主题有数据采集语言工具、数据抓取经验。

（3）课程设计

结合划分好的认知能力与实践能力，可进一步设计对应教学内容，形成该职位人才的知识结构框架。例如，数据采集工程师其能力—课程结构经过转换后，结果如图 3-10 所示。

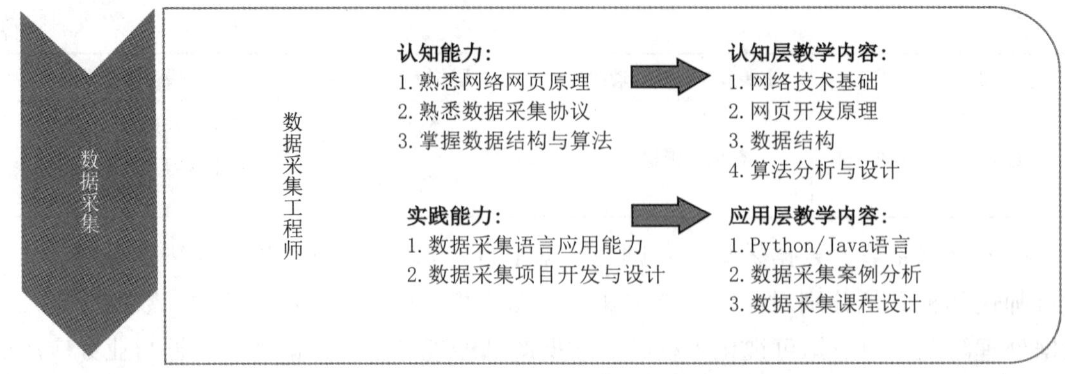

图 3-10　数据采集工程师能力—课程结构关系转换结果

每一种职位对人才知识结构要求的侧重点有所不同，个别职位之间存在交叉。高校应用型数据科学与大数据技术人才培养，可以根据学校目标定位重点培养其中的某 1 ~ 2 种职位类别的人才，以这些类别的能力要求与课程内容作为人才培养方案，也可以对学生进行全方位的大数据通才培养，对这些职位的相关课程进行整合。

通过大数据应用技术对网络招聘数据分析，提出的按职位类别进行人才能力培养与课程内容设计的思路，可为高校应用型人才培养课程体系设计提供可模仿借鉴的方法；同时，该方法在实施过程中，存在专业适用差异性。人才能力—课程结构框架设计方法，相比历史学、语言学等专业来说，对于工程类专业如石油工程、冶金工程、交通工程、制药工程等具备行业工艺处理流程的专业，具有更好的借鉴意义。网络招聘信息的采集工作耗时，受计算机计算能力、网络招聘信息的时效性、样本数量呈规模等约束条件影响，网络招聘信息采集任务需要持续一段时间才能完成。数据处理与分析是半自动化过程，为了使计算结果更准确，对网络招聘信息进行预处理与建模时，需要有行业专家的参与建议。

另外，人才培养方案设计思路并未提及具体教学实施过程，更侧重为高校应用型人才培养方案框架设计提供切实可行的方法，按职位要求设计人才对应知识块，注重知识层次培养与知识内部前后联系。

综上所述，未来可进一步在数据源采集工作易操作性、如何利用大数据技术指导应用型人才培养实施环节等方面予以改进与探索。

第四节　教学软硬件支持体系中数据采集的主要内容及分析应用

现代化信息技术的飞速发展，大大地推动了应用型本科院校信息教育以及数字校园的进一步发展。越来越多的应用型本科院校构建了数字校园网络不断地革新教学模式，并为现代化的应用型本科教学奠定了扎实的硬件基础。然而，在应用型本科院校的教学应用过程中，存在着教学资源库的信息资源量不足、资源的利用率以及共享率较低等突出问题，严重阻碍了教学质量与效率的提高。因此，为了满足应用型本科院校科研、教学的信息化，有效利用计算机信息技术的各项优点，应当构建完整的教学资源库，以进一步推进应用型本科院校教育教学的发展。如何构建丰富多彩、切实可用、可普及的应用型本科院校的教学资源库，充分利用各种教学资源，为教育教学、科学研究提供全面完善的资源信息，现已成为我国教育界研究的一个重要课题。

一、应用型本科院校教学资源库的内容及分类

在构建应用型本科院校教学资源库的过程中，应参照国家相关规范、计划及标准，结合应用型本科院校自身的教育理念与教学特色，进行不断的改进和完善。通常情况下，应用型本科院校教学资源库主要包括以下内容。

（一）教学素材

资源教学素材资源包括教案教辅素材资源、多媒体素材资源以及典型考卷素材资源等。其中，最基本的教学素材资源就是多媒体素材资源，它的素材类型包括视频类、音频类、动画类、图表类以及文档类；教案教辅素材资源是为教师的备课、授课提供参考及指导的资源；典型考卷素材资源中包含每一门课程的典型考卷资料。

（二）题库资源

在教学资源库中，根据相关的教学测量理念，基于一定的数学模型建立起来的练习题目的数据集合称为题库资源。它既囊括了每一门课程的、不同难易程度的、不同考查点的、数量相当庞大的题目，又有针对学生在某个主题或领域普遍存在的难以解决问题的解释与回答。一般有（单项、多项、不定项）选择题、填空题、判断题、简答题、解答题、排序题以及匹配题等多个题目类型。

（三）科研资源

教学资源库中的科研资源包括国家级教育科研信息、中外文论文期刊、各类学术会议资源、优秀毕业论文及各项科研成果与专利等。因此，科研资源能够为教育教学、科学研究提供重要的文献参考与理论指导。

（四）课件与网络课件

课件与网络课件是一种用于单个或多个教学内容进行较全面讲解的教育工具。按照不同的运行平台，课件通常有单机操作课件与网络操作课件。单机操作课件就是经由网络下载能够在计算机上单机运行的课件。网络操作课件则是必须在浏览器上运行的能够实现教学资源网络共享的课件。

（五）典型教学案例

具有一定实践指导价值与参考价值的典型的教学现象或教学行为则称为典型教学案例。教学案例包括教师讲课视频、教师撰写的教学案例、工程实训案例、工程应用案例等。

（六）信息资源索引

信息资源索引是指在教学资源库中给出某个主题或者领域的网络信息资源链接以及其他非网络信息资源索引。

二、应用型本科院校构建教学资源库的主要模式

（一）共享管理方式

共享管理方式主要指构建资源库之初对本校所需教学资源进行大纲分类，随后将教学资源上传至校内服务器上相应大纲中，最后通过校内服务器的大纲共享功能对教学资源进行管理，教师可通过校内网进行下载操作。其优点就是管理方便且查看方便，可以使任课教师在一种虚拟的场景下得到经验、交流心得。但也存在弊端，由于教学资源库是通过互联网运行的，服务器容易遭遇病毒的攻击与破坏，可能导致教学资源不能使用，因此对服务器的安全性能有很高的要求。

（二）资源网络方式

资源网络方式通常出现在应用型本科院校构建某个领域或专题科研活动、学习讨论组的教学资源库中，主要是运用网络的开放性与共享性对教学资源库中的教学资源信息进行相互链接及共享，从而体现教学资源库对应用型本科院校教育教学发展的意义。

（三）数据库方式

数据库构建方式是将教学资源相关的文献以数据形式与结构化形式储存在数据库中，对教学资源管理的主要工作是对数据库的维护。其优势在于可以使教学资源管理效率得到最大化提高，安全性也是共享管理方式无法比拟的。其也存在对储存数据的数据库以及网络要求比较高；使用者使用不方便；上传与更新数据麻烦；日常维护与管理复杂等弊端。

三、教学资源库的构建原则

（一）系统性原则

构建应用型本科院校教学资源库需要遵循系统性原则，不仅需要进行统筹规划，考虑各方面问题，还应当设计教学资源库系统，并对教学资源库系统进行测试。系统测试通过后，投入使用，后续再进行漏洞修补。

（二）规范性原则

构建应用型本科院校教学资源库应顺应时代潮流、与时俱进，要符合国家标准，建立规范体系，其文档格式和大纲分类标准要遵循《教学资源建设技术规范》标准。此外，应基于标准对教学资源进行存储与分类，以达到教学资源大统一管理的目的。

（三）科学性原则

应用型本科院校教学资源库中项目与内容整合要遵循科学性原则，要使其与高等教育的目的互相适应，注重学生综合素质的培养。此外，教学资源库中的各类信息资源必须进

行科学合理的整合，且务必确保其准确性与可信度，绝不能存在科学性的纰缪。

（四）服务教学原则

应用型本科院校教学资源库的构建目的主要是服务与教学，因而内容与功能上都应该以为教学服务为宗旨。高校教学主体有两个，一个是任课老师，另一个是学生。所以，教学资源库应当满足任课教师的教学需求与学生学习的需求，可使这两大主体在教与学时能够及时有效地搜索到教学资源库的信息，能有效地使用教学资源库的各项功能。

（五）工学结合原则

工与学相结合是指将工作职位所需的专业技术理论与实际操作技术进行有效结合，它承担起应用型本科院校与企业之间友好合作的作用。应用型本科院校在教学资源库构建的过程中，应该寻求相关企业的配合与支持，让企业的工程师与技术人员参与建设。尽可能实现教学资源与企业现实岗位需求，做到学以致用，实现资源库与时俱进和现实接轨的高度统一。

（六）可扩展性原则

现代科学技术高速发展与教学思想的日益革新，应用型本科院校教学资源内容将会丰富多彩，因此，应用型本科院校教学资源库应当适时运用合理的软、硬件环境和模型开发，保证教学资源库具备良好的可拓展性和可持续发展能力。教学资源库应当设定特定权限，使教师和学生不仅能使用教学资源库，而且能将优秀的教学资源上传到教学资源库，经审核后供给其他教师和学生学习与借鉴，从而形成一个好的交流平台。

四、构建开放式的应用型本科院校教学资源库

构建开放式的应用型本科院校教学资源库的主要目的是满足一线教师的备课。任课教师要不断学习，提高自己的教学水平，以便适应新潮流、新形势对教育提出的新要求。开放式的应用型本科院校教学资源库可扩展教师充实知识的渠道，拓宽教师的教学视野，提升教师的综合素质。

（一）先进的技术设备

开放式的应用型本科院校教学资源库建设必须具备良好的网络服务和现代信息处理设备，为教学资源库日常管理维护提供技术保障；同时构建应该以大局出发，统筹兼顾，合理分配。

（二）构建开放式的教学资源库

在传统的教学资源“库”多以教案等静止的形态存在，随着现代科技的高速发展，应构建动态教案。动态教案不仅可以使人们产生共鸣，还可以让人一目了然。以注意力流引导信息流、知识流、带动资源流，让每一个网络教育的参与者成为信息、知识和教育资源的建设者。

（三）结合动态资源理念建设教学资源库

构建应用型本科院校应当在传统上结合动态资源理念，教学资源库的数据内容会随着

时间的变化，日积月累，内容会越来越丰富。因此教学资源库数据内容能够随着时间的变化自我完善，适应现代化应用型本科院校的需要。与此同时，随着社会的不断向前，教学资源库的构建必须跟上时代的发展。教师可利用教学资源库自我完善、共享心得、完成自我提升。

（四）充分利用数字化技术建设教学资源库

在传统的优势上，随着数字时代的到来，应当抓住机遇构建具有划时代意义的教学资源库，数字时代的到来，给有形或无形的知识带来广阔的发展空间。传统教学资源库无法实现的东西，在数字时代可用数字化技术来实现。比如，挖掘新形态知识工具、实现专业领域的知识分类和术语分类等。因此，笔者认为在数字时代大环境下，高等院校应当大胆利用数字化技术构建教学资源库。

第五节　教学质量保障体系中数据采集的主要内容及分析应用

一、教育数据及其质量模型

由于数据质量的定义即是满足用户的使用需求，数据质量模型的构建也从业务需求的角度出发，构建合适的数据质量模型。本研究是在数据治理视角下构建教育数据质量模型，为了更加全面科学地了解数据质量模型应该涵盖哪些领域，本节首先对教育数据来源及教育数据特点进行分析，接着对教育数据治理的内涵进行详细解读，分析教育数据治理和数据质量之间的关系，讨论现阶段教育数据使用中存在的问题，明确教育数据治理所应关注的内容，从而梳理出在数据治理视角下，教育数据质量模型一级维度。其次，由于现有的将研究范围定在“教育数据治理”研究并不多，故本节将文献范围扩展到对“图书馆数据治理”“高校数据治理”的研究，以期能够更全面、准确地为数据治理视角下，数据质量模型一级维度的构建提供支撑。

（一）教育数据来源

教育行业是一个服务行业，涉及教学、管理、教研、服务等诸多业务，虽然各地区的教育业务有很强的相似性，但也有显著的差异性，且教育行业涉及的人员众多，数据采集设备各有不同，因此教育数据具有多元化、复杂性等特点。

杨现民认为“教育数据有广义和狭义之分，广义的教育数据泛指所有源于日常教育活动中人类的行为数据，而狭义的教育数据是指学习者行为数据，它主要源于学生管理系统、在线学习平台和课程管理平台等”。教育数据来源多种多样，可以从不同的角度进行分析，如表 3-3 所示。

表 3-3　教育数据来源分类

分类依据	具体类别	数据层
来源层级	个体层	教职工与学生的基础信息数据、用户各种行为数据及状态数据等
	课程层	课程信息数据、课程资源数据、课程作业数据、师生交互行为数据、课程考核数据等
	学校层	学校管理数据、教务数据、学校资源数据、校园生活数据等
	区域层	学校及培训机构产生的管理数据、资源数据、科研数据等
	国家层	汇聚了各个区域产生的教育数据
来源主体	学生	个人信息数据、学籍数据、课程数据、学习行为数据、网络社交数据、校园生活数据等
	教职工	个人信息数据、职称信息数据、授课课程数据、体验数据、科研数据、校园生活数据等
	家长	基本信息数据等
	第三方服务商	基本信息数据等
采集设备及技术	物联网感知技术	学习行为数据、状态设备数据、学生体质数据、学生生活数据等
	平台采集技术	在线管理数据、移动学习过程数据、运维和用户日志数据、教育网络舆情数据等
	图像识别技术	学生考试成绩数据、作业练习数据、课程笔记数据等
	视频录制技术	学生情感数据、校园安全数据、课堂教学数据等
业务活动	教学行为数据	课堂学习行为数据、在线学习行为数据、教学行为数据、学生和教师互动数据等
	教学评估数据	学生期末成绩数据、教师职业测评数据、学校教育质量评估数据等
	管理数据	招生数据、科研成果数据、经费情况数据等
	资源数据	校园环境建设数据、教学设备数据、科研器材数据等

教育数据来源层级是多样的，从国家教育部门、区域级教育部门、学校或者社会教育机构，甚至学习者或教师等每个教育主体个人，都是教育数据的产生者。杨现民将教育数据来源分为 5 层，分别为个体层教育数据、课程层教育数据、学校层教育数据、区域层教育数据、国家层教育数据。个体层教育数据主要包括教职工与学生的基础信息数据、用户各种行为数据及状态数据等。课程层教育数据包括课程基本信息、课程资源、课程作业、师生交互行为、课程考核等围绕课程教学而产生的相关教育数据。学校层教育数据包括学校管理数据、教务数据、学校资源（设备使用与维护、教室实验室使用、学校能耗等）数据、校园生活数据。区域层教育数据包括该区域内学校及培训机构产生的各种管理数据、资源数据、科研数据等。国家层数据则汇聚了各个区域产生的教育数据。

教育数据具有多个来源主体。学生、教职工、学生家长甚至是第三方服务商都是教育数据的生产者。就学生而言，他们的个人信息数据、学籍数据、课程数据、学习行为数据、网络社交数据以及校园生活数据等都是教育数据的主要构成部分。教职工的个人信息数据、职称信息数据、授课课程数据、体检数据、科研数据以及校园生活数据等也是教育数据的主要组成部分。学生家长虽不是教育活动的主要参与人员，但由于其和学生密不可分的关系，因此其基本信息也需要保存。第三方服务商为学校以及教育部门提供服务，其信息数据也值得关注。

教育数据的采集技术及设备也是复杂多样的。物联网感知技术、平台采集技术、图像识别技术、视频录制技术等是目前教育数据采集使用的四大类技术，每类技术体系下又包含多种技术，每种技术侧重采集的数据范围和重点都不同。通过物联感知技术可以采集学生的学习行为数据、状态设备数据、学生体质数据、学生生活数据等；通过平台采集技术采集各种在线管理数据、移动学习过程数据、运维和用户日志数据、教育网络舆情数据等；通过图像识别技术采集学生考试成绩数据、作业练习数据、课程笔记数据等；通过视频录制技术可采集学生的情感数据、校园安全数据、课堂教学数据等。

教育数据按业务活动来分，可以划分为教学行为数据、教学评估数据、资源数据、资源数据。教学行为数据是指在教学活动中学生教师等产生的行为数据，如学生的课堂学习行为数据、在线学习行为数据、教学行为数据以及学生和教师的互动数据等。教学评估数据是指在学习活动中对学生学习情况、教师授课情况以及教育质量的评估数据，如学生的期末成绩数据、教师的职业测评数据、学校教育质量评估数据等。管理数据是指教育管理活动所产生的数据，如招生数据、科研成果数据、经费情况数据等。资源数据是指教育机构所拥有的资源设备数据，如校园环境建设数据、教学设备数据、科研器材数据等。

（二）教育数据特点

在大数据时代，教育数据具有结构形式多样、存储由集中存储转为分布式存储，“数据分析也由专家层变化为用户层，且可以采用可视化展现等特点”。

“教育数据服务兼具社会效益和经济效益，涉及的相关利益主体复杂多变，服务过程又具有时序性和情境化特征。时序性和情境化是教育的基本特征，教育场域中所产生的数据具有天然的时间特性和情境内涵”。

教育数据还具有泛在性、持续性、互联性的特点。各种在线学习网站、移动设备、传感器等的使用，记录学习者随时随地的学习活动和结果，跟踪学习者的学习轨迹，共享各种教育数据资源，不仅使得教育大数据无处不在，且保证教育数据可以连贯和互通。

此外，还可以从数据采集、存储、分析的角度理解大数据时代教育数据的独特性。在小数据时代，教育数据的采集带有很强的目的性、局限性和主观性，数据存储多局限于本地存储，存储的数据虽满足大数据记录标准，但更多的是设计出来的数据，数据分析工作多停留在对孤立数据的可视化呈现层面。在大数据时代，教育数据的采集呈现高度复杂性，且更强调多个数据源的完整贯通，即将不同主体、不同时间、不同平台、不同终端的数据共建和共享。数据存储需要将本地数据和线上数据相结合，可采用分布式存储技术保存多个地方的数据。教育数据的应用需要高度的创造性，不仅注重相关关系，更要强调因果关系。因此，数据处理和数据分析也要挖掘数据之间的关联价值，并兼顾美学形式，提高数据报告的可读性和可理解性。

由于教育领域是一个特殊的更具有服务性的领域，因此，其数据的独特性不仅表现在数据本身具有的泛在性、持续性、互联性、情境化以及时序性等，更表现在它们所体现的教育价值，即在教与学的实践过程中，人们以数据形式展现的客观世界的微观缩影的表征价值，帮助教育主体发现各种教育因素之间相关性、可能性、偶然性与必然性关系的关联价值，以及促进教育决策理念科学化、帮扶教育决策技术科学化的决策价值。

（三）从教育数据治理看数据质量

教育领域内，随着信息技术的发展及基础性数据的积累，教育数据呈现出多源异构的特点，为发挥这些数据的能动性，需要从源头控制数据质量问题，即“数据横面样本量处理、纵面时间连续性、数据统筹的准确性、信息数据可读性”等。申霞认为目前政府掌握着大量的教育数据资源，但这些数据多未对外公开，在教育管理体系内甚至都不流通，这使得教育数据的价值大打折扣。解决这个问题的办法即注重数据的共享共生，通过对数据的公开、共享，打破壁垒，同时制定数据标准与规范，为数据共享提供底层基础。同时要保障数据信息安全，避免数据共享带来的信息安全漏洞问题。张圆圆指出教育领域的数据在使用时普遍存在质量不高、可用性低、流通共享缺少机制支撑等问题，可通过强化教育数据治理理念、促进教育数据开放共享理念、完善数据使用法律制度设计等方法来保证教育数据治理工作从上而下执行。徐峰认为目前教育数据使用中存在准确性低、一致性差、标准性不足等问题，并指出可通过数据的深入应用、共享应用及数据的跨域应用解决以上问题，提升教育数据质量。

赵亚伟提到高校在使用数据时由于数据标准及代码标准不一致，造成数据格式不统一，甚至数据互斥现象，使用 Excel 表格存储数据的方式使数据不能及时更新，因此将数据编码标准和使用规范统一化、确保数据源的正确性等是高校应该重视的问题。张世明认为开放大学进行数据治理面临的挑战有数据的采集、存储和使用等行为缺乏管理，数据标准和数据模型没有在校级层面进行统一，数据质量管理体系不完善。圣母大学数据治理包括 5 个原则，即质量及一致性、政策和标准、安全与隐私、合规、保存与归档，从这 5 个原则出发，对数据来源、制度政策、数据标准、数据安全和隐私进行保障，确保数据的真实性和一致性，数据存储和使用的合规性，提高数据使用效率。彭雪涛认为高校可以通过对数据采集来提升数据的稳定性，清理并整合分散在各处的数据，实现数据的集中管理，另外建设统一的数据仓库为数据管理提供查询、分析、应用等服务。数据治理框架包括“数据建模、数据标准、数据集成、数据质量管理、数据生命周期管理、数据挖掘和元数据管理”等。上海海洋大学在建设数字化校园时，在制定好信息标准的前提下，建立了校内外网门户的统一集成建设，实现了数据的交换融合，使数据脉络更加清晰，减少了资源浪费。田晓芳认为质量不高的源头数据（数据填写不完整、不准确）成为污染源，会造成后续数据共享、分析、使用的交叉感染，应从数据标准、数据质量、数据共享、数据安全、数据生存周期等各个方面对高校数据进行治理。王惠仙认为高校数据治理首先应树立数据清单，即对数据源进行梳理，掌握数据的分布和存储情况；其次应检测数据质量，包括数据的准确性、规范性、一致性、全面性、完整性、及时性等。吴刚认为应通过制定数据标准、增加制度供给、强化风险管控、试行成效评估、注重应用开发等策略来进行高校教育数据治理。教育数据治理框架主要包含以下内容：

1. 组织机制

完善的数据治理组织机制是开展数据治理工作的基础，也是数据治理工作顺利实施的保障。建设完善的数据治理机制，建立各类职能部门，成立由上而下的数据治理工作组，完成数据治理由无组织到有专业组织的转变。组织机制的主要职责是协调沟通各部门，梳理业务，明确数据治理目标，制定制度规范等，同时对人员、职责、权利问题进行组织安排。

2. 角色职责分配

数据治理工作的最终执行者是人，明确每个工作人员的岗位职责，可以为数据治理工作的顺利进行带来良好的沟通和配合，且每个岗位的工作人员不仅需要负责自己的工作，更重要的是与其他工作人员的协同配合。例如，数据治理专业人员包括数据架构师、数据分析师、数据建模师、数据质量分析师、数据库管理员等，数据治理执行官则指导数据治理职能和促进数据治理项目。

3. 核心领域管理

数据治理的核心领域即针对教育数据使用存在的问题，“以提升数据质量为目的，以数据资产生命周期管理为主线”，从数据源头出发，通过积极促进数据标准化，加强数据的一致性，推动数据的交流共享，让数据更加对外开放，同时避免数据使用过程中带来的信息安全、隐私泄露等问题。

4. 技术平台的应用

数据治理理念最终还是要落实到实践上，一个功能完善数据治理平台是数据治理工作运行的技术支撑。此外，应加强数据技术的研发与创新，如数据仓库的建设、数据融合技术的应用、隐私保护技术的实践等，通过各种技术的应用来确保数据治理工作可以落地实施。

由分析可知，目前教育数据使用中多存在数据源头管理不清、数据存储分散、缺乏标准性、“信息孤岛”现象严重、安全隐私保护有待完善等缺点，而各位研究者在进行数据治理时也是围绕这几大问题展开，提出应从管理制度、政策建设、技术应用等各方面同时着手进行数据治理，以实现数据源采集的真实可靠，厘清数据存储分布的位置，避免从源头造成数据污染。制定数据标准规范，为数据交换提供基础，促进数据开放共享，挖掘数据整合之后的相关性。同时为数据安全隐私保护提供法律、政策以及技术支持，确保数据免受网络病毒、黑客等的攻击。关注数据时效性，保证在数据生命周期内对数据进行治理，发挥数据价值。数据治理和数据质量模型涵盖领域的关系如图 3-11 所示。

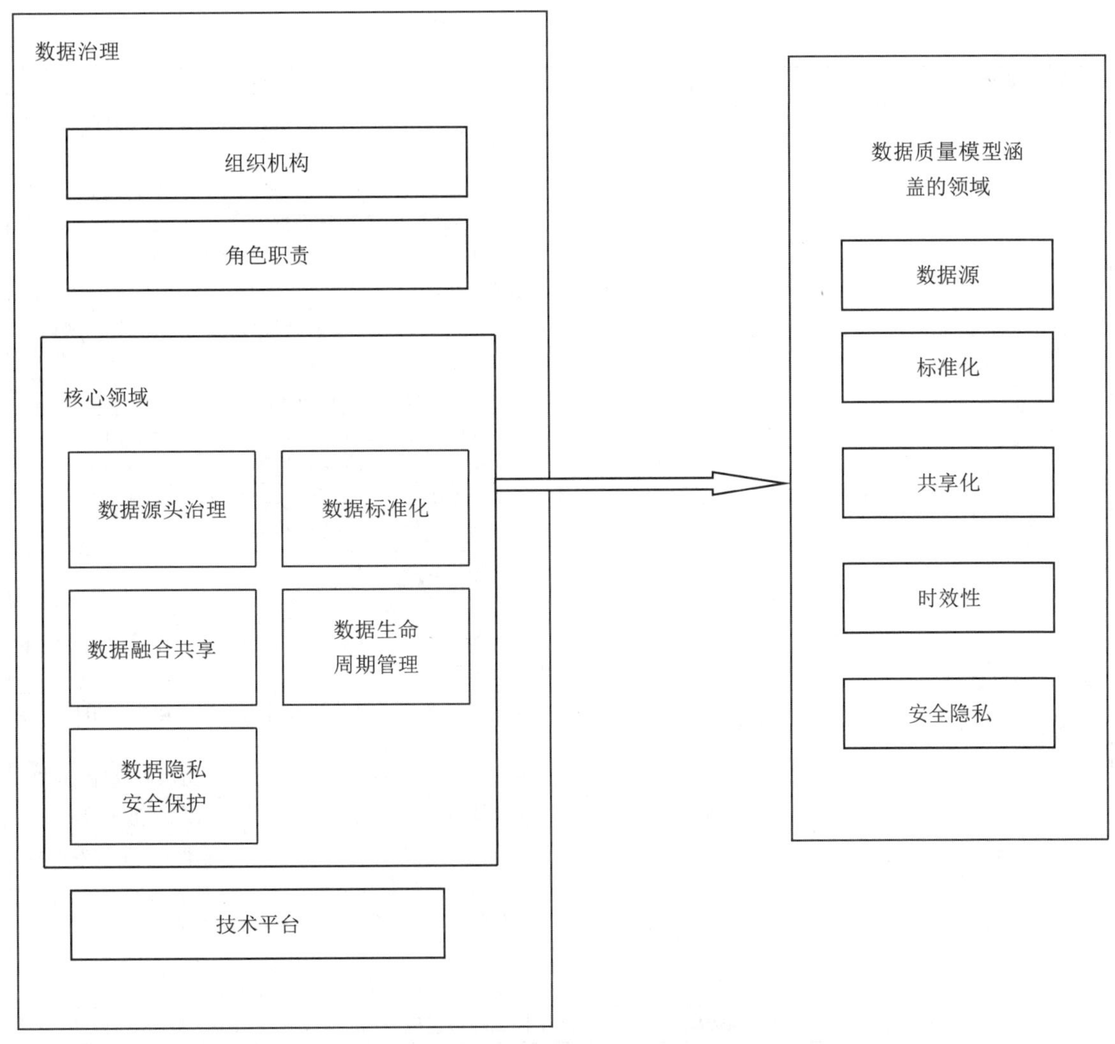

图 3-11　数据治理和数据质量模型涵盖领域的关系

综上，将教育数据质量模型所涵盖的领域划分为：数据源、标准化、共享化、时效性、安全隐私。

二、教育数据质量模型及评价指标依据

首先通过既有文献归纳分析出传统数据质量模型中所提到的数据质量指标，以及教育数据的特点，最终确定了教育数据质量模型的二级指标。

（一）一般数据质量模型指标梳理

为了更加全面科学地了解数据质量模型二级指标的构成，本节首先对比较具有权威性的 DAMA 定义的数据质量指标项进行阐述和解读；其次为更全面地了解数据质量指标项的构成，对已有的教育数据质量研究中提到的教育数据质量评估指标以及其他领域的数据质量指标进行梳理，以期使研究结果更具一般性。

首先，对 DAMA 定义的数据质量指标表进行阐述和解读，如表 3-4 所示。

表 3-4 DAMA 数据质量指标表

分类依据	具体类别	数据项
来源层级	个体层	教职工与学生的基础信息数据、用户行为数据及状态数据等
	课程层	课程信息数据、课程资源数据、课程作业数据、师生交互行为数据、课程考核数据等
	学校层	学校管理数据、教务数据、学校资源数据、校园生活数据等
	区域层	学校及培训机构产生的管理数据、资源数据、科研数据等
	国家层	汇聚了各个区域产生的教育数据
来源主体	学生层	个人信息数据、学籍数据、课程数据、学校行为数据、网络社交数据、校园生活数据等
	教职	个人信息数据、职称信息数据、授课课程数据。体检数据、科研数据、校园生活数据等
	家长	基本信息数据等
	第三方服务商	基本信息数据等
采集设备及技术	物联网感知技术	学习行为数据、状态设备数据、学生体质数据、学生生活数据等
	平台采集技术	在线管理数据、移动学习过程数据、运维和用户日志数据、教育网络舆情数据等
	图像识别技术	学生考试成绩数据、作业练习数据、课程笔记数据等
	视频录制技术	学生情感技术、校园安全数据、课堂教学数据等
业务活动	教学行为数据	课程学习行为数据、在线学习行为数据、教学行为数据、学生和老师互动数据等
	教学评估数据	学生期末成绩数据、教师职业测评数据、学校教育质量评估数据等
	管理数据	招生数据、科研成果数据、经费情况数据等
	资源数据	校园环境建设数据、教学设备数据、科研器材数据等

其次，对教育领域内数据质量模型中提到的数据质量指标进行总结分析，此处列出有代表性的研究，如表 3-5 所示。

表 3-5 现有教育数据质量指标研究概况

研究领域	研究者	指标项构成
数据质量管理平台	刘伟	准确性、完整性、及时性、一致性、唯一性、规范性、关联性
教研员资源数据质量	李湘	内容质量元素：实用性、准确性、权威性、完整性、独特性、新颖性 表达质量元素：可理解性、吸引性 技术质量元素：可访问性、开放性
教育统计基础数据	洪家芬	数据质量要素：准确性、真实性、时效性、可比性、一致性、完整性、适用性、可取得性、可解释性 统计过程质量要素：科学性、独立性、公正性、保密性、经济性及数据采集授权、数据质量承诺、恰当的统计过程、健全的统计方法 附加质量要素

为了使教育数据质量模型二级指标的确定更为科学合理，此处总结归纳国内外其他领域研究中提到的数据质量评估指标，如表 3-6 所示，期望通过其他行业数据质量指标的分析，为教育数据质量模型中二级指标的确定提供科学参考。

表 3-6　现有其他行业数据质量指标研究概况

研究领域	研究者	数据质量维度
信息质量	曹瑞昌	信息的内容质量：客观性、正确性 信息的集合质量：相关性、完整性 信息的表达质量：明确性、一致性、易理解性、准确性、简洁性 信息的效用质量：实时性、背景解释、有用性、适用性
数据质量	丁小鸥	影响数据可用性的数据质量：精确性、完整性、一致性、时效性、实体统一性 影响数据源质量的性质：可靠性、可信度 影响数据内容的数据性质：切题性、间接性、准确性 影响数据过程管理的性质：可达性、安全性
Web 数据质量	赵星	客观性：准确性、精确性、上下文一致性、实体完整性、多源一致性、分类正确性 主观性：可信度、时效性、实时性、原创性
数据质量的维度	Richard Y.Wang	可信度、增值、相关性、准确性、可解释性、易理解性、可访问性、客观性、及时性、完整性、溯源性、信誉、表达一致性、成本有效性、易操作性、数据源、一致性、访问安全性、合适的数据量、灵活性
企业数据质量评估	Yang W.Lee	可访问性、合适的数据量、可信度、完整性、一致性、易操作性、可理解性、客观性、相关性、信誉、安全性、及时性、易懂性、增值
数据质量评估	Ronald Jonker	准确性、完整性、安全性、Integrity、有效性、及时性、覆盖率、无重复性、相关性、可访问性、可获取性

为了能更清晰、明确地总结出现有研究中使用的数据质量指标，对检索到的文献中数据质量指标进行归纳总结。首先将含义相同或内容相近的数据质量维度进行归并。例如“可访问性”和“可获取性”“开放性”三者都是描述数据可开放提供给用户使用的程度，将其归并为开放性；“及时性”“实时性”都是描述数据在短时间内获取使用的程度，将其归并为“实时性”；“多源一致性”“上下文一致性”“表达一致性”“一致性”等都在描述数据的一致性，将其归并为“一致性”，将“值域有效性”“时间有效性”“空间有效性”归并为有效性；将“易懂性”“可理解性”“可解释性”“简洁的表示”“清晰性”归并为易懂性；将“关联性”“相关性”归并为相关性，将“无重复性”“无冗余性”归并为无冗余性；将“信誉”“可信度”“可靠性”归并为可信度。其他的如“增值”“灵活”“适当的数据量”只是在少数特定的研究中才提到的数据质量指标。

因此可以得出，目前研究中常用的评价数据质量的数据指标项主要包括准确性、完整性、一致性、有效性、开放性、易懂性、可信度、安全性、实时性、无冗余性、相关性、合理性等。

（二）教育数据质量模型的指标项确定

数据的质量以适合使用为准则，质量好的数据是指能够更好地满足业务规则，而数据质量指标的确定也是依据业务流程及需求目标而定的。

数据源头治理是指确保数据采集的全面以及数据真实可靠，而准确性是测量数据和标准数据来源一致的程度，完整性是度量数据缺失及数据不可用的程度。因此可用数据准确性和完整性来衡量数据源的质量。同时，教育数据具有来源多样性、存储多样性及结构多样性等特点，在数据使用时，也应考虑数据源的多样性应，所以笔者将多样性指标归纳为数据全面性领域。数据源领域下包含三个二级指标，即准确性、完整性和多样性。

数据标准化强调的是保证数据有统一的标准，避免不同的系统使用不同的数据分类和编码。数据标准是跨部门实现数据、应用和业务集成的基础，数据标准性是指数据遵循统一的规范和标准，可用数据标准性来衡量标准化的程度。此外，数据一致性是指数据在多大程度上以相同的格式表示。数据一致性和数据标准性是相辅相成的关系，且在很大意义上可以反映出数据标准化的程度，因此，将其归纳为数据标准化领域。数据标准化这一领域包含两个二级指标，即标准性和一致性。

数据开放共享是指数据可以对外开放，让除了数据拥有者之外的人可以获取，即可提供给用户使用的能力，形成数据交流互换，挖掘数据整合之后的价值。开放性是指数据可提供给其他用户使用的能力，因此用数据开放性来衡量数据开放共享的能力。数据时效性智能设备的使用使得教育过程数据可以被收集利用，而过程数据对数据的实时性要求非常高，因此，教育数据时效性管理应着重关注数据实时性。同时，数据治理是围绕数据生命周期展开的，因此，在时效性管理这一领域下增加数据生命周期这一指标。从实时性和周期性两个方面评估数据时效性管理。

数据安全隐私保护是确保数据的安全性及数据的隐私性。因此该领域包含安全性和隐私性两个二级指标。

第四章　数据治理在应用型本科院校人才培养应用现状及痛点

第一节　应用型本科院校人才培养数据治理现状

一、应用型本科院校数据治理中台化的意义

（一）强化应用型本科院校数据资产的管理能力

利用数据中台和数据湖技术，高校可以将教育数据持续沉淀，除了管理原始数据外，还能将处理过的过程数据和结果数据分类保存，极大地提升埋点数据的价值。

（二）增强应用型本科院校分析模型化能力

数据湖中不仅有原始数据，还有埋点数据的模型（schema）。埋点数据与学生注册信息、登录信息、学习信息等结构化数据关联，借助埋点数据模型，高校可以更深入地理解埋点数据背后所体现的学习行为逻辑，促进高校更好地洞察学生行为，因材施教。

（三）提高定制化教与学的能力

借助数据中台提供的数据集成和数据开发能力，高校可以定制数据处理过程，不断对原始数据进行迭代加工，从数据中提炼有价值的信息，最终获得超越原有数据分析服务的价值。

（四）促进应用型本科院校一体化运维的能力

把当前系统中各个业务的前端应用与后端服务解耦，将重复、类似的服务进行整合，强调服务的通用性和服务能力的集中管控，很大程度会促进其一体化运维的能力。

二、应用型本科院校数据治理现状与问题

历经 20 多年的发展，我国应用型本科院校数据治理主要经历了数据库治理、数据仓治理、数据湖治理三个发展阶段。

（一）数据库治理阶段

应用型本科院校为了支撑各种业务建立了如招生、教学、医务、选课、上网管理、科研、财务管理、图书管理、设备管理等覆盖教育领域方方面面的信息化系统。为了支撑业

务，一所高校往往会使用并维护若干个操作型数据库，这些数据库保存着日常操作数据，比如食堂结账、图书管理、学生成绩录入等，因此也被称为“面向应用型数据库”治理阶段。

这一阶段，追求快速、可靠和精准，治理的重点是减少数据冗余，“事务”型的操作避免更新异常，通过数据库的管理实现各种约束和范式要求，进而实现数据治理的目标。但由于信息系统建设多以业务部门牵头分别进行，缺乏全校统一的系统规划和数据标准，导致很多高校虽然积累了大量的业务数据，但数据质量低、数据冗余大，数据利用率差，存在大量“信息孤岛”现象，已经严重制约高校日常管理和教学水平的提升。

（二）数据仓治理阶段

各种教育业务的信息化虽然解答了教育者心中“发生了什么？”和“什么正在发生？”的疑问，但是为了更好地教书育人迫切需要将分散于校内外部各种结构化数据加以整合并依据某些特定的主题需求，通过报表、图表、多维度分析的方式回答“为何会发生？”这一更深层次的问题。由于之前的建设中高校教学、科研、行政、后勤等系统彼此割裂、互不兼容，数据融合、不断整合再造业务流程成为这一阶段的主题。

这一阶段的特征是数据集成，以关系型数据库为基础的运营模式系统慢慢向决策支持系统发展，对多个异构的数据源进行整合，并且利用信息交换，按照主题进行了重组，再进行必要的转换、清洗等，最后装载进数据仓，从而为分散的业务系统提供数据共享。

（三）数据湖治理阶段

在数据驱动教育、变革教学的“互联网 +”时代，教育大数据已成为教育治理的重要资源。挖掘高校积累的海量数据（包括结构化和非结构化数据）中的教学和科研价值、变革教与学的方式、为师生精准和个性化教学提供更多、更好潜在的信息，为教育教学提供有效的决策支持，促进教育教学的变革与创新，促进治理理念从“管理本位”向“服务本位”转变、教育治理体制从“碎片化”向“网格型”转变、治理方式从“基于有限个案”向“基于大数据”说话转变、治理模式由“静态化”向“动态化”转变，推进教育治理现代化。

这一阶段，以数据为导向，构建了一个“四通八达”的数据湖数据流动体系，实现了对任意来源、任意速度、任意规模、任意类型数据的全量获取、全量存储、多模式处理与全生命周期的集中式管理，无论在云上云下，高校内部还是外部，借助数据湖，各个系统之间不再有壁垒，自由地流进流出，并以数据库的体验对外提供能力，更重要的是，这种流动是受监管的，数据湖完整地记录了数据的流动情况，结合先进的数据科学与机器学习技术，高效能挖掘出很多之前所不具备的数据的管理、治理和资产化能力，构建更多优化的教育教学运行模式。

第二节 应用型本科院校数据治理的痛点

一、数据素养教育意识淡薄

当代应用型本科院校大学生，在应试教育的作用下，学习能力和获取数据的能力都是被动的，对于互联网的数据资源一概全盘接受，对数据的处理缺乏科学分析、有效筛选的意识，无法主动寻求提升自身数据素养的教育，严重影响大学生的全面发展。因此，在大数据时代下，数据素养教育要从提升用户意识开始，从思想上重视这项工作。否则，应用型本科院校数据素养教育各项工作的推广将举步维艰。

（一）数据素养

学者们从数据素养的受众、概念集、内容等多角度论述了数据素养的概念：从受众的角度来看，数据素养概念可从人的视角进行解读，具有数据素养的人往往知道如何学习，他们拥有识别信息需求时间、掌握信息利用技能的技巧和能力；从数据素养的本质来看，数据素养是伴随着信息化在全球的普及程度而形成的概念，是时代背景下人们必须掌握的一项素质；从概念集的角度来看，数据素养是多个概念的总称，其包含学术素养、媒体素养、数据分析、数据管理、可视化、信息技术等概念；从能力的角度来看，数据素养是信息产生到评价全过程阶段的伴随产物，具体来说，其是解读信息能力、发现信息能力、总结信息能力、评价信息能力、使用信息能力、生产新信息能力和创新信息能力等多种能力的综合体，总的来说，数据素养是信息意识和能力的集合，是人对信息活动的意识以及对信息的收集、处理、评价、传递等多种信息阶段的驾驭能力；从内容来看，广泛性、多概念性和综合性是数据素养的基本特征，也就是说，数据素养的概念含义广泛，且概念来源丰富，最重要的是数据素养体现的不单单是人对信息工具的使用能力，也体现在人对信息学习的态度方面，是个体综合能力的体现。

当前，数据素养的概念及内涵仍然处于一个不断被再定义的过程。关于何谓“数据素养”，研究人员主要从数据生命周期视角、数据组织与利用视角、数据态度及规范三个层面展开：

第一，数据生命周期视角，涉及数据的生产、存储、传播等多个阶段。数据素养是指个体为匹配研究需求而具备的关注数据源且从中获取、总结数据的能力；研究人员涉及的科研数据收集、分析、管理、创新等方面的能力都是数据素养的重要构成部分；数据素养是从实际情境出发，个体可以基于数据提出研究问题，包含数据收集、数据整理、数据表证、数据分析和数据交流等构成要素。

第二，数据组织与利用视角，涉及数据的利用与再利用内容。数据素养包含数据向科研目标及成果转化的内容，且数据素养在大数据环境下，是数字素养的拓展。

第三，数据态度及规范，包含数据态度、伦理道德规范、思维敏感度等内容。数据素养要求个体在运用数据的全流程中都遵守伦理道德规范，具备数据意识并合理发挥数据支持决策的作用，具备数据敏感性并能以批判性的思维对待和处理数据。

（二）数据素养模型构建

数据素养模型共包含 4 个一级维度和 12 个二级维度，从数据素养认知强化、能力培养、实际应用和教育需求等角度来探索数据素养教育体系的建立与丰富，具体内容如下。

1. 认知维度

认知维度是个体数据素养培养的基础和前提，也是数据素养教育实施应关注的初步环节。认知维度主要涉及的是个体意识层面的表现，从四个方面来总结个体的数据素养认知表现：

（1）数据意识

数据意识是个体对数据基本知识的掌握程度，包括数据真实性、数据敏感性、数据生命周期等内容。

（2）伦理意识

一个社会的运行离不开道德准则和法律规范对社会个体或群体的制约，在数据素养中也一样，个体在数据生命周期内必须遵守的道德准则的法律规范统称为数据伦理意识，它是数据素养教育必须依据的准则之一。

（3）共享意识

数据素养的基本特征是具有开放性和共享性，个体对数据的分享直接或间接地影响了数据管理的全过程及管理效果，应当予以重视。

（4）安全意识

数据素养是大数据时代的产物，大数据时代的信息安全和数据安全是各行各业都在积极关注的热点领域，因此，数据安全意识也是数据素养认知维度中的重点关注问题。

2. 能力维度能力

维度是个体数据素养培养的重点内容，也是数据素养教育的核心环节。本文将能力维度划分为数据收集能力、数据管理能力、数据分析能力和数据评估能力四个方面：

（1）数据收集能力

数据收集能力是数据素养能力维度的最基本能力，该能力是个体在收集数据时所运用的能力的集合，主要包括对数据源的鉴别能力、对数据格式的识别与转换能力、对检索途径的选择能力以及对检索策略的制定能力等。

（2）数据管理能力

数据管理能力是对收集的数据进行一系列管理活动的总称，主要包括元数据的使用能力、按照一定需求组织数据的能力以及根据相应规则简化数据的能力等。

（3）数据分析能力

数据分析能力是对组织过的数据进行深层分析能力的总称。主要包括数据关系的识别与把控能力、数据分析工具与软件的选择和操作能力等。

（4）数据评估能力

个体除了要掌握数据收集、管理和分析等能力外，还要从整体上对数据的价值性和有效性进行合理的判断和评估，这也是个体数据敏感性的体现。

3. 应用维度

应用维度是个体数据素养的直接体现，也是数据素养教育的重点环节。将数据利用、数据表达和数据交流纳入数据素养的应用维度：

（1）数据利用

个人在把握数据认知的前提下，对数据能力进行培养，进而通过一定的手段和方法利用数据来解决实际问题的能力就是数据利用能力。

（2）数据表达能力

数据表达是对数据的总结以及对数据结果展示和呈现的能力，个体结合数据的特点，选择合适的数据表现形式，将数据总结成果传递给他人或交由他人使用的过程称为数据表达过程。

（3）数据交流能力

这一能力是指个体与他人之间的动态的、互动的数据交流态度与行为的总结。

4. 需求维度

数据素养模型不仅仅局限于数据素养理论层面的探讨，也涉及实践层面的总结，需求维度便是以高校大学的教育实践需求为主线而设立的。从总体上来看，需求维度涉及两大主体，即教育实施主体和教育接收主体。其指标的建立以及内容的确定是以认知维度、能力维度和应用维度为前提的，在充分调研教育接收主体数据素养的认知深度、能力水平和应用程度的基础上，抓取教育接收主体的数据素养需求，教育实施主体通过一定的方法和手段匹配其需求，以达到培育教育接收主体整体数据素养的目的。

（三）数据素养教育的现状

1. 大学生自身不重视

大学生数据素养极易受到个人特质影响，且大学生个人特质一定程度上会对外部环境产生影响，且不易受大学教育影响而转变。大学生在信息平台尤其是网络平台的信息行为，较大程度受到大学生自身个人特质的影响和制约。或者可以说，大学生的信息行为是大学生人格的另一层面描述，是对大学生需求的另一种满足和呈现。从数据调研中可以看到，大学生的信息行为主要映射了大学生自我呈现需求、基本人际关系需求和归属需求。其中，自我呈现需求主要是指将相关的信息传达给他人的行为，基本人际关系需求则包含了与他人沟通交流、线上交易、交友等，而归属需求则是体现在对个人角色、社会属性的另一种诠释等。

2. 大学教育不够重视信息交流对于群体、个人的影响呈现两面性

首先，人们常说，独学而无友，则孤陋寡闻；其次，保持个性化发展势在必行，但是

能够不受外界影响作出符合自身实际的正确判断才是能力。数据素养的提升，注重强化探究精神、培养解决问题（包括终身学习在内）能力以及形成批判性思维。要充分在大学生内部通过探究式学习、情境式学习等方式来实现协作讨论式成长。这样一个交互讨论成长环境的塑造，与大学教育密不可分。教育的最终目的为育人，能够最大限度地发挥个体创造力，使得个体收获累累硕果。

在教育过程中，个体能够自我监督，提高自我管理能力。大学生应该成为有能力与他人互动和协调的合作者，通过相互求同存异、合作共赢的方式来作出决策。学校也应该充分营造这样的合作互动的情境，将大学生的技能、性格品质、自我学习等相互融合、渗透和引领。

3. 外部环境不够重视

法国文学家罗曼·罗兰曾提出，艺术家、行动者等人的伟大来源于其优秀的品格和超凡的人格魅力。一个大学生的数据素养发展受到多方面影响，其中教育的经历、个人的经验、朋辈环境等都可以对大学生的数据素养产生影响。如何明确阐述信息社会的身份和认同、现实与虚拟社会的联系、相互依存过程中增进大学生的责任意识和价值观塑造方式等，将是高等教育面临的新课题和新挑战。所以，作为有效的"通用技能"，数据素养使人们能够从事有效的决策、问题解决和研究，还使他们能够在个人或专业兴趣领域为自己的持续学习负责。数据素养融于高等教育课程中，重点是发展批判性思维和反思性实践。这就需要通过一种学习和教学战略来解决高级数据素养问题，该战略包括评估、反思、创造等。

二、学生数据能力水平参差不齐

在大多数应用型本科院校学生中，只有部分学生熟悉本专业数据源，并且熟练获取数据，同时能够对所需数据进行高效加工和灵活运用。还有很大一部分学生不会使用本学科各种数据，只知道在书堆中寻找资源，这就表明大部分学生在培养数据素养能力上还需多加努力。另外，大部分学生往往不知如何筛选有限数据并对其加以利用。

（一）数据素养教育者的专业化不足

著名教育学家叶澜教授曾说："社会转型变革进入新阶段，教育者应成为能动、自觉的创造者。"其中，社会转型变革的重要标志之一是信息、大数据时代的到来，对于教育者的要求，同样适用于受教育者，教育者的教育目的也应该是将受教育者培养成为能动、自觉的创造者。叶澜教授认为，在时代发展浪潮中，如果个体能够身心健康，积极向上，教育要发挥完善人的功能，以育人为根本。教师劳动体现了独特性特征，通过创造性教育活动教师能够传授知识，传递思想，教书育人。在师生相处过程中，教师要更好地塑造榜样力量，发挥示范作用，为了实现愿望，在教育实践活动中才能"成事成人"，更好地促进学生成长。

随着数字化技术的不断发展，大学教育必须不断创新。在信息数据膨胀的当今社会，知识量的获取已经无法科学评估信息能力，信息疑难的有效解决、通过寻找、搜集、评估和创造各类信息，才是对信息能力的基本要求。笔者在撰写本文时，曾一度对大学教育者对大学生数据素养提升可以起到的作用存在一定的困惑，无论是信息知识还是能力，在信息时代，大学教育者的掌握程度不一定能够高于甚至与时俱进、实时把握的程度还会低于大学生，大学教育者在大学生信息素养提升过程中，需要扮演一个什么样的角色呢？同样，在网络化背景的本科教育环境下，大学教育者的角色也需要重新定位，大学教育者已经不再是拥有绝对信息的课堂统领者，而更多的是在网络学习环境下的一个引导者和指导者。这里需要特别指出的是，笔者强调的大学教育者，包含但不仅是大学教师，还包含学生辅导员、教辅人员等一切在高等学校与大学生教育相关的教育者。

（二）数据素养教育课程和内容专业化不足

尽管公民数据素养能力的培养越来越重视，但无论国内外在数据素养课程设置、资源开发与利用、教学组织与实施上都存在巨大差异。很多国家对学校信息素养教育实现何种目标、涵盖哪些内容、如何开展课堂教学缺乏一致意见。随着信息素养内涵的不断丰富，大学及其高等教育者更应该认真思考为大学生量身打造数据素养专项项目与课程的必要性。对于针对大学生数据素养的项目和课程，并不包含传统的信息使用与技能部门，也就是说，不再是重复大学生已有的计算机网络应用课程，而是更多涵盖现今大学生信息行为的主题，协助大学生实现虚拟与现实的平衡，建立基本的信息社会，引导大学生了解信息社会的时代特性，区辨信息空间与真实社会的差异，把握甚至能够辨别信息社会的发展趋势，反思在信息虚拟空间与真实生活空间的合理有效穿梭的方式方法，并培育遵守信息伦理、信息道德的自觉，最终促成大学生拥有正向辐射和影响他人的信息能力。

目前，大学中与数据素养有关的课程大多注重计算机、网络技术的学习与应用方面，而情意方面以及洞察网络正负面影响方面的教学相对较少。现今大学生都上过电脑课程，无论是过去的初高中阶段，还是在大学入学时设置的计算机概论等基础课程，几乎都只从认知计算机有关知识以及网络技术应用方面教授课业，往往缺乏向学生传授信息对于社会的价值和含义、对于大学生成长的价值和含义，以及如何提升数据素养成为一名合格公民等方面的内容。随着科技的发展，当代大学生可以说具备了大量的网络信息获取的知识与技能，但还缺乏信息方面的伦理意识，甚至缺乏对数据素养基本概念的认知。

第三节　应用型本科院校数据治理面临的挑战

大数据是一个信息爆炸的时代，学生所获取的信息量无比巨大。如果任课教师不注重转变教学观念，没有调整教学方案，人才培养容易与就业市场需求脱节。大数据给传统师生课堂互动带来挑战，教师的知识和权威受到冲击，任课教师不再是学生获取知识的唯一来源，学生可以利用互联网获取丰富的学习资源。此外，大数据对学生综合知识水平、就业技能等也带来挑战，学生面对的是一个纷繁复杂的世界，任课教师应加强引导，让学生利用大数据获取并掌握知识，注重提高知识应用技能。

一、应用型本科院校数据治理面临的问题

大数据不仅为学生管理工作注入了新的元素，也对学生管理工作提出了新的要求。一方面，随着大数据理念和技术的发展，部分传统管理模式下学生管理工作中存在的问题可能在大数据的推动下得到解决；另一方面，数字设备与网络资源普及所带来的便捷和优势，可能使管理人员和学生不满足于原有的学生管理模式，对学生管理工作提出了更高的要求，即学生管理的优化问题。

（一）信息收集不全面

人本管理理论强调要重视人的需要，挖掘人的价值，发挥人的积极性和主动性，从而实现人的全面发展。在学习管理中要促进学生的全面发展首先需要对学生的情况有全面的了解，目前一些应用型本科院校从事学生管理工作的人员数量更是少数，而且学生管理工作的内容广泛、程序繁杂，使得工作人员的任务较重。加之思想观念和技术手段的限制，现有的学生管理工作很难收集到较为全面的信息。具体表现为以下几个方面：

在评优管理分析中，一些院校采用学习成绩与课外活动相结合的评优标准，虽然不同学校、不同学院的分值比例有所不同，但大致上可以兼顾学生课内外的表现，在一定程度上促进学生的全面发展。但其中也有部分学生认为学校的评优标准比较重视学生成绩，而对于学习过程和学习态度则考察得比较少；在活动方面，有一半以上的学生认为学校的评优标准更为注重获得的奖项，而忽视在活动中的态度和努力程度等因素。可见在评优过程中依然以结果性指标为主要评审标准，而对于过程性信息的收集较少。

在心理健康管理中，一些院校虽然设置了心理咨询中心并开设了心理健康教育课程，可是这些机构和课程的实际效果并不明显。其中有部分学生表示出现焦虑抑郁等不良情绪不愿寻求老师或咨询中心的帮助，并且有很多学生认为心理健康课程对自己心理状态改善不明显或意义不大。可见，学校设置的机构和课程在学生中的认可度有待提高，试图通过这些方式来获取有关学生真实心理状态信息的可能性相对较小。

心理测验作为了解学生心理健康的一种重要手段，可以对部分心理问题进行筛选，可是部分院校进行心理测验的时间间隔较大，每学期的心理测试次数等于或小于一次，而且学生对于心理测验的态度不够认真，难以反映学生真实的心理状态。大多数院校只是把心理测验用于初步筛选，信息的实效性和完整性较差。

（二）决策依据主观化

决策是管理者识别并解决问题的过程或者管理者利用机会的过程，优质决策有利于组织绩效的提高。对管理者来说，决策是头等大事，只要管理者着手计划、组织、领导和控制上的工作，就得不断地做出决策。

泰罗在其科学管理理论中表示优质的管理是用科学方法代替经验方法的过程，而信息资源可作为方法科学化的最有力支撑。管理者在做决策时离不开信息资源，资源的数量和

质量直接影响决策水平，这要求管理者在决策之前及决策过程中尽可能地通过多种渠道收集信息作为决策依据，但在传统学生管理模式中由于理念以及数据加工方式的限制使决策依据存在一定的主观性。

在评优管理中，大多数学生对现有的评优标准比较满足，其中大多数学生认为自己了解学校进行学生评优的具体标准，并且相信学校能够严格按照评价标准进行评优，可见评优的标准和过程基本可以实现客观化和公正化。但部分教师对于教学重点、难点的确定，一方面是根据教材中所标注的重难点，另一方面是根据自己以往的教学经验，而每个年级或者每个班的学习基础不同，在重难点的判断上也有不同，所以以标准和经验作为决策所有班级重难点依据容易导致偏差。

在对现有的评优管理的评价中，大部分学生对奖学金、助学金等评价过程表示满意，可见大部分学生对学生管理的评价较高，但在个别项目中满意程度相对较低，而影响满意度的重要因素之一是管理过程的公平性和灵活性。

（三）资源利用效率低

按照科学管理理论的观点，科学化的管理方式可以提高管理效率，从而实现更优质的管理，而科学化的基础和前提是对信息资源的充分利用。据有关统计，应用型本科院校的设备费比一般普通高等教育相应的专业要多很多，校园中的电子服务设备以及网络资源也基本普及，而这些服务设备和网络资源的利用率并不高。

应用型本科院校为学生准备了较充足的教学资源，如各种专业数据库、学习网站的链接、学习软件的链接等，但经常使用这些资源学生的数量较少，部分学生是按照学校或者教师的要求进行网络资源的学习，一般是完成对应的作业即可，利用课余时间学习其他内容的情况较少，可见，院校网络学习资源的利用率有待提高，学生对网络学习的方式认可度不高。

在生活管理中，大多数学生愿意在寝室门禁处、食堂、浴室、图书馆等地方使用校园一卡通等电子设备，而且大部分学生认为电子设备的使用可以为生活带来更多便利。可以看出电子服务设备在院校基本普及而且学生的认可程度也较高，在这些设备的使用过程中会生成大量的数据，其中蕴含着不少有价值的信息，而很少有学校把这些信息资源进行加工和处理。

在实习和就业管理方面，学校虽建立了管理平台，但存在信息更新不及时、网络系统无人维护等问题，导致系统平台的利用率较低。其中只有很少部分学生表示听说或使用过学校的网络实习管理平台，实习信息主要是通过辅导员在 QQ 群或者微信群里发布，信息获取较为及时、方便。相对而言，就业管理平台使用率高一些，学生们也纷纷表示学校是获取就业信息的主要途径，并且一半以上学生对平台的信息更新表示满意。但平台中对于学生就业的后续工作关注较少，已获取的大量资源没有得到充分的利用。

（四）管理反馈滞后性

目标管理程序中最为重要的一部分是管理反馈。所谓管理反馈，是指管理者为保证及时、高效、准确地完成组织计划任务和目标，必须及时了解系统外部环境的变化及系统自身活动的进展，及时、准确地掌握系统环境变化和系统状态的变化。学生管理作为学校管理的重要组成部分，关系到广大学生的学习和生活，所以反馈无论对学校还是学生个人都十分重要。

在学习管理中大多数院校仍以传统教学方式为主，即以教师为主导的传授式教学，这种方式能够保证知识传授的系统性和完整性，但师生之间交流较少，可能导致教师无法准确地了解到学生的实际情况，而大数据背景下教学活动是由教师和学生共同完成的，师生互动的状态与程度是决定学习效果的重要因素。

一些学生在实习过程中经常存在迟到、早退或旷工现象，并且实习过程中很难做到与实习教师及时沟通或者得到指导，甚至有些学生认为自己的合法权益无法得到保障，同等劳动强度只能拿到较低的生活补助。由此可以看出，在实习过程中，学生、企业以及学校之间交流不畅，信息反馈不及时，使得产生的问题无法及时发现或处理。

人本管理理论强调要重视人的需要，利用得当可成为一种良好的激励手段。在学生管理调查中学生对生活管理的反应较为强烈。其中有将近一半的学生认为现有的寝室、食堂、浴室等日常生活服务不能满足学生需求，并列举许多不足之处。在学校对学生生活和心理信息掌握方面，学校很少关注到学生的就餐次数、就餐费用等情况的变动，对于个人消费情况关注更是少之又少，有部分学生认为学校无法及时了解到自己焦虑、抑郁等情绪，并且不能给予自己有效的帮助。良好的沟通是保障管理工作顺利进行的根本，有一些学生认为学校根据学生的反应和意见作出调整的情况较少。可以看出，学校对于学生生活状态和心理状态的信息了解较少，学生生活中出现的问题和困难难以被及时察觉，从而降低了反馈效果。

（五）个性化管理缺乏

标准化与个性化是学生管理不同层次的要求，标准化是学生管理基础层次的要求，个性化是学生管理的更高层次要求。标准化管理是必要的，但更需要个性化管理，为其管理风格和管理理念的形成搭建平台。现有的学生管理工作中个性化管理较少。

在学习管理中，大多数学生对教师讲课的难度和速度比较认可，但也有部分学生认为自己很难适应教师讲授课程的难度、速度，认为自己在掌握知识点或完成作业等方面存在困难。可以看出部分学生与现有的教学模式匹配程度较低，由于院校学生来源广泛、知识基础差异大，统一的教学方式难以满足全部学生的需要，但从目前院校的师生比考虑，单纯依靠课堂教学实现个性化的可能性比较小。

在实习和就业管理中，一些学生对自己的就业方向并不十分明确，对自己的个性特征和职业特长认识不够充分，可见部分学生对于自己的优势和职业规划比较迷茫。一些院校中普遍存在实际实习岗位与在校期间所学专业相匹配的现象，而大多数学生认为实习岗位与所学专业相对应是十分必要的。此外，学校提供的就业指导和职位推荐缺少针对性。可见，学校虽在实习和就业过程中积极为学生提供信息和服务，但由于每个学生情况不同，部分学生人生规划比较迷茫，面对大量信息无法加工，急需个性化管理方式的应用。

应用型本科院校大部分学生会根据自己的情况，制订个性化的学习和生活计划，并按时完成相应的任务，这说明大部分学生具有一定的自我管理能力，而且对自己制订的个性化计划执行的积极性比较高。部分学生认为现有的学生管理工作中以学生为本、全面育人、个性化等理念缺乏，在实际工作中感受不到这些理念的体现，可以看出部分院校对于“个性化”等理念的落实工作不足。

二、应用型本科院校数据治理面临产生的原因

由于管理理念和科学技术的限制，上述问题常常被忽略，甚至成为一种工作习惯。大数据思想理念和技术的引入，为人们提供一个新视角来重新审视传统学生管理，反思工作中的问题和不足。从下列三个方面分析产生问题的原因：第一，相关理论逐步深入人心，培养目标不断更新，使得人们需要更优质的学生管理；第二，大数据思想理念的广泛传播，促使人们重新审视学生管理工作，从而发现了许多新问题；第三，科学技术的发展，使更精确的数据处理可以与学生管理工作相结合，为优化学生管理工作提供实施路径。三者之间相互协调、相互融合，共同促进大数据背景下院校学生管理工作的发展，如图 4-1 所示。

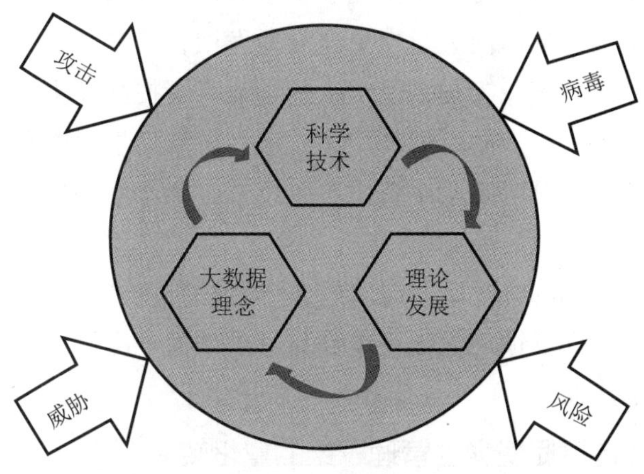

图 4-1　信息化背景下应用型本科院校学生管理问题产生的原因

（一）理论发展使原有管理方式难以满足时代的需求

当代学生管理是以科学管理、目标管理和人本管理为理论基础，以培养目标为指引，结合大数据特点，培养学生全面发展，成为社会主义事业接班人的过程。近年来，相关理论和培养目标的完善，推动了学生管理的优质化发展，同时也使得决策依据主观化、管理反馈滞后以及个性化管理缺乏等问题更加突出。

理论来源于实践又服务于实践，相关理论的发展和完善同样促进了学生管理的转变。科学管理理论提出以科学方法代替经验方法的观点，认为可以通过管理科学化来提高劳动效率，而提高效率的决定因素不是经验，而是科学管理体制的创新。在学生管理过程中需要构建一种科学化的管理体制从而提高管理效率，但如何在学生管理过程中实现科学化依然缺少实现路径，这也是在传统学生管理工作中决策依据主观化的原因之一。

目标管理理论强调目标在整个管理过程中的重要性，笔者认为首先应建立完善的目标管理体系，并就实施情况及时进行评估与反馈。结合学生管理工作的特点，及时评估和反馈可以用于了解学生的实时状态，成为衡量决策有效性的重要方式，所以不少学者和管理者提倡在学生管理工作中进行及时评估和反馈，但由于学生管理工作比较琐碎，评估和反馈较为滞后，所以在传统的学生管理工作中依然存在管理反馈滞后的问题。

人本主义提出要注重人的价值、挖掘人的潜能、重视人的需要、实现人的发展等观点，提倡在学生管理中把每一个学生都当作独特的个体，激发其内在动力，从而促进学生的全面发展，这一观点不仅把学生作为管理的对象，更是服务的对象，在管理理念上发生很大的转变。但由于师生比等各种原因的限制，使得人本管理理论无法与学生管理理论充分融合，这也是导致学生管理工作中缺乏个性化的重要原因之一。

以上三个理论分别从不同的角度为学生管理提供了转变的思路，虽然这些理论在学生管理中的落实较为艰难，但不少学者和管理者正在不断地为之而努力，不断寻求彼此之间的融合点，现有的学生管理工作已经难以满足时代的需求。

随着时代的发展，院校的人才培养目标也在不断更新，同时对学生管理工作提出了新的要求：第一，关注学业的同时也要关注学生生活，在校园生活中可以及时发现学生遇到的问题并为其提供帮助，从而促进学生更全面地发展；第二，统一管理的同时也要注重个性化管理，一方面要进行统一管理，使学生的学业有所提高、生活井然有序，另一方面对有特殊情况的学生应投入更多的时间和精力；第三，管理学生的同时也要为学生提供服务，在保证管理质量的同时可以为学生提供更多反馈，为学生提供更多服务，从而激发学生的主观能动性。

在相关理论和培养目标的推动下，越来越多学者和管理者开始关注学生管理工作过程中的决策依据主观化、管理反馈之后以及个性化管理缺乏等问题，这为大数据背景下学生管理工作的发展奠定了基础。

（二）大数据理念传播促使学生管理思维的量化转变

在科学管理、目标管理以及人本管理理论的推动下，人们已经不再满足于原有的学生管理方式，开始追求更为科学、更为个性化的管理。在过去的几十年里，部分学者在这一领域进行不断的探索，但由于种种条件的限制，所提出解决方案的针对性和可操作性有待提高。近年来，大数据理念在计算机和商业领域广为传播，并且产生巨大影响，这在一定程度上促进了学生管理工作的思维转变。在这种量化思维的推动下，原有的学生管理工作中存在信息收集不全面、决策依据主观化、资源利用效率低以及个性化管理缺乏等突出问题。在强大的优势驱动以及政策推动下，越来越多的行业开始探索信息化的应用，其中学生管理工作的信息化过程引发了学术界的广泛关注，信息化的涌入不仅为优化学生管理工作提供了思路，同时也使人们的思维观念发生改变。

1. 从“定性”到“定量”的转变

在传统的学生管理工作中，普遍采取定性与定量相结合方式，但由于学生管理工作的特性，使定量研究在其中的应用受到了限制，也使科学管理理论中提出的用科学方法代替经验方法的观点受到阻碍，造成在学生管理工作中存在决策依据主观化的问题。而大数据理念的传播使人们意识到数据可以成为决策的有力依据，可以在学生管理工作中更多地采用量化管理，从而促进科学化管理的实现。

2. 从“部分”到“全体”的转变

由于应用型本科院校学生管理的对象数量较多、个体差异较大，加之学生管理内容繁杂，所以传统的学生管理工作中经常采取以样本代替总体的抽样方法，从而降低调查成本。而大数据理念的传播，使得收集总体数据成为可能，而且要比传统学生管理时代的抽样调查更加节省成本、提高效率。人们已经不再满足于“样本代表总体”，而是希望获取“样本即是总体”的数据，这使得信息收集不全面的问题更加凸显。

3. 从“静态”到“动态”的转变

优质的决策依赖于对所处环境的充分了解，在传统学生管理时代由于技术以及人力物力等限制，所获得的资料信息以静态的为主。例如，在院校学生管理工作中对学生学习情况的了解大多来源于学生上课的出勤率、学生的课程作业和课程分数等一些静态数据，而学生上课时的表现、学习该门课程所花费的时间等过程性的动态数据获取较少。动态数据可以让决策者及时地了解实际情况，而且可以对策略的实施效果进行及时的反馈以便做出调整和改进。动态数据以其独特的优势赢得了人们的偏爱，人们希望在工作过程中获取更多的动态数据，从而改善反馈滞后的问题。

（三）大数据技术发展为优化学生管理提供技术支持

管理理论的发展是学生管理工作优化的基础，大数据理念的传播为优化工作提供了方向，而真正能使大数据优势落实到学生管理中。大数据背景下存在的信息收集不全面、资源利用效率低、管理反馈滞后等问题在相关技术的推动下显现得更为迫切、更为突出。一方面，在传统数据时代，部分学者和管理者意识到学生管理工作中存在一些不足，但缺乏有效的实施路径；另一方面，大数据理念袭来，使得原有的工作效率和工作质量有了可提升的空间。科学技术的发展针对这两方面问题，为其提供强有力的技术支持。与传统信息加工方式相比，现代信息技术从数据获取到结果分析均表现出独特的优势。两者的信息处理过程基本一致，主要包括：信息获取、信息存储、信息加工以及结果应用四个过程，但在具体的处理手段上存在差异，具体情况如表 4-1 所示。由此分析得出，现在信息技术为改善和优化院校学生管理工作提供以下几方面的支持：

1. 信息获取便捷，提供客观依据

通过传统与现代信息加工方式的比较可以看出，在信息获取容量、时间、类型、来源等方面凸显了现在信息获取数据范围广、速度快等特性，将其应用于院校的学生管理工作中可提高学生信息收集数量和种类，从而尽可能了解学生信息，为数据处理工作打下坚实的基础。由此可以看出缺少技术支持是导致信息收集不全面的原因之一。

表 4-1　传统信息处理方式与现代信息处理方式对比

处理过程	具体项目	传统信息处理方式	现在信息处理方式
信息获取	获取容量	GB → TB	TB → PB（不断更新）
	获取时间	以天或小时为单位	连续获取
	获取数据类型	结构性数据为主	结构性数据、半结构性数据、非结构性数据相结合
	获取数据来源	相对比较集中	相对比较零散、多元化
信息存储	存储方式	独立存储	大规模分布并行存储
	存储位置	关系数据库（SQL）	非关系数据库（NOSQL）、新型数据库（NEWSQL）
信息加工	数据分析	基于简单数学方法的数据挖掘	基于关联规则、决策树等技术的数据挖掘
	数据处理	单机并行处理	分布式并行处理实时处理
结果应用	结果解释	文本形式下载输出或用户个人电脑显示处理结果	可视化技术、查阅检索技术、人机交互技术
	应用范围	评估、决策	评估、决策、预测、反馈

2. 数据存储并行，提高工作效率

相对于独立存储，现代信息技术所采用的大规模分布并行存储方式可加快数据处理速度，提高工作效率。院校学生管理工作性质烦琐、工作量大，急需现代信息技术的结合，使管理者从琐碎的工作中解脱出来，有更多的时间和精力关注有特殊需要的学生以及进行管理创新。

3. 数据加工深化，发掘隐含价值

关联规则、决策树等技术的应用使数据挖掘的深度大大提升，可以发掘表面看起来无关联的数据之间的隐含关系，这对于个性化管理具有重要意义。该技术应用于院校学生管理工作中，可用于挖掘与学生特性行为相关的隐含因素，从而提供个性化的管理和服务。由此可以看出由于技术手段的限制使得个性化管理一直无法实现。

4. 结果应用广泛，注重预测反馈

应用型本科院校学生安全管理存在的最大难题是无法对学生行为进行有效预测，只能根据已有的经验进行管理，难以满足实际需求。不少管理者和学者已经意识到数据预测和反馈功能对于院校学生管理工作的意义，并不断地进行探索。通过比较可以看出，产生管理反馈滞后问题的重要原因是在传统管理模式中缺乏反馈和预测的技术支持。

第五章　促进应用型本科院校在人才培养过程中应用数据治理的策略

第一节　如何树立数据治理理念

一、大学生数据素养教育支持的基本思路

大学生数据素养提升是一个紧迫且复杂的系统工程，也是一个高等教育发展过程中亟待解决的关键问题，只有理解大学生数据素养教育的关键点，厘清大学生数据素养教育支持的维度和主体，遵循从宏观、中观、微观三个层面标本兼治、内外协同的基本思路，才能构建有效可行的大学生数据素养教育支持体系及运行模式。

（一）教育模式从外促到内生

大学生数据素养更多包含了大学生在信息使用中的性格特征、信息道德品质、信息使用动机、信息使用心理以及学习风格，与之相应的教育内容主要包含性格教育和道德教育。从大学生面向社会需求来看，大学生毕业后将直接面临着复杂的任务、挑战和风险，在其中具有反思意识并能敏锐地从问题情境中发现解决问题途径的劳动者更受用人单位青睐。因此，大学生自己要一方面重视强化信息利用的科学性和合理性。与终身学习、社会需求相结合，了解各方面的先进知识，及时更新自身知识体系，加强对文化知识的学习；另一方面要加强信息自律行为，加强批判性思维，理性面对网络敏感信息，主动学习，自主选择积极向上、符合社会主流文化价值取向的内容；同时同伴是大学生成长和社会化的重要教育支持维度，大学生作为自我存在和自我教育的交互式主体，还要充分认识到大学校园中的朋辈作用，从自身出发营造向上的共生环境，创设大学生数据素养自我教育环境和氛围，使数据素养教育生活化、内生化、实践化、接受化。

（二）教育环境从泛化到专业

大学生数据素养教育的“泛化”，也就是将素养教育从专业的教学课堂、教育人员扩大到一般化的教学过程。在大数据时代的今天，高等教育领域数据素养教育处于一种“人人教学、人人未教学”“人人要教学、人人不会教学”的状态。但新时代挑战下，高等教育模式受到学习理论的推广应用影响，其发生了重大转变。在传统课堂中，以教师传授知

识为主体教学模式在完全变革，对信息教育的专业化要求愈来愈高。在新的教育模式中数据素养教育更加要求转向使用情境学习模式，要求实现每一位授课者在实际教学中要充分加强数据素养教学的专业性和技能性，能够将理论基础通过信息手段融入认知学习理论中的情境学习。同时，需要在信息生态系统中，学习者参与信息活动的情境，在信息活动各个发展阶段，充分丰富数据素养概念内涵。在信息活动中，必须以学习者主体地位为主，促进数据素养教育推进。在教育全过程中，可以坚持情境性、开放性、自主性、通用性以及合作性原则，围绕信息知识、信息行为、信息责任、情感因素进行开展。

（三）教育主体从单主体到全维度

大学生数据素养教育的复杂性与网络环境、社会环境的关联性、紧密性息息相关，大学生本身不仅是大学校园更是社会环境的重要组成部分，数据素养的教育仅仅依靠大学自身很难实现大学生数据素养的提升和养成，政府、大学、家庭及社区等也应当参与大学生数据素养提升的治理之中，教育支持相关路径的选择也需要置于多元社会力量共同参与的条件下来进行选择。因此，大学生数据素养的教育支持应当重点强调多主体，体现多元参与中的互动、参与、联动的特性，实现参与者间的联动互通，共参共治。对大学生数据素养的教育支持，应该从多元协同共治的角度来看待，由利益平衡和权力转移的多方协同参与，其治理涉及公、私及第三部门间形成之联动网络关系的治理与干预，其本身是一种基于大学生为内核，多方协调的，且积极参与治理的持续性推进的实践过程。

二、大学生数据素养教育支持的原则构想

首先，教育支持维度内生因素——个人特质直接正向作用于大学生数据素养的全部构成因子，其作为教育支持维度的作用系数极高，因此对大学生个人特质的分类把握应该成为培育大学生数据素养的首要路径；其次，大学生数据素养教育支持维度外部环境（共生环境、网络环境、社会环境）直接正向作用于大学生数据素养构成一阶段能力——信息理解、选择、运用能力，同时也直接作用于教育支持维度内生因素——个人特质，因此在大学生数据素养教育支持的过程中必须充分考虑大学生外部环境的规范和引导力度；最后，大学生数据素养构成两个阶段之间也有明确的直接正向作用，进一步论证了大学生信息理解、选择、运用能力是大学生数据素养构成的基础性地位，这也将作为实践大学生数据素养教育支持策略的重要考虑。

（一）教育模式的个性化、精准化原则

大学生数据素养教育应以区分个人特质为数据素养教育支持的核心关注点，探寻个性化精准化教育支持模式。数据分析表明，个人特质对大学生数据素养构成一阶段信息理解、选择、运用能力和二阶段评价、反思、创造能力都产生直接的正向影响效应。因此，以大学生个人特质为大学生数据素养教育支持的核心关注点，探寻个性化精准化教育支持模式，对于大学生数据素养教育支持极具价值意义。大学生个体之间在网络依赖度、网络使用出发点、网络态度、网络信任度等都存在差异，都将呈现出不同的网络行为，进而对

数据素养产生影响。深度把握和了解大学生不同网络个性特质是进行大学生数据素养教育支持的基本前提，这就需要高校教育者和管理者重视对大学生在网络中的个性特质分析和研究，学习和掌握网络信息分析的技能和方式，以大学生网络行为的大数据挖掘为基础，运用大数据分类分析方式来精确了解大学生的认知结构、个性特征、能力倾向等，给出相应的指标体系和操作方法，以此来提供个性化、精准化的大学生数据素养教育支持模式。

（二）教育环境的专业化、规范化原则

大学生数据素养教育应以优化外部环境为数据素养教育支持的关注重点，营造安全向上“防火墙”。数据分析表明，外部环境一方面能够对大学生个人特质产生正向效应，再间接通过个人特质影响大学生数据素养六大能力构成；另一方面外部环境还能够直接作用于大学生信息理解、选择运用能力。因此，以外部环境为大学生数据素养教育支持的关注重点，营造安全向上的管理支持环境，有利于从环境塑造的角度提升大学生数据素养。大学生数据素养的教育支持离不开网络环境的规范和引导，尤其是在共生环境引导、校园环境熏陶和社会环境规范等方面。网络信息技术突破了传统课堂、学校的育人边界，一方面，高校应充分发挥“以文化人”的独特优势，走入大学生的生活、学习环境，营造良好的信息宣传环境，开辟网络育人的新阵地，壮大主流舆论，主动策划、开展符合时代要求、弘扬主旋律的优秀品牌活动，打造符合先进文化和接地气的网络优秀文化产品，用先进向上的、积极健康的校园网络文化来浸润、熏陶、引导大学生；另一方面，高校应做好大学生网络环境的规范和整治，从“亡羊补牢”走向“运筹帷幄”，设立高校网络安全管理队伍，整治校园网络道德失范行为，落实大学生网络安全意识教育体系，打造校园网络安全风险防控体系，完善高校网络安全管理制度，切实营造安全文明的数据素养教育支持环境。

（三）教育体系的系统化、长效性原则

大学生数据素养教育应以提升信息理解、选择、运用能力为大学生数据素养教育支持的关键突破口，构建大学生数据素养教育支持体系。数据分析表明，大学生信息技术理解、选择、运用能力的提升能够直接促进大学生信息评价、反思、创造能力的提升。信息技术理解、选择、运用能力在数据素养中可看成是价值观的养成，价值观是决定人的行为体系的心理基础。以提升信息理解、选择、运用能力为数据素养教育支持的关键突破口，构建网络价值观教育支持体系，具有极大的价值意义。价值观的形成不是一蹴而成的，是需要经历不断的认知、评估、调整、内化的过程，尤其是在大学阶段，价值观还处在一个动态的可塑造阶段。对大学生开展价值观教育就是通过大学的各类教育方法对大学生的价值观体系不断进行构建和修正，再逐步将正确的价值观固化于心的过程。大学生数据素养的教育支持，高校应从价值观教育出发，培育熟悉网络信息传播特点和拥有坚定理想信念的网络人才队伍，组建高校网络传播的管理员队伍，搭建成熟的校园网络平台，倡导和教育大学生树立正确的网络价值观，让大学生更为理性地认识和分辨各类网络信息，并能够更为合理地利用各类网络工具。

三、大学生数据素养教育支持的实施路径构想

根据大学生数据素养教育支持体系建设的基本思路，综合考虑我国信息化发展的实际情况和大学教育的最新要求，倡导“以内生为核心，以大学为重点，以网络为依托，全社会共同参与”的大学生数据素养教育支持运行模式，并阐释了其运行模式的基本内涵。

（一）以内生为核心，实现大学生数据素养提升的自我支持

大学生数据素养教育中，大学生自身的动力应得到充分重视。大学生在信息环境中应该成为有能力与他人互动和协调的相互教育者。学校也应该充分营造合作互动的情境，将大学生的技能、性格品质、自我学习等相互融合、渗透和引领。重点加强大学生信息意识自省，实现信息道德自律，做到信息环境自律，同时形成批判性思维，做到理性面对网络敏感信息，主动学习，自主选择积极向上、符合社会主流文化价值取向的内容，此外重视发挥校园朋辈作用，营造向上的共生环境。同伴是大学生成长和社会化的重要影响因素，作为自我存在和自我教育的交互式主体，多渠道创设大学生数据素养自我教育环境和氛围，使数据素养教育生活化、内生化、实践化、接受化。

1. 大学生自身重视数据素养养成

良好的习惯都是在养成中形成的，大学生数据素养必须经过养成和引导。大学生对信息了解和掌握需要一个循序渐进的过程，大学生数据素养也是在现实和信息双重影响下逐步形成。在信息社会对道德的要求标准体现在具有自律性道德品质，能够突出“慎独”这一特征。“慎独”表现在个体独处时，不存在任何监督力量，个体能够按照内心的道德约束恪守准则。在信息社会中，按照传统的服从道德模式已经无法发挥功效，必须将道德范式提升到更高层次的要求，养成道德习惯，使道德信念根深蒂固，培养个体的自律性道德能力，才能更好地约束信息行为。按照道德理论，大学生所处的道德水平阶段为向道德自律转化阶段。信息道德建设需要加强，无论是他律或者是自律道德范式，高等院校必须加强大学生的德育教育，增强大学生信息话语能力。大学生群体，实现大学生自我尊重需求，高等学校在推进信息道德教育方面，培养大学生学会尊重的道德品质，既尊重自己，又尊重他人，形成自律和他律的全方位道德价值理念，以身体力行的方式习得。随着信息技术的快速发展，大学生必须尽快适应新的环境，不断挑战新的机遇，充分展示自身价值，不妨碍他人的发展，利用现代化科技来提升自我能力，构建积极向上的精神追求。

在教育支持过程中，重点强调大学生和信息之间的自我交互作用。当学习者以生态主体的角色进入网络学习空间时，他们会根据自己的学习需求在网络学习空间所提供的大量外部信息中做出判断与选择，将那些有价值的信息通过获取的方式输入自己内部的信息加工系统，并通过“生成—内化—外化”的过程完成知识的学习。当学习者完成对于信息的深度加工时，由于其头脑的不同区域具有不同功能和结构，认知活动使其头脑不同模块间相互作用，完成认知在头脑中的分布。根据网络学习空间中个体学习内部交互的过程可以看到，学习者的学习是一个主动的过程，因此，对于网络学习空间而言，应该在建设与维护中做到：其一，满足学习者对于多样化信息的需求应突破传统在线资源自上而下的“瀑

布型”开发模式，采取“缺失—供给—平衡”不断循环的动态资源建设过程；其二，网络学习空间中存在大量由学习者交流中产生的新资源、新信息，应该注意对这部分可再生资源的搜集与整理，将其纳入网络学习空间的资源流动中；其三，在资源的提供上，学习者必须科学、合理地协调原有知识体系和新知识的关系与矛盾，以此激发学习者积极主动完成与资源的内部交互活动。

2. 大学生自身实现信息道德自律

杜威在《民主主义与教育》中曾指出：按照道德论中的道德行为和意识关系，两者具有辩证统一性。在教育领域，知识和行为的关系在道德教育中尤为突出，教育和道德过程具有统一性。在道德过程中最高目的是培养道德行为，而往往对获得知识的能力有所忽视。在教育过程中，学校教育中提倡学生能够获得直接经验，这些经验有利于塑造其道德行为，加深其内化影响作用。道德教育的广义概念包括凡是能够直接参与的活动，能够从中获得直接经验的有效教育。也就是说，大学生信息知识的获得和信息行为的培养，是与大学生的信息道德培养一脉相承、息息相关的。若是将信息知识和行为与信息道德脱离开，也就如杜威所说的“会成为一种道德的空谈”。素养较之于素质，最重要的差异在于德行、道德教育，因此，大学生素养的教育支持，大学生识得道德自律，就显得尤为重要。

在信息化时代，高等院校必须全面认识数据素养这一内涵，将其作为首要任务。高等教育的教学目标体现在实现数据素养教育。利用互联网平台，人们可以更加方便快捷地获取信息，能够实现信息高效共享。但是在查阅利用信息方面，受到多元化信息类型影响，而且在传播途径方面也表现出复杂化特征，这些都在很大程度上造成阻碍。为了更加全面了解信息，提高信息数据利用率，信息行为人承担重要的责任。信息认知能力以及信息的创造力影响着大学生的信息行为和习惯。基于学习者认知能力以及使用方式，需要培养其数据素养能力，在贯彻终身学习教育理念中，信期素养作为持续学习能力，学习者需要在职业生涯中，持续具有思维习惯。通过分析其在信息生态系统中的参与程度，创造有效情境，在信息活动各个阶段，可以更加丰富数据素养概念特征。提高学习者查阅信息、运用信息、整合信息、创造信息的能力，基于参与式信息环境，能够实现信息共享。在培养学习者数据素养方面，必须发挥其积极主动作用，深入理解信息生态系统，培养其审辩式思维。传统信息检索功能必须进行转变，将其作为核心概念，在信息活动过程中，基于学习者需求，在生产信息和消费信息过程中，围绕主体的责任、情感、知识、技能等，促进数据素养正常有序进行。挖掘信息资源内涵，通过评估信息价值，加强信息传播、组织等教育内容研究。

3. 让大学生成为信息自治的主力

将不触犯法律规定作为信息的基本底线，这要求对信息的规制进行更确切的明晰限度。首先通过集合社会、家庭和学校三方力量，增强高等学校数据素养教育的人才队伍师资力量，发挥大学生主体力量，激励学生更好建设信息管理。在高等学校内，要求学生遵守网络文明公约，上文明网，文明上网，提高大学生的网络文化认同感，约束其网络行为。促进网络文化运动兴起，增强大学生网络化与责任意识，坚守界限，保证基本原则，大学生能够在信息中做到自我约束，不滥用信息权。对不正确的、极端的，其结果影响是负面的，需要修正大学生网络失范话语，尤其是不负责任的谣言、失实言论或是恶意扭曲的信息，高校网络管理者应进行强有力的控制，将其负面效用在最短时间内降到最低。

（二）提升大学生数据素养教育专业化水平

学校的任务是具有社会性的，不再仅是闲暇和静观。马丁·路德·金曾提出“教育必须教会人们过滤和权衡证据的能力，必须使他们具备分析对错、判断真假、辨识事实与杜撰的能力。因此，教育的功能是教会人缜密和批判性思考”。美国赫钦斯（Robert Maynard Hutchins）在教育研究中界定的教育目标包括两大方面，即“人力”和“人性”，教育培养个体的目标应该坚持富有智慧，富有学识以及止于至善。《教育：财富蕴藏其中》强调了大学作为一个功能性场所，尽可能地实现多样化贡献。因此，在大学培养人才方面，必须在体系中纳入数据素养教育这一重要内容，高等学校承担起信息教育责任，开展通识教育，是指大学生具备相应的信息知识和能力，掌握数据素养相关技能，同时在大学的课程中能够更好地开展数据素养学习以及相关活动。数据素养的有效开展和大学校园教育有非常密切的联系。大学是数据素养教学的主要场所和重要实施主体。大学除了关注对大学生基础素养、就业能力等方面培养之外，还要关注他们的数据素养。其中，大学应重点从师资队伍专业化、授课模式转变以及智慧教育构建等角度着手，着力提升大学数据素养教育的专业化水平，搭建有效的大学生数据素养教育平台。

（三）优化大学生数据素养教育支持体制机制

无论是从社会发展的实现情况还是调研过程中呈现的大学生对网络的高度依赖性，信息网络技术的推动以及层出不穷的新媒体技术，这些都深度影响着高校大学生的价值观、道德观、就业问题、理想塑造等，也极大冲击着大学生的社会交往方式以及学习方式等。因此，大学生数据素养教育支持体系必须沉浸在网络环境中，以网络环境为依托来开展，其中网络主要体现在高校校园网络、学校的多媒体设备、计算机等，在网络资源中，学习材料已经被数字化处理，资源丰富，而且容易实现共享。在网络平台中，主要内容为教学过程中的软件系统，以及学习平台设置等。在网络工具中，学习工具能够为学习者建构知识以及处理问题提供帮助。

1. 制定大学生数据素养教育标准

随着信息技术的不断运用，在世界范围内多数国家尤为重视该国的信息技术发展，其能够提高国际地位，增强国民整体素质。而且一些发达国家比如美国、日本等在国民教育课程内容中，已经开始融入数据素养课程，其数据素养教育支持制度已日趋完善。我国在制定数据素养教育标准方面，并没有出台统一标准，在大学教育中，这也会阻碍数据素养教育的推进。基于我国国情，笔者建议相关部门应该制定统一的数据素养标准。同时应该积极学习数据素养的教育经验，基于本土化实际情况进行完善。大学必须意识到项目提升、数据素养教育加强等过程中数据素养教育标准制定的重要性，在大学教育者专业标准中融入数据素养要求，制定教师数据素养提升规划，将网络知识有目的地融入计算机基础课程中，充分利用各项信息技术，最大限度增强学生的信息收集等能力。大学教师在教学过程中要着重培养学生的信息道德意识和信息安全意识，培养学生对网络媒介信息的鉴别能力。

教师在增强学生数据素养方面，首先要掌握信息技术，将数字信息技术运用于各个学科教学过程中，让学生明白数字化世界已经到来，提高学生参与度，学生需要具备终身学习能力。政府和学校要给予支持，推进信息教育循序渐进发展。政府应该加大信息技术培训力度，通过专项课题形式，学校也可以开展校本培训，基于校本实际制定培训课程。教师作为学习者，在学习数据素养方面，需要循序渐进学习，首先掌握通识数据素养，然后选修相关课程，在教学过程中能够深度融合信息技术。一切以学生为根本，为学生提供更好的服务，从而全面提升数据素养能力。

2. 发挥丰富多元的大学生网络能量

在传统话语体系的基础上，人们不断改变或创造出的信息话语已经逐步地融入了人们的现实生活，体现出一种新的文化思维方式且被广泛应用。大学生不畏惧风险、追求刺激，敢于向规则挑战，在信息中大学生的创造力发挥得淋漓尽致，毫无疑问地引领了属于新生代的文化风潮。信息话语的创造性打破了传统的语言规范和文化模式，构建了符合现代化发展的新的话语体系。信息作为一个相对自由的虚拟空间，用传统的知识语言结构去规范它的话语构成，反而不大现实。在信息化时代，大学生的学习生活环境已经被信息完全环绕，高校思想政治教育工作者必须对信息社会多元异质特性有清楚的认识。在分析大学生信息话语时，保持客观公正的态度，支持信息话语具有个性发展以及实现共生，以一种宽容的态度给予信息话语支持，使其传播更多的正向内容，弘扬优秀文化精神，可以在校园文化建设中更好地融入信息文化，使其传递更多正能量。

其一，应发挥网络话语榜样的积极作用。大学生思政工作者要为良好的大学生网络话语习惯和规范养成搭建平台，创造网络空间中的大学生文明用语养成的机会和条件。注重榜样的示范，培养一批网络红人、网络领袖。坚持正确的舆论导向，让大学生明白，网络话语不是冲动的代名词，同样需要克制，只有这样才能不因为过度冲动而被关进社会约束的牢笼里，才能尽情地展示自己的个性，尽情发声。

其二，要积极利用多角度多渠道的信息工具。通过依托网络相关工具，大学数据素养教育者能够更好地规范大学生的网络话语，收集网络数据并进行分析。

3. 建设人工智能教育支持系统

在培养人才方面选用“互联网 +”新模式，在教育领域通过应用互联网技术，设计新的教育模式。通过在教育领域引入互联网技术，构建管理服务平台，在教育教学过程中融合信息技术，更好地加强数据素养，增强师生创造能力。在该教育行动计划中，提出重视数据素养教育支持。在学生综合素质评价表中，需要纳入数据素养评价，在学校课程内容中需要增添信息技术等专业课程，比如编程、人工智能、STEAM教学、创客教育等。在互联网大数据时代，信息技术课程应该坚持系统化、整体化，培养学生基础信息技能，有助于提升其创造力；要组织开展学生信息技术创造成果评选、创造交流等活动，提升学生信息技术应用水平与创造能力。在大数据时代，高等教育更加依托于信息技术，目前全国的一些高等院校已经开始引入智慧校园建设、“互联网+”连接校园，大学生可以利用一些移动化终端如电脑、手机、平板等进行学习，学习时间形式不再固定，任何教学资源可以实现共享；教师可以利用信息技术录制课堂，并以课件形式生成完整课堂内容；学校管理员可以利用远程设备，随时看到各个教室各个角落的情况；大学校园也不再是“一心只读圣贤书”的信息孤岛，而成为一个个信息节点，经由互联网技术的渗透与彼此互通，与外界互联。因此在大学教育中，首先必须基于大学生信息方面需求，开设数据素养教育课程。发挥学习者主体作用，基于其认知特点以设计数据素养教育内容，加强互动学习。

再者，创造学习情境，更加贴近所学内容，学生能够在构建知识体系方面，表现出最大积极性。数据素养教师在教学实践中，应利用信息环境和工具开展教学。数据素养教师能够创设真实的学习情境，学生逼真体验信息检索，教师呈现各个类型的检索内容，在真实情境中，学习者全方面学习知识，检索信息，提高实际解决问题能力，在实际操作中，学生的思维能力受到启发，拓展创造空间，有利于学生自主构建知识体系。线上学习平台的推广，有利于打造大学生数据素养提升支持系统。

第二节　如何运用数据完善办学定位

一、大数据时代大学知识教育变革趋势分析

“大数据时代的预言家”维克托·迈尔–舍恩伯格指出，“大数据开启了一次重大的时代转型”。这一重大转型，首先表现为大数据对人类认识世界的方式的重新确立，数据密集型知识范式为用数据认识人类自身开启了巨大的空间；其次，大数据已经成为当今社会的知识基础结构，很多学科从数据贫乏转变为数据富集的研究领域，且研究领域的拓展和知识的更新日益取决于人类对数据的挖掘、共享、整合、分析以及构建预测模型的能力。这一重大转型必将推动大学知识教育的深刻变革。

（一）大学知识传递的非线性化

在印刷时代，无论是社会信息流动还是学校知识信息传授，均体现为单向度的呈现方式，更多的是依赖非数字化图书馆、传统媒体以及直线的人际传播互动来传递信息和呈现知识，且由少数的知识精英把持知识的传播特权。而在互联网尤其是数字化传播技术支持下，知识信息经由数字化媒介传输而处于一种游离状态，社交性、流动性、开放性特征非常明显。这一巨量知识的非线性、不确定传播，无疑将推动大学传统知识教育模式的转

变。尤其是在教学方面，以慕课为代表的大规模、开放式、数字化教育课程，日趋成为风靡全球的高等教育新潮。慕课完全打破了传统课堂教育的时空限制，解决了教育资源分布不平衡问题，创造了个性化、智能化教学模式。

（二）学生获取知识途径的便捷化

美国哈佛大学伯克曼互联网与社会中心的资深研究员戴维·温伯格（David Weinberger）在其《知识的边界》一书中提出，对于大数据时代的知识秉持乐观的态度。从客观上看，大数据时代知识获取的便捷化已是不争的事实。

一方面，知识传播服务主体的功能转换有利于知识的获取。在没有建立网络数据库之前，获取研究资料必须到图书馆查阅，既费时又费力。而如今，大数据促进了图书馆转型，越来越多的高校及公共图书馆将馆藏资料数字化、网络化，为教师、学生以及社会大众提供了便捷的知识获取途径。同时，图书馆数字化资源系统还可以通过收集用户在该平台上留下的“痕迹”，掌握用户对各种数字资源的需求，为满足用户个性化需求提供更精准的服务。

另一方面，大数据技术使知识教育和知识学习的形式变得愈加丰富多彩。基于大数据技术的网络平台、搜索引擎、社会化媒体以及慕课、微课、私播课、云课堂、翻转课堂等深刻地改变了知识的扩散和共享方式，传统的大学教学方式将逐渐被微型化、视觉化、模块化、平台化、案例化的学习机制所代替。这意味着大数据正在重新再造知识关系，知识教育不再局限于三尺讲台，知识获取的便捷化已经模糊了正式学习与非正式学习的界限。

（三）科学知识构建的数据化

互联网时代，数据的价值得到无限放大。在大数据时代，人们可以不必限于传统的思维模式和特定领域里隐含的固有偏见，可以更为轻松地处理巨大而又繁杂的数据并得出有价值的信息模式与知识。与其说大数据即知识，不如说大数据是一个“基础”，有了这样一个特殊的“基础”之后，普遍与传统意义上获取知识的方式形成了鲜明反转：理论不再从对重大原则的逻辑推理中得出，而是由数据构建，通过数据分析可以揭示一切。正所谓，万物皆数据，数据是万物的本质属性。

可以说，科学知识构建的数据化趋势也对大学生学习能力提出了更高要求，即学生不能仅局限于课堂上获取知识，还应该掌握科学的数据收集和分析方法，并通过该途径获取其他新知识。

二、大数据时代高校数据素养教育目标定位的基本原则

一直以来，数据素养教育虽备受中国高等教育界乃至社会各界的关注，但从高校数据素养教育实践来看，数据素养教育还严重滞后于时代发展的步伐，教育内容和手段延续多年未有变化，这无疑引发了有关学者对高校数据素养教育目标定位问题的重新思考。

（一）数据素养教育应是信息素养教育的提高和深化

一般认为，数据素养概念是对信息素养等概念的延续和扩展。“信息素养”通常被

称为一种了解、搜集、评估和利用信息的知识结构，“数据素养”则体现为对科学信息的挖掘与采集、组织与管理、处理与分析、共享与协同、创新与利用等方面的能力。因此，“数据素养”可以看作是“信息素养”的一个子集，是传统“信息素养”教育的进一步提高和深化。

（二）数据素养教育应以培养科学精神和创新能力为重点

基于数据的知识发现带动了“数据密集型”科学与“网络化”科学的新发展，数据不仅是科学研究的结果，也是诸多科学领域中最为重要的研究资源，催生出系列跨学科的、全新的科学研究思路。微软研究院学术合作部全球资源副总裁托尼·海（Tony Hey）等在《第四范式：数据密集型科学发现》（*The Fourth Paradigm: Data-intensive Scientific Discovery*）一书中指出：“新的研究模式是通过仪器收集数据或通过模拟方法产生数据，然后用软件进行处理，再将形成的信息和知识存储于计算机中。科学家们只是在这个工作流中相当靠后的步骤才开始审视他们的数据。用于这种数据密集型科学的技术和方法是如此迥然不同，所以，从计算科学中把数据密集型科学区分出来作为一个新的、科学探索的第四种范式颇有价值。”毋庸置疑，第四范式将引起科学研究的巨大革命。

但也应看到，在充分利用大数据机会和驾驭第四范式的能力方面，还存在诸多挑战，其中首要的便是数据素养问题。有调查表明，目前由于缺少数据素养获取能力的相关培训，高效的搜索数据仍然是国内大学生普遍缺乏的能力。事实上，是否具有敢于直面大数据时代挑战的科学精神，是否具备合理利用大数据资源进行创新的实践能力，是决定科学研究成败的关键因素。因为，在数据密集型科学发现时代，可靠和有效地设计数据采集、处理、转换、传播、管理和共享的计划与方法，本身就需要强大的科学精神和实践创新能力的支持。另外，大数据时代尤其需要培养创新型人才。据盖特纳咨询公司的一项预测表明，大数据将给全球带来近五百万个 IT 新岗位和上千万个非 IT 岗位。照此计算，既熟悉本专业、本行业又了解大数据技术与应用的人才缺口则更大。中国是人口大国，也是人才大国，但在大数据应用型人才培养方面，还略显滞后。所以，将高校数据素养教育的目标定位于对科学精神和创新能力的培养，既顺应了大数据时代潮流，也使得高校人才培养更符合学习型、创新型社会发展需求，人才就业更具针对性和竞争力。总而言之，“科学精神”“创新能力”应该成为大数据时代高校数据素养教育永恒的关键词。

（三）数据素养教育应以培育科学的数据意识和理性的批判精神为核心

从价值标准来看，大数据蕴藏着巨大的商业价值和文化价值，并作为一种新兴的“资产”和“资源”，将信息从知识的载体转变为智慧的源泉，成为社会财富的新来源。但也应看到，大数据作为信息时代现实社会与虚拟空间深度融合的产物，记录着数以亿计网民的思想、行为乃至情感，所蕴含的复杂伦理文化问题将直接影响人的内心视像。而且，目前世界性大型数据库均分布在欧美国家，并带有西方价值观导向，加之大学生的世界观、人生观、价值观可塑性很强，在接受数据库服务时，很容易被西方价值观所迷惑。如果教育引导不力，则会造成自我中心主义与个人主义的盛行和泛滥，使国家长期培养起来的集体主义价值观遭受冲击，从而在一定程度上消解了我国在价值观领域的话语权。基于这一认识，数据素养教育首先要树立本土化意识。这不仅需要我们正确认识世界各国数据素养教育的真实情况，也应具备高度的文化自觉、自信意识，坚持将社会主义核心价值观培育融入数据素养教育的全过程，加强对大学生科学数据意识和理性批判精神的培育，防止西方国家意识形态渗透和文化垄断。

其次，要巩固大数据传播阵地，坚持用主流价值观占领大数据传播领域，引领大数据文化的健康可持续发展。尤其是要将大数据这一先进工具和方法，广泛运用于社会主义核心价值观培育和传播的全过程。可以说，将大数据的理论、技术和方法运用于大学生社会主义价值观教育，是大数据背景下核心价值观培育和大数据战略实现“双赢”的必然选择。

最后，要努力提高大学生利用大数据进行学习研究以及理性规划人生发展方向的能力。网络空间的虚拟性、开放性、自由性和集群性等，是现实社会中人的发展的补充形式，不仅给人们提供了一个全新的话语平台，也改变了人们对未来的规划。从某种程度上来讲，大数据有利于培育和发展人的自由精神，可以让大学生自由地选择意向。正如维克托·迈尔–舍恩伯格所言，“人类在认知转变后，通过努力塑造当下，就可以有过去可以回顾，有未来可以展望。”所以，数据素养教育应充分认识到大数据在促进大学生健康成长成才方面的积极作用，着力强化学生自主学习观念，引导学生善于利用大数据获取自己所需信息，提高专业知识储备，为更好地适应社会奠定坚实的知识基础。

第三节　如何运用数据推动学科专业建设

一、加强信息化建设

由于人力、物力等方面的限制，单纯依靠传统的学习方式很难实现学习和管理的个性化。大数据理念和技术为管理者和教育者提供一种新的解决问题思路的同时，大大降低了其工作量，使其有精力关注一些有特殊需要的学生以及进行一些创新工作。

（一）信息化建设的设计思路

大数据背景下的学习管理信息化建设的设计思路有以下几点：

1. 学习内容和方式的数字化

仅依靠传统的学习方式难以满足学生发展的需要，网络学习资源可作为一种补充方式，大数据技术的发展也为学习资源的数字化提供了技术支持。学生对哪些内容感兴趣、以何种方式进行学习、花费多少时间等内容可以通过信息采集来获得相关数据，能够真实地了解学生学习情况，并且为接下来的分析工作奠定基础。

2. 数据深加工，挖掘隐含价值

人本管理理论所提倡的挖掘人潜能的观点依赖于对学生情况的充分了解，结合管理过程中存在的资源利用率低等问题，数据深加工可在一定程度上提升资源的利用率，为决策和开发提供依据。在学习过程中生成的数据隐含着学生性格特点以及学习方式等信息，具有较大价值，需要依靠相应的储存技术、数据挖掘技术以及可视化技术使其中隐含的价值得以显现，发现不同学生的性格特点和学习方式的不同。

3. 实现个性化学习

在传统学习方式中缺少个性化管理是最为突出的问题，人本管理理论认为优质的管理应以人为本，满足不同学生的需要，所以个性化学习是学习管理系统设计的重点内容。了解到学生的学习特点和行为习惯后可根据个人情况推送相应的学习内容和资源，在线学习和数字资源的应用使个性化学习的实施成为可能。在实施过程中获得的数据一方面可以用于对本次个性化教学的评价，另一方面可以作为了解学生此时学习状态的最新数据，从而体现出大数据时代学习管理的特点。

（二）应用型专科院校学习管理信息化建设的步骤

根据应用型本科院校学生的课业特点以及认知发展规律，应用型本科院校学习管理信息化建设可分为以下四个部分。

1. 学习应用过程

该部分整合应用型本科院校学生学习的不同方式，并将不同方式产生的学习信息进行量化，以数据的形式进行输出，为数据库建立提供信息来源。同时，学习应用区可以根据反馈信息为学生提供学习内容或个性化指导方案，从而实现应用型本科院校学生学习的良性循环。其中包括课堂学习、在线学习、在线考试、查询与反馈以及学习指导等内容。

2. 数据整合过程

把学习应用区、资源管理区和系统管理区的数据整合到学习管理数据库中，并将这些数据上传至云管理数据库，与其他系统所获取数据相融合，从而实现数据共享与云存储。云管理数据库是一个综合性整合平台，除了学生学习数据，生活、健康、就业等信息也可汇聚于此，构成一个全方位、立体式的学生管理平台，在避免信息孤岛的同时也为数据分析奠定了坚实的基础。

3. 数据处理过程

该系统主要是通过数据挖掘等分析手段探索数据之间所隐含的关系，了解学生实际学习的情况，分析学生的性格特点以及学习特征。其中包括利用数据筛选和数据剔除对数据进行修正、利用可信赖数据对数据进行修正，构成相关联数据的集合，应用关联规则、决策树、神经网络、遗传算法等数据挖掘技术使数据的意义显现，该部分是应用大数据技术突出学习个性化的重要组成部分。

4. 个性化方案制定和实施

数据挖掘生成的结果呈现形式难于理解，需要通过可视化技术的处理才可以使数据中隐含的意义显现出来。当今在教学中应用的数据可视化技术主要有：Visual Eyes——在线可视化编辑工具；Google Trends——揭示数据关系；Many Eyes——集合可视化工具的在线社区。以布鲁纳的教学目标分类和柯氏四级培训评估模式为理论基础，对学生学习情况进行评价并有针对性地制订学习计划和指导意见，实现应用型本科院校学生的个性化学习。

二、优化生活管理决策

近年来，应用型本科院校学生日常生活状况引起了越来越多人的关注，在注重技能培养的同时更关心学生是否具有良好的心理素质，是否能够做到“学会做事、学会生存、学会生活”。良好的生活品质除了依赖相应的思想教育之外，更需要积极关注学生生活动态。所以，应用型本科院校学生生活管理的重要性正在不断提升。现有的应用型本科院校对于学生日常生活管理表现出一些不足，例如，对学生生活情况了解不够全面，大多局限在入学初所输入信息的范围；信息获取以静态为主，大多采取纸质提交的方式进行，信息滞留时间较长；重视程度不够，生活方面的问题具有潜隐性，不易被察觉，部分管理者意识不到其重要性。大数据与学生日常生活相结合，在一定程度上可以缓解以上不足，推动应用型本科院校学生日常生活管理的优化，促使应用型本科院校学生在享有高质量的校园生活的同时形成良好的品德和心理素质。

目前，我国已经有部分院校将大数据应用于学生生活管理工作中。

（一）数据治理在日常生活管理的优势

大数据以其独特优势为应用型本科院校学生日常生活管理优化提供了新的路径，具体可以从以下三方面寻找突破口：

1. 便捷学生生活

依据人本管理理论中以人为本的观点，一些学生管理工作的出发点和最终目的都是为学生提供更好的服务、促进学生的全面发展，所以，在优化过程中应当优先考虑学生的实际需求，把为学生提供便利作为出发点。

2. 了解学生动态

管理反馈滞后在生活管理方面尤为突出，由于学生人数众多、性格各异，每个学生所表现出来的行为不尽相同，而且会随着时间的推移而不断变化。好的管理应该能做到了解学生的实际情况、关注学生的实时动态，这样才能制订更合理、更及时的管理方案。

3. 决策有据可依

针对决策依据主观化的问题，在设计管理系统时更加注重信息的收集和利用。大数据理念使得原有单纯依靠经验而进行的决策很难满足学生管理的需求，急需更客观、更真实的依据出现。实际上，由于数字设备的投入在管理过程中生成的数据正在成倍地增长，这些数据在大数据的“加工”下都可以转化为提高决策可靠性的有力依据。

（二）数据治理在日常生活管理的实施

不少应用型本科院校为加强管理和方便学生推行校园一卡通的使用，学生在学校的多个方面进行使用，十分便捷，同时也生成了大量的学生生活记录。大数据理念与学生日常生活管理的结合正是利用校园一卡通所收集的数据，保证数据真实、有效的同时也可以节省数据收集的成本。整个过程可以分为四个部分：信息收集、数据整合、数据处理、结果应用。

1. 信息收集

应用型本科院校学生日常生活管理数据来源主要有三方面：一是学生的基本信息，可从学生档案或者云管理数据库直接导入。二是学生在使用校园一卡通过程中生成的数据，根据活动范围不同可划分为若干个子系统，其中包括：食堂管理子系统、消费管理子系统、医疗管理子系统、浴室管理子系统、信息查阅管理子系统、电子阅览室管理子系统、图书借阅管理子系统、门禁管理子系统、水电管理子系统、银行转账管理子系统。三是附加信息，部分信息无法通过以上两种方式获得，需要单独地进行收集和录入。

2. 数据整合

把所收集的各个子系统的数据进行汇总，其中会含有不完整或者错误的数据，在这一过程需要进行清理和整合。一方面需要利用相应的技术手段进行数据筛选和数据提出；另一方面需要利用可信赖数据对汇总后的信息进行完善。之后可以根据数据的应用范围划分为学生数据库、管理数据库和活动数据库。

3. 数据处理

利用数据挖掘等技术探索数据库之中以及不同数据库之间关联，了解学生日常生活的动态和不同行为之间的关系。例如，可以了解学生活动频率、学生消费水平，可以进行男女生消费差异分析、学生阅读兴趣分析、学生消费偏好分析等，可以探索不同经营模式对学生行为的影响、不同宣传形式对学生阅读的影响、食堂调整对学生满意度的影响等。

4. 结果应用

数据处理的结果一方面可以帮助管理者及时、准确地了解学生在校园生活中的状态，可以通过设定预警值监控近期生活波动较大的学生并提示管理者及时地了解具体情况，可以体现出学生管理的个性化；另一方面大量的数据资料可以作为决策依据，提高决策的可靠性，促使学生管理工作不断发展。

三、提升心理健康管理实效性

近年来，因心理问题引发的校园伤害事件频发促使越来越多的人开始关注学生的心理健康问题，伴随着管理目标的更新，学生的心理健康已经成为衡量人才培养质量的重要指标之一。学生心理健康管理要加强，但是由于各种条件的限制使得现有的心理健康管理显现出一些不足，例如，学生心理状态的时间和方式比较单一，大多是依靠量表和问卷进行的，不易发现学生的实际问题。心理教育大多采取统一进行思想教育的形式，缺少针对性，部分学生是产生问题之后才引起学校管理人员的注意，缺少管理主动性。大数据具有的全面性、快速性以及预测性等特点可以用于解决应用型本科院校学生心理健康管理的部分困境，为优化管理提供新的路径。

（一）数据治理对应用型本科院校大学生心理健康的优势

针对应用型本科院校学生心理健康管理存在的问题及其产生原因，大数据背景下优化应用型本科院校心理健康管理需要满足以下三方面需要：

1. 全面了解学生心理状态

在传统管理模式下，由于统计方法的限制收集全部数据耗费过多，所以大多采用抽样法了解学生的情况，会存在一定的误差。而现代技术的发展使得在较短时间内收集和整理数据成为可能，将其应用到学生的心理健康管理方面可以监控全部学生的数据、了解全部学生的心理状态，使学生心理管理做到面向全部学生的管理。

2. 借助行为表现了解学生心理动态

心理体现的是人内在的心理状态和心理特征，具有内隐性，但其可通过行为表现出来，也就是说，如果对学生行为进行较全面的监测是可以洞悉其心理变化的，通过行为了解学生心理要比直接进行心理测量更真实可靠、更具可操作性。

3. 设立预警机制进行预测并干预

预测作为大数据背景下的主要特性在商业领域已经发挥了巨大作用，探索大数据在应用型本科院校学生心理管理中的预测应用，有助于调动管理的主动性，及时发现问题并进行干预，将学生的心理问题消除在萌芽状态。

（二）数据治理对应用型本科院校心理健康的运用

注入了大数据理念和技术的应用型本科院校学生心理健康管理系统蕴含了安全运行监管机制、预警机制、应急响应机制以及风险管理等项目，包括完善心理数据收集体系、数据加工和处理、利用预警指标进行提示、干预和监控四个部分。

1. 完善心理数据收集体系

根据学生的心理特点，采取心理测评和行为监控并行的方式；学生档案数据的引入便于了解学生其他方面的情况，从而进行更为深入的心理分析；为防止对数据的过分依赖，增添了人工评价功能。具体数据来源包括：用户管理、学生档案、心理测验、心理咨询、日常行为、人工评价。

2. 数据加工和处理

在这一过程中，主要是应用大数据技术对心理相关数据进行整理和处理。所收集到的大量数据首先可根据来源或者应用范围不同进行划分，建立用户数据库、档案数据库、咨询数据库、测试数据库、行为数据库、评价数据库。然后经过数据预处理、挖掘数据集合等过程显示分析结果，并进行结果评估和比较。

3. 利用预警指标进行提示

首先，采取经验法与数据分析手段相结合的方法制定鉴别心理问题的指标和可能发展成为心理问题的预警指标。预警指标可以是单独数据的阈值，也可以是两个或者多个数据之间的相关值。其次，根据不同的预警指标对不同的数据信息进行筛选，未达到预警指标的不予提示，超出预警指标的系统会自动提示管理人员并呈现该学生的个人信息以及数据处理结果。

4.干预和监控

接到系统的提示之后，管理人员首先要核对该学生的信息和资料，若与系统提示的情况不符可根据实际情况进行调整。核对无误后需要与该学生进行沟通，判断该学生是否确实产生心理上的问题，并根据学生的实际情况提供针对性的帮助和干预，干预的效果以及学生的改善情况可以依据学生再次生成的大量数据进行评价，确保心理健康管理工作切实有效，为学生提供针对性帮助。

四、完善实习管理流程

由于实习管理工作内容较为琐碎、复杂，涉及学生、学校和企业三方面的关系协调，单纯依靠传统的提交申请、审批、考核等实习管理程序难以满足时代发展的需求，在增加管理人员工作负担的同时，也在一定程度上制约着管理效率的提高。结合大数据发展趋势，实习管理中存在的资源利用率低、管理反馈不及时等问题可以通过完善实习管理流程来得到缓解，通过整合学生在实习过程中生成的信息、学校信息、实习企业以及指导教师的相关信息，为学生的实习活动提供更多的信息和帮助，从而实现应用型本科院校学生管理工作的规范化、自动化、网络化和信息化。

（一）大数据背景下的实习管理流程的设计思路

大数据背景下的实习管理流程的设计思路有以下几点：

1.提高实习管理的效率

目前，一些应用型本科院校仍以纸张传递信息的形式进行实习管理，使得信息传递时间过长，不能及时地发挥作用，而且在传递过程中容易出现错误和疏漏。依据科学管理理论提出的科学管理体制创新是提高劳动效率关键的观点，探索网络管理平台对于学习管理的优化方式，发挥网络管理系统可以减少信息传递的时间，发现错误也可以及时地进行修改的优势。

2.借助网络实现实时交流

目标管理理论认为及时进行目标评估和反馈是保证任务顺利完成的重要因素，而在调查过程中发现实习管理过程中存在较严重的反馈滞后问题。传统的管理模式中，学生进入企业实习后，学校对于学生的实习表现、企业提供的指导水平了解较少，监管的力度有所下降，通过网络可以对学生、学校以及企业实习过程中的情况有及时的了解，增加了实习的透明度。

3.收集更多的信息和数据

针对信息收集不全面的问题，在工作过程中把实习申请、工作总结、实习成绩等内容进行整理、上传，并通过网络进行监督，提高实习信息的丰富度。大数据最大的特点是可以挖掘隐含价值，数字化设备的使用在提供便利的同时也会收集大量的数据，这些数据可以成为了解学生动态、评价管理模式的基础材料。

（二）大数据背景下实习管理流程的优化

依据学生实习的一般流程，将大数据背景下实习管理流程的优化分为以下五个部分。

1. 实习申请管理部分

学生可通过账号和密码登录到学校的实习管理平台，管理员会将审核过的企业实习信息发布在平台上，学生可随时进行查阅并提交实习申请。审核通过后可在网络平台上进行岗前培训和管理制度阅读，之后即可进入实习。

2. 顶岗实习管理部分

由学生和企业指导教师记录，学生记录的内容有实习日志和实习报告书并上传至系统，指导教师主要负责查看实习报告书并上传实习考核表，从而实现对实习的过程化记录。

3. 实习总结管理部分

主要由学生编写实习总结，教师进行审核。学生主要负责提交实习总结和上传相关附件，也可对提交的总结进行查阅；教师审核学生提交的总结和附件，通过后方可确定结束实习。

4. 评教评学管理部分

分别由学生和校内教师做出评价，学生主要评价校内教师和企业指导教师，校内教师主要评价学生和企业指导教师，这种多元化的评价方式可以更为立体地了解到实习管理的状态。

5. 实习成绩管理部分

学生和教师均可通过账号和密码登录进行查阅，既可以看到学生的实习成绩，还可以查阅到实习企业给出的鉴定，从而对实习过程有更为深刻的认识。

整合以上五个部分的信息和数据，分别汇入实习申请数据库、实习过程数据库、实际评价数据库以及实习成绩数据库，并将这些数据库上传至云管理数据库，为其他方面的管理和服务提供资料。

五、丰富评优管理内容

比格斯在评价 3P 模型（Presage，Process，Product）中提出“课堂系统中有四个主要的组织成分：两个与‘前提’相关的成分（有关学生和教师的背景），一个与学习过程相关的成分（学生的学习方式），以及一个与学习结果或产物相关的成分”。其中，过程作为联结前提与结果的成分在学习活动中发挥着重要作用，加以分析可获得的学习者的学习方式以及实训操作过程等信息，这些信息对于改进学习效果和操作技能具有推动作用，如图 5-1 所示。而在传统管理模式的评价方式表现为重结果、轻过程，难以对学习方式等深层次的信息进行分析，具有一定的局限性。在这种情形下过程性评价应运而生，现代信息技术的发展满足了获取学习过程中的数据和信息的基本要求，促使过程性评价在应用型本科院校中的推广。

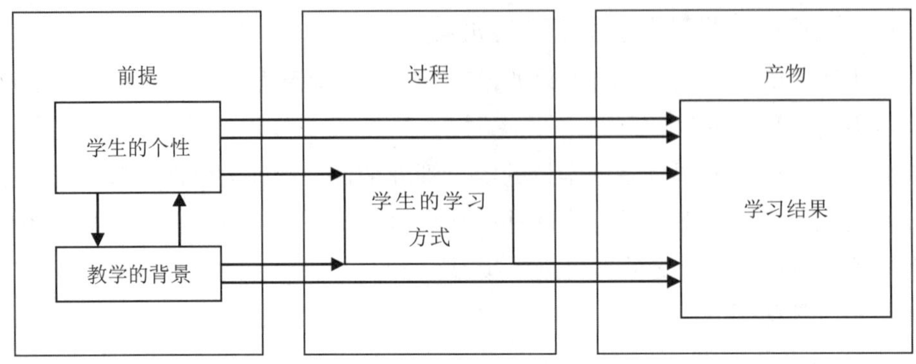

图 5-1　评价 3P 模型

（一）过程性评价的出发点

大数据背景下在评优管理中注重过程性评价的出发点有以下四个方面。

1. 可行性

目标管理理论认为建立完善的目标管理体系对于目标的实现是十分必要的，同样，在评优管理系统中制定具体的、可行的过程评价标准也是工作的重点。过程性评价能够发挥作用的前提是评价切实可行，一方面，要求评价指标具有可操作性，并且符合学生发展规律以及管理原则和目标；另一方面，要求评价实施过程有严格的流程，从而保证评价指标可以落实到具体行为上。

2. 多元性

现有的评优管理中存在评优手段单一、评价主体单一等问题，以此为出发点，在评优管理系统设计时要注意以下两方面：一是指评价主体多元化，可以由教师、管理者、同学、自我以及数字设备等来进行评价。二是指评价方式多元化，可以包括他评、自评、互评以及数据直接生成的评价。

3. 及时性

针对管理反馈较滞后等问题所设计的评优管理系统注重信息收集的实效性。及时有效的评价可以提高管理者的敏感度，为决策提供实时参考，也可以进行反馈帮助学习者调整自己的行为。

4. 导向性

人本管理理论认为人具有不断自我发展和完善的潜能，在调查中也发现应用型本科院校学生大多数具备自我管理的能力，但在此过程中需要指引和帮助，优质的评优管理可作为学生发展的导向。评价的目的是了解学生情况和为决策提供依据，对学生而言评价本身就具有激励作用。在实施过程性评价过程中，要注重导向作用，引导和促进学生向更有效、更优质的学习方式迈进。

（二）过程性评价的实施

以人本主义管理理论和过程性评价为基础，促进过程性评价的实施，其中包括：评价指标制定、评价活动开展、数据收集与处理、结果生成与反馈四个部分。

1. 评价指标制定

良好的评价要以具体、可操作的评价指标作为基础。首先需要查阅相关文献资料，结合本学校的特色进行影响因素分析，在管理目标和管理原则的推动下确定备选指标。相关专家、教师和管理人员通过专家调查、层次分析和模糊分析等方法确定一二级指标及权值，从而建立过程评价指标体系。

2. 评价活动开展

以学生本人、教师、其他学生以及数字设备作为评价主体，分别采取自我评价、他人评价以及量化比对的方式进行评估。评估的信息主要包括：学习信息（学习内容、学习时长、学习时间段）、设备信息（学习材料、学习媒体、学习方法）、交流信息（讨论话题、讨论时间、讨论次数、答疑情况、意见反馈）、结果信息（测验成绩、平时作业、实训操作、设计展示）。

3. 数据收集与处理

在学习过程中所收集的数据分别导入自评数据库、教师评价数据库、学生互评数据库以及设备导入数据库，作为数据分析的原始材料。经过数据聚合、数据修正、数据挖掘和可视化技术处理使数据间的关联显现。

4. 结果生成与反馈

数据处理后的结果可为学生自评分析结果、教师评价分析结果、学生互评分析结果以及总结数据分析结果。这些结果将分别反馈给学生、教师和管理，为相关学习和工作的改进提供依据，同时在应用中要对过程评价系统不断地进行改革和完善。

第四节　如何运用数据促进课程与教学改革

大数据的快速发展给日常生活带来了巨大的变化，也冲击了高等学校传统的教学模式，大数据思维下的教学改革迫在眉睫。通过利用大数据思维中的用户思维、简约思维、极致思维、迭代思维、社会化思维和大数据思维等八大思维对应用型本科院校教学改革进行了初步探究。利用大数据思维，对高校教学改革各个方面提出了具体措施，促进高校教学的良性发展。

一、学生思维

大数据的第一个思维就是用户思维，商业上的定义为在价值链各个环节中都要“以用户为中心”去考虑问题。作为应用型本科院校教学各个环节，都应该以“学生为中心”，即学生思维。任何学校的生存之本，都是生源的问题。学校是否有充足优秀的生源，取决于学校的社会声誉，而学校的社会声誉来自用人单位对毕业生的认可度和毕业学生的社会价值和个人价值的实现情况。所以培养出一名社会认可的优秀毕业生，是高校教育改革的根本目的，因此，教学改革的各个环节应以“学生为中心”。用户思维中应遵循以下两条法则。

（一）增加教学过程中学生的参与机会

大数据产品可以按照用户个性化需求进行定制，让用户直接参与自己所需商品的生产，增加了用户对商品的满意度。传统的教学模式就是“一言堂”“大满贯”，在课堂的时间里教师一味地讲授课本知识，学生只有听的份，造成课堂气氛压抑，学生对课本知识感到枯燥无味，学习兴趣低下，教学效果较差。教师可以在课堂中适当“兜售参与感”，改善课堂气氛，提高学生的学习兴趣。让学生参与课堂，教师把握课堂，总结课堂。高校教育面对的都是成人的大学生，学生已经具备了一定的自学能力和知识的探究能力，教师可以在课堂围绕教学内容提出相关问题，让学生通过自己的学习途径来解决这类问题，在课堂中进行陈述，分组讨论，最终教师总结归纳教学内容，这样能使学生充分参与课堂，调动学生的学习主动性。学生在学习课本知识的过程中，也提高了自学能力。

（二）实践教学与理论教学合理结合

大数据商业上，用户体验至关重要，应该让用户体验商品每个细节，从而给用户带来意想不到的惊喜，贯穿品牌与消费者沟通的整个链条。在教学过程中，教师不能一味地灌输课本知识，这样会让学生对学习知识和技能感到枯燥郁闷，教师应该在教学过程中不断给学生带来惊喜，这种惊喜可以通过实验教学和实践教学来实现。教师在讲授完课程的理论知识后，应该合理地安排相应的实验教学实践，让学生通过自己的探究来掌握理论知识，通过合理实践教学，让学生体验自己所学知识在现实社会中的作用，感受到教师所授知识的重要性，更好地理解掌握所学内容和提高运用知识的能力，从而让学生感到所学知识不完全为了应付考试，利用所学知识能够解决一些社会上的实际问题，这样学生就会深深体会到在大学里所学的知识的趣味性和实用性。

二、教学目标明确，教学重点突出

大数据时代，信息爆炸，各式各样的信息冲击用户的视角，而用户的耐心越来越不足，所以，商品必须在短时间内引起他们的关注，因而商品的设计和宣传内容应做到精悍短小，极具吸引力。而在高校教育过程中，学生学习每门课程只有一次机会，并且教学课时很有限，所以要求教师在授课过程中很好地运用简约思维，使得在有限的课时里，教授本门课程中最核心，该专业学生必须掌握的知识。精简每节课的教学内容，明确每节课的教学重点，让学生在有限的时间内接受所学内容。教学内容过于繁杂，教学重点不突出，就会导致学生丧失学习该门课程的耐心。

（一）教学重点突出

大数据上解释是大道至简，越简单的东西越容易传播，越容易引起用户的关注，用户在使用过程中，才感受到舒心。专注才有力量，才能将产品做到极致。有的高校教师在授课过程中，整节课就照着所做的PPT课件按部就班地读，让学生感觉不到所学内容的重点所在，学生就会盲目地抄PPT的内容，一节课下来学生会感觉教师不知所云。因此，教师在教学过程中，只有精简每节课的授课内容，明确每节课的授课重点，专注每节课教学过程和适当的教学方法，才能取得好的教学效果。

（二）合理的板书，提高教学效果

大数据上的产品要求利用减法的原则来设计，做到外观简洁，操作流程简化。目前高校教师在授课过程中一般都会利用PPT课件，这样做的优点是能够让教师减少很多板书时间，从而增加了课堂的讲授时间，也让课堂知识得到了充实。但PPT课件利用不当，就会造成很大的负面影响，严重影响到教学效果。例如有的青年教师，整节课黑板上一个字也没有，或者板书混乱，全靠PPT课件来呈现授课内容，这样就造成了授课重点很难突出，如果教师在教学过程中，设计简洁合理的板书来突出教学重点，这样可以很好地提高教学效果。

三、提倡新颖教学方法和教学手段

大数据的极致思维是指把产品、服务和用户体验做到极致，超越用户预期。这种思维运用在教学改革中，就是将课堂、教师的服务和学生的体验做到极致，超越学生的预期。

（一）创造让学生“尖叫”的课堂

利用极限思维，做到抓准用户的需求，利用自己能力的极限和紧盯管理，这样才能打造极致的产品。产品引起了用户的尖叫，意味着产品做到极致，超越用户预期。传统的课堂教学气氛较为沉闷，根本达不到让学生“尖叫”的效果，学生的学习较为被动，学习兴趣较低。教师在教学过程中，应该不断尝试新的教学手段和教学方法，来调动学生学习的主动性。例如教师在上课过程中利用一些幽默的和网络语言来调节课堂气氛，在新课的导入过程中通过视频或者特殊的实验来引起学生的“尖叫”，从而激发学生的学习兴趣。

（二）增强教师为学生服务的意识

优秀的售前服务、售中服务和售后服务是一种最好的营销手段。教师不仅要在教学过程中，关注学生的学习情况，更应该在课堂外给学生提供更多的知识服务，及时解决学生在学习过程中的疑难问题。现在高校教师与学生的交流时间仅仅为课堂时间，教师没课的时候学生很难找到教师，而高校没有固定的晚自习，教师也不能到课堂进行辅导，这样就造成了教师对学生的“售后服务”跟不上，学生的学习积极性不高。现在高校教师通过QQ群和微信群能够随时随地与学生交流问题，及时解决学生在学习过程中遇到的问题，明显改善了“售后服务”，提高了学生学习的主动性。

四、要求教师具有不断创新的意识

大数据产品是以人为核心、迭代、循序渐进地开发的，在不足和试错中，持续迭代来完善产品。教师在教学改革中，应该不断完善自己的教学模式。教师通过自身的学习，不断创新和尝试新的教学模式。通过学生的课堂体验效果来进行教学反思，完善教学模式，最终循序渐进获得适合自己和学生欢迎的课堂教学模式。

（一）要求教师在教学细节方面不断完善

大数据对“微”作了诠释，从细微的用户需求入手，贴近用户心理，在用户参与和反馈意见中不断完善产品。教师在教学过程中不经意的言行，都会成为学生关注的焦点，影响到授课的效果。例如有些教师在授课过程中会带有自己的口头禅，一节课会不经意地重复很多次，还有一些教师在穿着方面过于随意等，这些小的细节都会引起学生上课注意力分散，影响教学效果；有的教师在批改学生作业时，不认真只是批注日期，这会让学生感觉到教师不尊重自己的劳动成果，从而在完成作业时不认真，造成所学知识得不到很好的巩固，严重时会对该门课程产生厌学情绪。教师要想成为一名名师，必须在教学细节上完善自己。

（二）注重教学过程中师生的互评

在对产品完善过程中，只有对用户需求做出快速的反应，制造出的产品才更容易被消费者接受。迭代思维是指必须及时、实时关注消费者需求，把握消费者需求的变化，从而制造出与之对应的商品。这种思维运用于教学改革中，学生应与教师在教学过程中相互评价。学生及时向教师反馈课堂教学情况，提出自己的需求，让教师不断改善自己的教学模式，从而满足学生的需求，提高教师自身的教学能力。教师对学生的平时评价，避免了一考定成绩的模式，能够很好地提高学生的学习主动性。

五、增加教师教学过程中的交流意识

当今大数据成为社会化商业的核心，公司在大数据上与客户进行交流。大数据在高校教学中也起到了重要的作用，教育的社会化核心也是大数据，教师与学生可以在大数据上随时随地地交流。

（一）增加教师与学生的互动机会

社会化媒体如微信和QQ已经被社会所熟知，是人们日常生活中不可缺少的一部分。教师与学生的交流现在不局限于短短的课堂时间，课下教师可以通过这些社会化媒体与学生进行交流，随时随地解决学生学习中遇到的难题。有利于教师与学生建立良好的师生关系，因此合理地利用社会化媒体可以增加教师与学生的互动，提高教学质量。

（二）增加教师间相互学习，取长补短

在教学改革中，一名教师的力量和智慧是有限的，要想很好地完成一门课程的教学改革，需要众多教师和学生的参与。目前高校为了促进教师的教学经验交流，专门成立了每个学科的教研室，我们应该充分利用教研室的功能，在日常教学工作中，教师相互听课学习，交流经验，聚众人智慧来推动高校的教学改革。高校每年定期举行教学会议，请专家进行讲学，不同院系优秀教师进行经验交流，从而不断提高教师自身的教学能力，促进教师完善自己的教学模式。

六、完善高校的教学数据

高校要重视教学数据的收集工作，并对这些数据进行充分的认识，为教学改革提供可靠的依据，循序渐进地推动应用型本科院校的教学改革，建立适合社会发展的教学模式。

（一）高校的教学单位要对教学进行数据化

高等学校都设有教务处的基本机构，主要对整个学校的教学工作进行合理安排，保障教学工作顺利开展，对教学效果进行合理的评价和跟踪。教务处将每个学期每个专业所开设的每门课程的教学计划和教学效果都进行了数据化，并永久性存档，这是数据为学校教学工作的改进提供了数据支持。学校每个教学单位都应根据自身院系的特点，对本院系的教学工作进行数据化存档，为本院系的教师进行教学改革提供必要的数据，促进教师进行教学改革，完善本院系的教学模式。

（二）教师在教学过程中应该关注每个学生

在大数据时代，企业应该想方设法获得用户的个人喜好，有针对性地进行精准营销。这种思维运用在教师的教学改革过程中，就是根据学生的喜好，制订个性化的教学计划，真正做到因材施教。在传统的教学模式中，很难做到这一点，因为每个班级的学生过多，教师的精力有限。但随着大数据被引入教学中，教师在教学过程中关注到每个学生成为现实。教师可以通过大数据将学生进行个性化管理，每个学生的个性数据包括学生的生活爱好，优点缺点和各门课程的学习成绩等均能很好地呈现在教师面前，教师可以根据特殊的学生有针对性地制订教学计划，使得每个学生均能受到教师的关注。

七、数据驱动优化的教学案例分析

人才培养定位是学校办学的特色，是制订人才培养方案，实施教学活动，开展师资建设等各项活动的立足点和出发点，因此，案例以 ZPDG 学院作为研究背景，以人力资源管理专业为研究对象，将人才培养作为问题研究的切入点，通过深度挖掘人才市场招聘大数据信息，探讨地方应用型本科院校的人才培养体系，为地方经济提供匹配的人才输出，更加精准有效地服务于地方经济。运用大数据的价值主要体现在三方面：深度洞察——通过数据驱动决策建议；尊重差异——促进个性化、精细化管理，符合市场化需求；智能服务——助力人力资源人才培养数据智能化。运用大数据思维与技术，在企业人力资源规划、员工招聘、员工培训与开发、绩效管理、薪酬管理、组织与人才运营等方面，通过数据挖掘、构建模型等进行描述性分析、预测性分析和诊断性分析，为人力资源管理人才培养方案提供辅助支持，从而有效进行应用型人才培养和专业建设。

（一）ZPDG学院人力资源管理专业人才培养存在的问题

1. 人才培养定位滞后性

ZPDG 学院人力资源管理专业重点培养面向珠三角地区企事业单位和机构从事人力资源管理工作的企业管理人才。从培养目标上看，定位具体清晰，但 ZPDG 学院属民办性质，受理念、师资、模式等方面的影响，学生的知识价值导向一直得不到重视，学生普遍“轻专业，重实践”，随着珠三角的区域定位已上升到粤港澳大湾区的战略地位，智力支持成为推动和支持产业结构调整的重要支撑，重新打造人才高地，将面临新一轮的人力资源聚集和调整。就学校顶层设计而言，学校既强调教学型和应用型办学定位，但同时为了进一步提升培养质量和办学规格，近年来强化科研在办学质量上的重要性，所以，在应用教学型与重科研高规格办学之间，如何定位尚需明确。

2. 人才培养规格同质化

职业教育与应用型本科在人才培养规格上有层次差异，各自侧重点不一样，但在实际操作中，培养路径十分相似，均以理论知识为依托，强调实践应用能力，以课程实训、校企合作、实习基地、以赛代练为依托，同样输出应用型、技能型的人才类型。即使人才培养定位有所区分，但在培养路径一致、教学计划相似的情况下，决定了人才培养类型无法区分，趋向同质性化。

3. 课程体系传统化

通过对 ZPDG 学院人力资源管理专业课程体系进行梳理，如表 5-1 所示，可见，在能力培养维度上，课程体系基本完整，但课程设置仍以传统的人力资源管理课程体系为主导，在互联网、大数据、人工智能的技术革新时代，人力资源管理被企业赋予了更多的期望，从人才培养到激励到附加值的创造，凸显了时代对人力资源管理的要求与适时的应变。

表 5-1　ZPDG 学院人力资源管理专业课程体系

课程类别	通用能力	专业能力	职业能力	特色能力
专业基础课程（管理学、组织行为学、经济数学等课程）	√			
专业课程（人力资源管理及六大模块理论课程）		√	√	
课程招聘实训、薪酬实训、培训实训、劳动政策分析			√	
选修课程（人际沟通、人事心理学、管理沟通等课程）				√

（二）数据采集与分析

1. 数据分析思路

数据分析思路如图 5-2 所示。

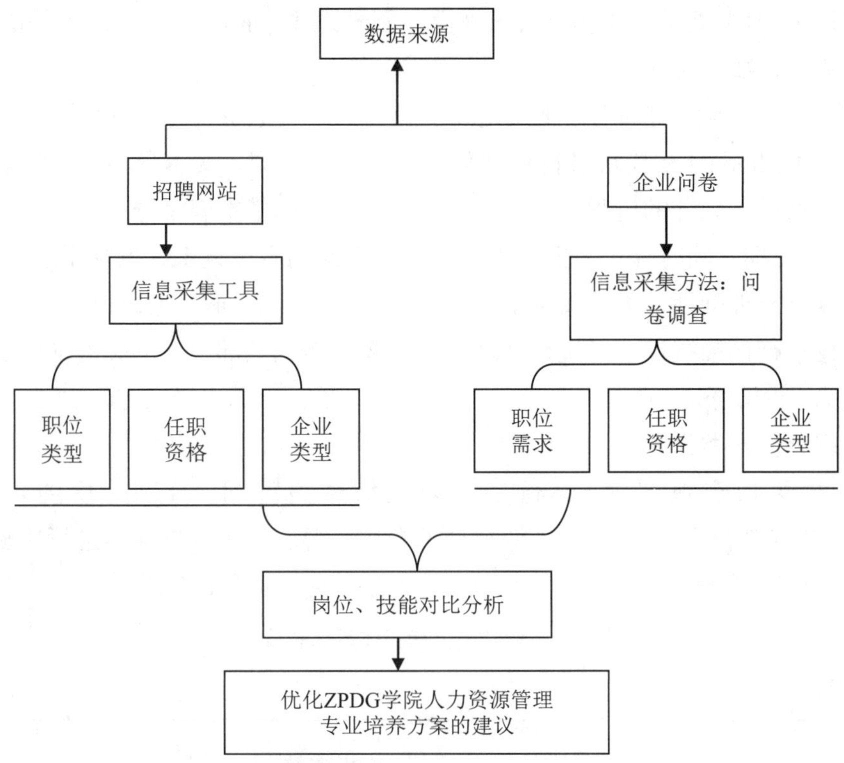

图 5-2 数据分析思路图

2. Python 数据采集

根据大易云计算股份有限公司 2018 发布的《招聘渠道效果分析和渠道创新调研报告》显示，51JOB 在企业用户中使用比例和使用效果均位列第一，用户比例为 83.15%，用户效果认可比例为 63.6%，此数据也说明传统招聘网站仍然是企业用户的首选。因此，案例选取 51JOB 作为研究的数据源，如图 5-3 所示。

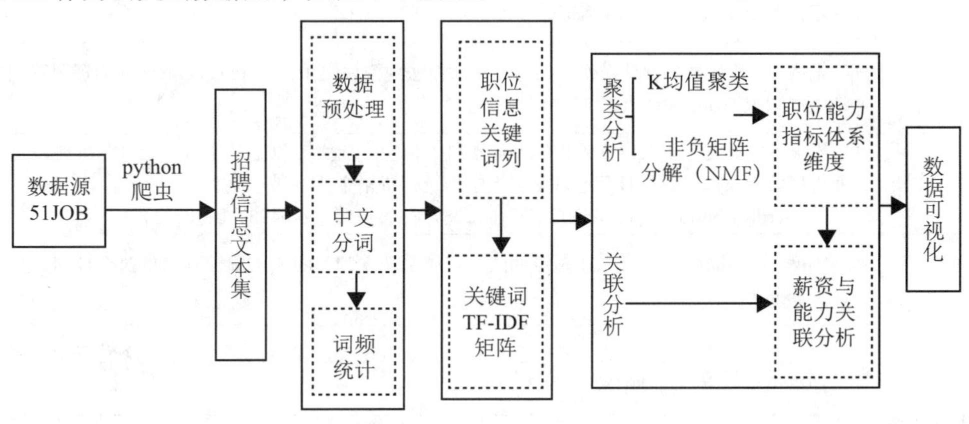

图 5-3 分析技术路线图

（1）技术路线

2020 年 11 月，以人力资源管理实习岗、助理岗、专员岗等一线工作岗位为采集对象，通过采用 pythonscrapy 撷取 51JOB 网站有关人力资源岗位招聘信息共 43869 条，具体包含有职位（岗位）、经验要求、学历、公司规模、公司类型、职位描述、薪资等招聘信息。

（2）采集过程数据清洗

数据清洗是指去除“杂质”，比如无关字段、空字段记录、特殊符号等影响分析结果的记录，利用 Python 的 re 模块进行正规化处理。中文分词。文本分词是指将语句中的词语按照一定标准进行划分的过程。文本通过数据清洗后已基本满足分析要求，采用 Python 的 jieba 分词包标准，同时综合考虑人力资源专业方面的专业词汇，增加了 jieba 的自定义词典。为体现分析准确性，去除文本中的高频无关词和低频词。词频统计。经过分词处理后，针对分词进行词频统计。通过预处理，得到职位信息全部干净的关键词列表，处理后的信息数量为 63918 条。

（3）数据分析聚类分析

为使数据更加客观准确，案例根据职位信息关键词，分别采用的 K 均值聚类（k-means）、非负矩阵分解（NMF）两种聚类方法，得出两个数据样本进行比较分析，如表 5-2 所示，最终形成人力资源管理职位需求能力体系，如表 5-3 所示。

表 5-2　职位能力指标体系比较分析

N=63918

分析方法	分析结果
K 均值	维度 1：协助部门，办理关系，维护人才，企业活动，人员行政，岗位手续，安排日常，人事面试，离职，建立渠道，入职
	维度 2：制订实施体系，薪酬，完善制度，执行计划，绩效发展，流程绩效考核，协助规划部门，建立绩效管理，监督方案需求
	维度 3：沟通协调较强，具备责任心亲和力，意识表达能力，抗压精神，优秀执行力，团队合作，学习，善于团队协作，服务细心，组织协调，职业道德
	维度 4：熟悉办公软件操作，熟悉国家法律法规模块政策流程 Excel Office 人力资源管理各项劳动法规知识 Word 劳动人事 PPT 具备
	维度 5：相关专业人力资源管理专业本科及以上学历大专以上学历行政全日制本科以上学历工商管理大专及以上学历任职心理学以上学历统招资格企业本科毕业文秘 Clusterdistribution：{1：36905，2：11228，3：6461，4：5423，5：3901}
非负矩阵分解	维度 1：协助绩效薪酬人才制定部门入职体系完善绩效考核实施流程岗位执行计划人员建立面试考勤办理
	维度 2：沟通协调责任心具备较强亲和力团队抗压表达能力执行力意识优秀善于学习细心积极主动组织协调协作精神细致
	维度 3：熟悉熟练软件办公模块资源管理流程人力法律法规各项 excel 操作劳动 office 政策劳动人事国家行业岗位本科学历
	维度 4：以上学历资源管理专业人力本科行政相关全日制工商管理任职企业统招优先经验资格心理学行业岗位本科学历 Clusterdistribution：{1：35923，2：11614，3：7915，4：8466}

表 5-3　人力资源管理职位需求能力体系

素质维度	能力维度	备注
专业素质	人力资源管理专业	K 均值维度 5 与非负矩阵分解维度 4 内容划分基本一致，该职位信息维度命名为专业素质
	全日制本科学历	
	工商管理知识	
	心理学知识	
职业素质	责任心	K 均值维度 3 与非负矩阵分解维度 2 内容划分基本一致，该职位信息维度命名为“职业素质”，主要表现为个人的职业修养和职业能力
	职业道德	
	积极主动	
	团队意识	
	服务意识	
	亲和力	
	表达能力	
	细致	
	学习能力	
	沟通协调能力	
	执行力抗压能力	
职业技能	办公软件	K 均值维度 4 与非负矩阵分解维度 3 内容划分基本一致，该职位信息维度命名为“职业技能”，主要表现具体的操作技能
	（Excel、Office、Word、PPT）	
	法律、法规	
	国家政策	
	专业操作技能	

关联分析：利用聚类方法对专业素质、职业素质、职业技能三类能力进行高频技术能力分析，如表 5-4 所示。通过高频技能进行薪资关联分析，可以获得各技能对应的薪资水平，体现该能力的市场价值。在职业素养方面，职业技能比职业素质的薪资价值低，体现了能力要素价值的重要性以及企业对人才需求的侧重点；在专业素质方面，人力资源管理专业知识要比法规、政策的薪资价值低，强调了专业的基本和必备条件，突出了政策法规专业性知识的实践操作与应用性。

表 5-4　高频技术能力需求分析

K 均值	职业技能（0）：办公软件（Excel、Office、Word）
	专业素质（1）：人力资源管理、法规、劳动人事政策
	职业素质（3）：协调、责任心、抗压、亲和力、执行力、表达能力
	工作职责（4）：法律法规、国家政策、人力资源管理、保险福利待遇
	Cluster distribution：{2：3941，0：1625，3：365，1：340}

3. 数据比较

基于 Python 数据采集的一线人力资源管理岗位职位需求信息以及通过问卷数据构建的人力资源管理专业大学生胜任力模型，两组数据在专业知识、职业修养、职业能力和职业技能四个维度上的指标体系基本吻合。在专业知识上，强调了专业知识的基本条件，在此基础上丰富交叉学科的知识；在职业修养上，均注重德育的培养；在职业能力上，均注重学习能力、沟通协调能力和抗压能力，通过薪资关联分析可知，职业能力所关联的薪资价值是最高的，体现了职业能力在能力需求当中的重要位置，在人才培养方面应注重对学生综合能力的培养；在职业技能上，在专业操作技能的基础上，还包括办公软件的操作，目前，大部分学生报考计算机一级、二级也是对社会需求的回应与准备。综上，以数据为驱动，基于需求侧的视角，Python 数据采集和调查问卷两组数据的分析结果基本吻合，说明应届毕业生作为人才输出进入市场，自身应具备的能力和条件与市场需求能力基本吻合，从学生到社会劳动者，二者有效衔接。学校作为人才输出地，上述专业知识、职业修养、职业能力和职业技能四个维度的能力体系将为人力资源管理专业的人才培养方案提供优化的支撑和依据。

（三）案例总结

1. 建议

（1）以需求为导向确定人才培养定位

ZPDG 学院地处粤港澳大湾区，系开放程度最高、经济活力最强的区域之一，产业结构丰富。通过 Python 数据分析，需求企业分布在专业服务、教育教培、科技等行业，岗位需求类型丰富。结合湾区处于工业经济向服务经济的过渡阶段，与此相适应所形成的人才结构具有制造业人才占比高、高学历人才占比小的特点。

对于应用型本科院校，社会对人力资源管理人才培养定位可以表达为以下两点：

第一，厚基础，内涵式发展人力资源管理专业知识素养水平。在教学方面，融入研究性教学方式，注重启发性思维，培养学生对知识的思辨能力，培养形成个人观点能力；在教材方面，注重选择本科应用型教材，深化知识体系，融合应用体系；在学习拓展方面，侧重大创、科研项目引导学生对知识的深入探讨与应用，激发学生求知的欲望，深化知识的理解与运用。

第二，拓应用，培养支撑人力资源管理业务运行的职业能力。主要体现为人力资源管理六大模块在操作层面的能力需求，以及各模块之间的运行操作。在校内与校外相结合的基础上，一是引入实习基地模块业务线，以实战形式开展职业训练；二是以专业资格证为依托，创建专业职业培训体系，对学生给予培训辅导，提升专业硬件资格的同时提升学生软件实力，注重对学生综合能力的培养，实现专业知识到职业技能的贯通，迎合社会需求导向。

（2）以方向为依托，突破传统课程体系，开发特色课程

目前的课程体系主要为理论、实训、综合三大板块，理论与实训相配套。就课程体系设计而言，人才输出的类型是宽口径，同质化的，没有人才输出的亮点和特色。所以从市场对岗位需求类型和偏好，可开设专业方向，如招聘方向、培训方向、咨询方向等方向，并以方向为依托开设特色课程，采用主题课程的形式，如招聘方向可开设猎头、招聘宣传与策划、简历制作与筛选、招聘有效性等主题课程，在课程形式上除了常规的课程类型，通过校外实践教师与校内教师共建课的形式来开展。既能体现专业模块的深度探索，也能体现市场的需求亮点。

（3）重视职业素养，进一步提升职业能力

通过需求分析，能够感受到企业对职业素养的强调和重视。课内以“课程思政”作为“立德树人”主渠道，课外可利用专业优势，以项目方式为各学生社团、协会、活动等提供针对性的人力资源诊断和解决方案，在教师协作的模式下，提升学生的职业敏感性与职业素养，通过不断反馈保持与学生的沟通交流，跟进学生的思想动态，为学生健康的心理成长提供帮助。

2. 总结

基于市场需求的人才信息分析，为人力资源管理人才培养提供了清晰的人才画像。结合粤港澳大湾区的经济特点，根据市场人才需求的信息分析，提供了“厚基础，拓应用”的人才培养思路，“厚基础”突出本科层次的人才质量，顺应湾区人才高地建设的需求，“拓应用”强调应用型人才的输出类型，有效衔接市场需求的应用场景。

基于市场需求的岗位类型分析，适时掌握人力资源管理现状和发展趋势，优化课程体系。根据 Python 数据采集关键词，如寻访、筛选、面试、候选人、搜寻、渠道、猎头、客户、提供方案等关键词，招聘和咨询类岗位是企业需求的热度，各类型的人才中介则是招聘的热门行业。同时人力资源数据分析师是新兴岗位，反映了大数据时代背景下催生的新兴事物。所以，在课程体系上开设专业方向，开发特色课程，以适应时代的人才培养要求。

提供了人才培养的新视角和新路径。本案例以需求侧的视角，采用了两种数据分析路径，除了传统的问卷调研数据，还通过 Python 工具进行网络招聘数据信息采集，数据样本丰富、客观。通过二者的比较分析，以获得效度更好的数据结果，为人才培养方案的制订提供了精准的决策思路。

第五节　如何运用数据加强教学软硬件建设

一、应用型本科院校数据治理的中台解决方案

数据中台来源于企业的实践，其核心思想是聚合、治理跨域数据，将数据封装抽象成服务，使其成为企业数据资产管理中枢，提供给前台以业务价值。在应用型本科院校，教师熟悉教育，但不是所有教师都具备借助计算机开展精细化教育的能力，所以可借鉴企业数据中台，为高校师生及管理人员开展个性化教育提供技术支持，让他们专注于创新，不担心技术问题。

应用型本科院校相较于其他研究型高校，其管理机制更加灵活，可以利用数据中台将后台各式各样的资源转化为前台易于使用的能力，为应用型本科院校持续创新、特色发展提供支持。目前，应用型本科院校数据治理中台建设的内容主要有以下四个。

（一）业务中台

通过抽象各条教学业务线，将通用的服务抽象为共性需求，将其固化打造成组件化的能力资源包，如招生、教学、医务、学籍、选课、成绩、食堂、上网、体育活动、科研、财务、安全、薪资、住行、图书借阅、设备管理等基础模块服务，然后以微服务接口的形式提供给前台各教学部门使用，赋能教师及教学管理者，为其教育教学创新拓展提供开箱即用，威力强大的后台炮火支援。

（二）数据中台

利用大数据技术，构建高校数据资产库，为教育教学提供一致的、高可用性的、可视化的、最具价值的大数据服务，为学情分析、个性化教育、分层教学、变革教与学的方法、改进教育管理，调整方向，提供了强大及时的雷达监测能力。

（三）技术中台

构建开放、灵活、可扩展的高校统一标准化的技术平台，帮助高校解决基础设施，分布计算等底层技术问题，将高校内外部随需关联，自检系统提供技术支撑，助力高校数字化转型落地。

（四）组织中台

组织中台扮演战场的指挥部，战争大脑的角色，承担前线指挥和后方调度的职能，为高校的项目提供教学管理、质量管理、资源调度等支持。

二、应用型本科院校数据治理平台设计

（一）总体架构设计

应用型本科院校大数据治理平台总体结构设计包括数据采集、数据存储、数据处理、数据分析、数据可视化以及监控、调度、安全、管理等功能模块。平台由底向上分为三层，分别是各类异构数据源（数据源层）、大数据治理层（治理层）和大数据专题分析层（分析层）。

1. 异构数据源层

这一层数据主要来源于高校内外两部分。内部如招生管理系统数据、教学系统数据、选课系统数据、教师相关数据与学生基本数据（选课数据、考勤数据）、一卡通数据、上网管理系统数据、图书管理系统数据、科研系统数据、医疗系统数据、设备管理系统数据、财务管理系统数据等各类信息化系统。外部数据主要来源于网络上爬取的非结构化数据，如信息化系统日志、微博、微信、校园等日志或媒体数据，同时还有其他和高校数据分析相关的各类数据。这些异构数据源是构成高校大数据分析平台的数据基础。

2. 大数据治理层

这一层的主要功能有系统管理、数据采集、数据存储、数据处理、数据分析、数据呈现等。

（1）系统管理

负责整个高校大数据治理平台硬件资源管理、开源大数据组件管理（部署、状态监控、升级）、用户管理、系统安全等。

（2）数据采集

为各类异构数据源提供采集工具、研发适配接口，从而与校内的各系统对接获取全面的高校数据。

（3）数据存储

由 Hive、Hbase、MySQL、HDFS 等组件构成。其中 MySQL 主要用于存储元数据、权限管理数据、用户数据、监控数据等平台基础静态数据；HDFS 分布式文件系统存储半结构化或非结构化的未经过 ETL 处理的原始数据；HBase、Hive 是位于 HDFS 之上的数据仓库，其主要功能是提供快速查询、OLAP 支持、SQL 能力。

（4）数据处理

主要提供分布式数据计算能力，包括离线计算、实时计算。离线计算由 Hadoop MapReduce、Spark、Kylin 支撑；实时计算由 Spark Streaming 负责。数据分析：是对即席查询、数据报告、数据挖掘、学校管理等功能及其通用接口 /API 的封装，使用插件框架为系统提供高扩展性，以满足新增业务功能的分析、查询、处理及展示需要。数据可视化：使用免费商业工具 FineBI 提供的功能实现高校大数据的可视化展示。主要包括各种图表、智能报表、用户画像、用户管理界面、数据建模界面、数据分析界面及平台管理界面等。

3. 大数据专题分析层

这一层提供基础的分析框架，封装高校大数据应用专题分析包。分析框架是基于主流的 Hadoop 实现的 MapReduce 编程模型、Spark 编程模型、SparkSQL/HSQL 模型。定制的专题分析包包括但不限于教学管理、学生画像、图书管理、医院分析、就业分析等高校大数据专题分析。整个方案建立在 PaaS 基础上、基于微服务及中台思想设计，力求轻、快、强、简单、开放五个目标，可对共享数据库、应用系统数据库进行融合，进行信息资源和数据治理，提供快速开发平台，基于适合高校的通用模型库、接口库、算法库、组件库，无代码快速构建高校的微应用、数据融合应用、流程融合应用及各类特色功能，并迭代开发。

（二）业务中台的设计

业务中台实现应用的统一调用和管理，开发者和用户也可以灵活地将相关技术、数据、内容整合到教学、学习、管理、空间和服务等智慧场景中。基于学生画像、渠道特征、学习倾向、选课动机等评估，以数字化标签驱动，快速搭建学生与学习内容产生互动的一切场合场景。在内容场激活用户，提高内容的有效性、降低复杂度，为用户提供更精准的知识。在教学场围绕学前中后与学习强相关的场景，对学生学习体验负责。业务中台的内容设计主要包括：

1. 教学业务中台

包括装备、助教、评测、科研等功能，以多样化教具、多元化内容，构建教师为中心的教学平台，个性化和差异化教学。

2. 智慧学习业务中台

包括在线课堂、AI 助学、浸入式学习、科技素质教育等功能，以过程性评价、个性化方案、自主化学习，构建学习者为中心的终身学习平台。

3. 智慧管理业务中台

包括智慧校务、智慧教务、智慧办公、智慧决策等功能，以泛在文化资源、便捷式操作、个性化匹配，构建管理者为中心的数字化治理平台。

4. 智慧空间业务中台

包括智慧安防、节能管控、环境监测等功能，以情景感知、自主适配、打破数据孤岛，构建以人为本的教育空间。

5. 智慧服务业务中台

包括一码通行、开放社区、一站式平台、个性化助手等功能，以标准化体系、开放式生态、个性化供给，构建使用者为中心的服务平台。

三、应用型高校教学基本状态数据库的构建案例

以 NJ 学院为例，论述设计与建设教学基本状态数据库及评估系统，包括系统的功能设计、数据采集内容及流程、数据监控分析，从服务学校发展决策、服务教学质量监测、服务应用型办学特色建设、服务上级各类评估四个方面阐述该系统的应用成效。NJ 学院是一所有 7 年本科办学历史的应用型高校，近年来，该校针对新建本科院校的教学管理特点和应用型高校人才培养质量的关键要素，对标国家教学评估标准，构建具有应用型高校特点的教学基本状态数据库，服务学校发展建设。

（一）应用型高校教学基本状态数据库设计与建设

国家高等教育质量监测国家数据平台是国家对高校教学的宏观数据进行采集、统计、分析，2019 年的平台已经升级到 V3.0 版本，共有 7 大类一级指标，88 张表格，针对师范类院校、工科类院校还新增了相关表格。各高校在国家平台基础上，结合学校自身发展特点，是高校设计与建设校内教学基本状态数据库的前提。应用型高校与传统的研究型、教学型高校有其本质的区别，强化实践教学、突出产教融合、培养“双师双能型”教师、构建应用能力为导向的课程体系、建立以学生为中心的教学评价机制等是应用型高校的显著特征。NJ 学院作为国家首批应用技术大学试点高校，确立了“应用型、开放式、新体验”的办学定位，从学校办学实际出发，设计并建立了具有特色的本科教学基本状态数据库及评估系统。

1. 平台功能设计

NJ 学院本科教学基本状态数据库及评估系统主要功能包括数据采集、数据仓库、教学评估、教学质量、监控分析、系统管理 6 个模块。功能结构如图 5-4 所示。

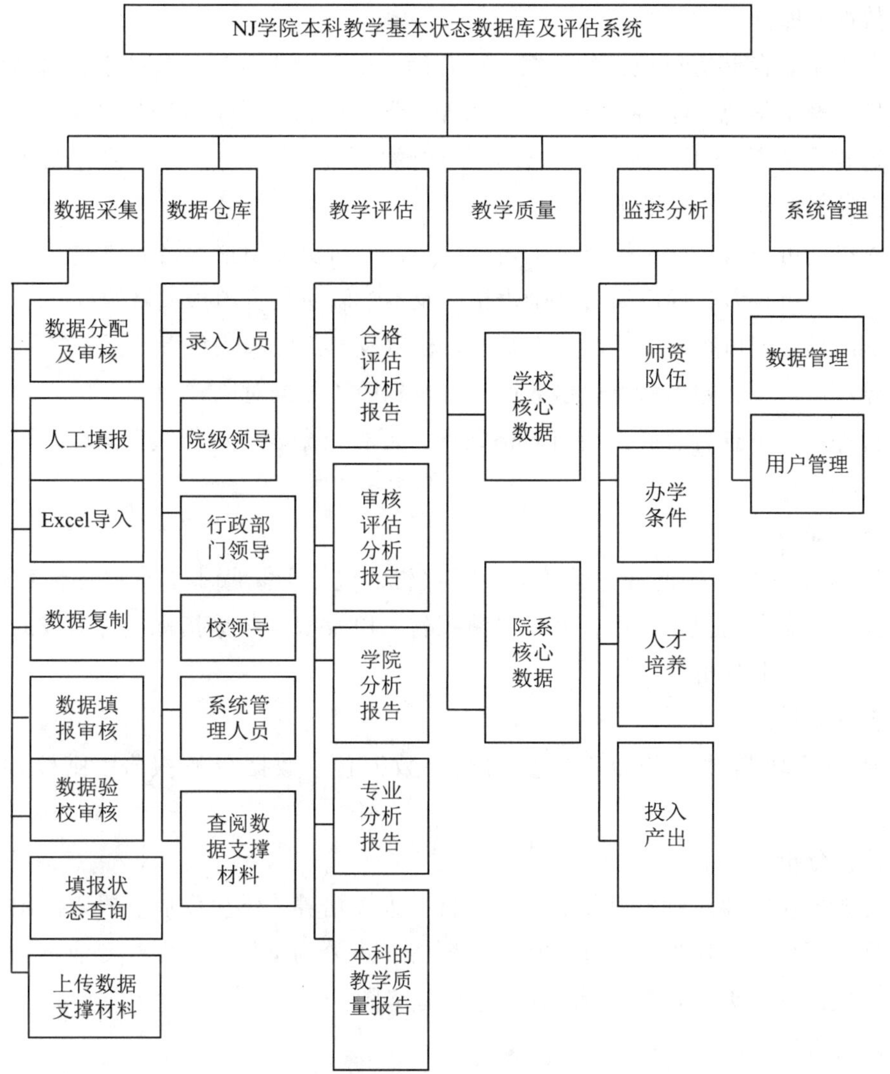

图 5-4　系统功能结构图

（1）数据采集

数据采集模块主要进行数据采集、数据审核、数据状态查询以及提交数据支撑材料。

数据分配及审核。由系统管理员进行数据分配，对各类表格由哪个学院或哪个部门负责填报、审核进行任务分配、授权填报，并可直接对上报的数据进行在线修改。

数据填报。填报人员可以通过复制数据仓库里的数据、以 Excel 表格导入、人工在表格上录入三种方式进行数据填报。

数据填报审核。牵头部门负责的数据表格提交前，设置有部分负责人审核流程，落实原始数据业务部门第一责任制。

数据校验审核。设定好数据关联性帮助填报人员检查数据，包括基础数据表格校验，关联性表格校验。

填报状态查询。对各类表格的填报、审核进度进行查询。

（2）数据仓库

数据仓库主要存储历年填报的数据，可查询，也可导出数据。包括学校基本信息、学校基本条件、教师信息、学科专业、人才培养、学生信息、教学管理与质量监控7大类数据信息。数据仓库针对不同的人员，设置不同的权限。数据仓库还支持存储数据支撑材料，通过支撑材料验证基础数据。

录入人员：可查看、导出所有基础表格以及自己所负责填报表格的数据。

院级领导：可查看、导出所有基础表格以及本学院所负责填报表格的数据。

行政部门领导：可查看、导出所有基础表格以及本部门牵头负责填报表格的数据。

校领导：可查看、导出所有表格数据，可看到历年数据对比。

系统管理员：可查看、导出所有表格数据，可对数据表格进行线上修改，可将数据一键上报。

（3）教学评估

教学评估模块可下载查看各类数据分析报告，包括国家版本的合格评估数据分析报告、审核评估数据分析报告、本科教学质量报告，以及根据数据指标设计形成的学院本科教学质量报告、专业分析报告。

（4）教学质量

教学质量模块是独立的教学质量的核心数据包、数据分析报告，供校领导查看、决策。

（5）监控分析

监控分析模块主要对师资队伍、办学条件、人才培养、学生发展、投入产出几类数据的关键数据进行分析，比如生师比、授课情况等，可分为学校、学院、专业三个层面，以图表方式呈现，可将历年数据进行对比，形成趋势图。

（6）系统管理

系统管理模块主要包括数据管理和用户管理，数据管理是指对系统的数据进行初始化、设置数据模板等，对数据指标进行增删改，并定义指标的计算方法；用户管理是对系统添加或删除用户，设置用户账号、密码，对用户权限进行设置等。

2.数据采集内容及流程

（1）数据采集内容

数据采集主要包括两部分，一部分是在国家数据平台提供的表格的基础上，补充一些采集数据的项目到表格中，既采集国家教学状态数据，又增加部分学校需深入了解的数据，比如针对实验室资源管理，在本科实验场所表格中，增加了“所属专业名称”“所属专业代码”“所在房间号”等信息，方便在一张表中直观了解对应专业拥有的实验室资源。另一部分是基于应用型办学定位，重点结合应用型高校在师资队伍、实践教学、产教融合、创新创业教育等方面的特征，设计部分表格采集数据，比如师资队伍设计有教师参加社会实践情况的表格，目的在于采集教师社会实践数据，更好地推进应用型师资建设；比如实践教学设计了实验项目表格，重点采集各专业实验课程的实验项目开设情况，以加强实践教学的监控；比如产教融合，设计了社会合作表格，主要采集不同的专业与社会机构合作情况的数据指标，从而了解各专业开展产教融合情况。

（2）数据采集流程

数据采集遵循“谁采集、谁负责”的采集原则、“基础数据、责任部门一把手负第一责任”的审核原则、学校发展规划处“最终审核、申请上报”的校验原则、学校校长办公会“审议讨论、通过上报”的审定原则，实行逐级填报、逐层审核、全员参与，做到人人熟悉数据、层层把关数据，确保数据真实、客观、准确。主要流程分为两步：基础数据表格填报为第一步，基础数据填报完成后即可进行第二步，即其他数据填报，主要流程如图 5-5 所示。

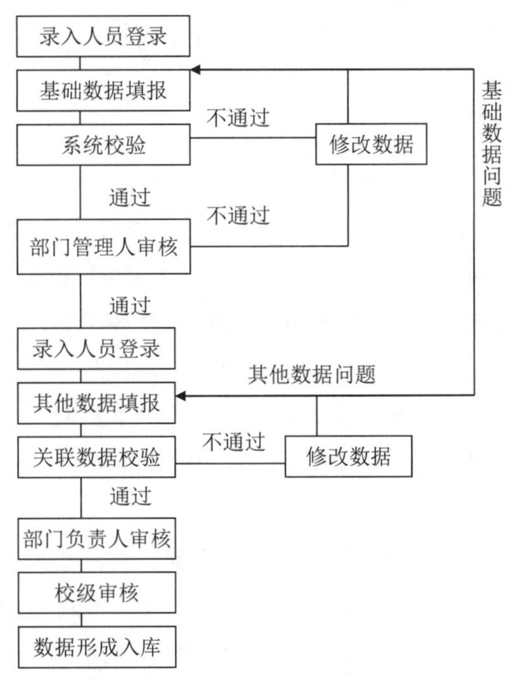

图 5-5　数据采集流程图

数据采集必须先完成基础数据的采集，才能进行其他数据的采集，采集过程中会涉及两次系统校验。第一次是基础数据接收系统校验，主要是基础数据的格式要符合系统要求；第二次是其他数据之间、其他数据与基础数据之间的关联校验。

3. 数据监控分析

NJ 学院本科教学基本状态数据库及评估系统可制定数据分析报告模板，提取系统数据库，生成各类分析报告。校级层面，可参考国家教学工作评估数据分析报告，设计生成 NJ 学院本科教学基本状态数据合格评估分析报告、审核评估分析报告。同时对师资队伍、办学条件、人才培养、学生发展、投入产出 5 类关键数据进行分析。院系层面，可设计形成学院本科教学状态数据分析报告和专业本科教学状态数据分析报告，学院分析报告主要有学院概要数据和评估基本数据，其中评估基本数据主要对专业情况、教师队伍、教学资源、培养过程、学生发展、质量保障 6 个方面的重要数据进行分析，并以图表展示分析结果；专业分析报告由专业概况、专业毕业要求、课程体系、教师队伍、支持条件、质量保障、学生发展 7 类数据分析形成图表报告。

（二）教学基本状态数据库应用成效

1. 应用于学校发展决策

数据是反映高校办学最客观的载体，是记录高校发展最直接的图表，也是高校向社会展示办学水平和宣传办学特色最直观的工具。对高校内部而言，定期总结分析学校发展数据，形成数据分析报告，反映学校发展决策，是高校快速提高办学质量的重要途径。NJ 学院本科教学基本状态数据库及评估系统在服务学校教学评估的同时，充分挖掘系统的大数据分析功能，尤其在办学经费投入、队伍投入等方面持续追踪、对比分析，在教学管理与教学质量方面纵向、横向对比分析，从而知晓办学短板、管理薄弱环节，为学校下一步建设投入与发展决策提供参考。

2. 应用于教学质量监测

教学质量监测是高校质量保障体系建设的重要内容，通过教学数据来监测教学质量，反思教学管理，监控教学运行，是高校提高教学质量监控能力的重要手段。NJ 学院本科教学基本状态数据库及评估系统应用后，完善了学校质量保障体系建设，校领导、教务处、学院等各级领导可通过查看教学基本状态数据以及各类分析报告，从各种维度和层面对比了解学校的教学情况，及时纠正教学管理问题；对比各个学院、各个专业之间核心数据的差别，及时调整发展建设规划。近年来，学校借助本科教学基本状态数据库，开展了内部院系教学评估、专业评估等，数据成为评估的重要参考。

3. 应用于办学特色建设

教学基本状态数据库能全面反映高校的办学情况，各高校可以结合自身办学定位，对重点培育的办学特色进行关键性数据的跟踪与分析。NJ 学院定位为应用型高校，学校在“十三五”期间提出了“弥补短板、培育特色”的办学思路，将产教融合和创新创业教育作为应用型人才培养质量的突破口，重点关注产教融合和创新创业教育办学数据，并根据数据调整措施，逐步培育形成了办学特色。产教融合方面，学校与中兴通讯、科大讯飞等企业合作共建了 4 个产业学院，共办人工智能等 12 个本科专业，学校重点采集分析产业学院的办学投入、专业建设、队伍建设等方面的数据，跟踪企业经费投入、共建专业课程、共同开发教材、组建混编型师资等情况；创新创业教育方面，学校将“创业有能力”列入人才培养规格，每年划拨专项经费，对列入国家学科排名的竞赛给予重点支持，学校重点跟踪分析经费的使用情况、竞赛的组织情况以及获奖情况等数据，从而实现创新创业教育反哺专业建设。

4. 应用于上级各类评估

高校定期接受上级部门的各类办学评估，比如国家层面有本科教学工作合格评估、审核评估、专业认证等，地方教育行政部门有办学质量年检、学位专业评估等，教学基本状态数据是重要的评估参考。NJ 学院本科教学基本状态数据库及评估系统先后服务了本科专业学位评估，服务了广西壮族自治区教育厅组织开展的民办高校年检，以及 2019 年教育部对 NJ 学院开展的本科教学工作合格评估。尤其 2019 年的本科教学工作合格评估，学校通过该系统采集教学数据，对照合格评估标准提前监测，有针对性地弥补短板，在正式合格评估前，通过该系统全面检验教学基本状态数据，确保数据无误后才提交国家数据平台。在该系统的辅助下，评估期间，专家未对学校教学状态数据提出质疑，同时该系统帮助学校及时设计生成评估专家需要调阅的教学数据，高效高质服务学校评估工作。

（三）改进建议

教学基本状态数据采集填报已经成为各高校每年的常规工作，完善学校内部教学基本状态数据库也成为各高校信息化建设的主要考虑之一，为进一步发挥数据库服务学校发展的作用，特提出以下改进建议。

1. 尽快打通数据库系统与其他业务系统的数据通道

教学基本状态数据库系统采集的数据涉及教学运行与管理、师资队伍、资产管理、财务、学生数据等，应尽可能与学校教务系统、人事系统、学生管理系统、资产管理系统、财务系统等业务系统打通，做到数据畅通，确保一致。

2. 完善数据库系统的指标设计

每个高校应针对学校自身现状，有针对性地设计一些指标，重点监测某个环节的办学质量。

第六节　如何运用数据强化教学质量保障

一、高校数据质量概况

（一）高校数据质量的特点

数据质量是指在业务环境下，数据符合数据消费者的使用目的，能满足业务场景具体需求的程度。结合国际标准以及相关学者的研究观点，重新描述了数据质量的特点：

①数据质量存在于数据的整个生命周期，随着数据的消失而消失。

②数据质量不仅依赖于数据本身的特征，还依赖于数据所处的业务环境。

③数据质量可以借助业务系统来判断，但独立于业务系统而存在。

④随着业务需求和时间的变化，数据质量衡量标准会发生变化。

（二）影响高校数据质量的因素影响

高校数据质量的因素有很多，既有管理方面的因素，又有技术方面的因素，其结果均表现为数据没有达到预期的质量指标。主要表现在以下两个方面：

1. 数据管理不规范

数据全生命周期的各个阶段由于业务流程设计不合理及数据录入（更新）操作不规范，导致存在数据不完整、重复、格式不规范以及逻辑错误等问题。

2. 数据采集不规范

多源分布式异构的数据源在采集过程中，由于数据清洗、集成的规则和方法等因素，会产生新的数据质量问题。

（三）高校数据治理中数据质量面临的挑战

数据质量对于数据治理至关重要，数据质量需达到可接受的程度才能更好地发掘和体现数据价值。目前，高校数据治理中数据质量主要面临以下挑战：

数据来源于众多分散的业务系统，具有多样性和复杂性，需要统一的业务数据标准，保证数据的规范、完整和准确，以便有效地进行质量控制。

遵循“一数一源”原则，确定数据源头，避免数据的多头采集，以保障数据治理核心业务数据的一致性和准确性。

遵循“伴随式采集”原则进行数据采集。数据的产生很大程度依赖于业务系统，不同业务系统之间的数据也存在一定程度的依赖关系，因此对业务系统的基础数据及数据交换的转换规则要求较高。

二、高校数据质量评估

数据质量评估是通过度量数据的综合特征来估计数据质量与数据价值的过程。数据质量评估是数据治理过程中必不可少的重要环节，目前主要通过数据质量维度和规则相结合来实现高校数据治理中的数据质量评估。

（一）高校数据质量维度结合

高校数据治理中的数据质量问题，笔者总结了以下数据质量的维度：完整性、准确性、正确性、一致性、唯一性和及时性，通过它们来描述和量化数据的质量。

①完整性是数据质量最基础的保障。主要是指数据的记录和信息是否完整，是否存在缺失的情况。

②准确性是用来描述数据是否与其对应的客观实体的特征相一致，是否存在异常或者错误的信息，通常从命名、数据类型、长度、值域、取值范围、内容规范等方面进行约束。

③正确性表示数据与客观事实的符合程度，与准确性是不同的概念。

④一致性通常指关联数据之间的逻辑关系是否正确和完整，用来描述统一信息主体在不同的数据集中信息属性是否相同，各实体、属性是否符合一致性约束关系。

⑤唯一性用来描述数据是否存在重复记录，没有实体多于一次出现。

⑥及时性是一个与时间相关的维度，主要用来描述从业务发生到对应数据正确存储并可正常查看的时间间隔。在确保数据完整性、准确性和一致性的前提下，保障数据能够及

时产出，更加体现数据的价值。

（二）高校数据质量规则

对数据质量维度与业务需求是否相匹配进行评估，制定数据质量规则，以便检查数据质量是否满足业务规则的流程并监控这些业务规则的符合度。根据业务特性确定质量属性，简单分为以下规则：

1. 单字段规则

字段作为数据库中的最小组成单位，从格式、语法、长度、范围等进行判断。具体规则可表现为：非空、唯一、身份证号校验、日期校验、电子邮件校验、手机号校验、值域类型、值域范围校验、学号长度检测等。

2. 跨字段关联规则

从字段之间的逻辑关系和函数依赖关系等方面进行数据质量规则的定义。逻辑关系和函数关系都是指表的不同字段取值之间存在的一种或多种约束关系，使得彼此的取值相互制约。

3. 业务校验规则

主要是检查数据是否符合业务逻辑，需要业务部门参与制定、完善和实施的业务校验规则。

（三）高校数据质量规则与维度的关联

如表 5-5 所示，以学生个人基本信息为例说明数据质量规则与数据质量维度之间的关系。

表 5-5 质量规则与质量维度关联

字段	质量规则	质量维度
XH（学号）	非空、学号长度检测	完整性、准确性
XM（姓名）	非空	完整性、准确性
XBM（性别码）	非空、值域范围检测	完整性、准确性、正确性
MZM（民族码）	非空、民族码校验	完整性、准确性、正确性
SFZJLXM（身份证件类型码）	非空、值域范围检测	完整性、准确性、正确性
SFZJH（身份证件号）	非空、身份证件号校验	完整性、唯一性、准确性
CSRQ（出生日期）	非空、日期格式校验	完整性、准确性、正确性
DZXX（电子信箱）	非空、电子邮件校验	完整性、唯一性、准确性

三、提升高校数据质量的关键技术

数据质量的提升技术主要涉及模式层和实例层两个方面。数据集成主要解决模式层的问题，数据剖析主要针对实例层的数据进行分析，数据清洗解决的是实例层的数据问题，这 3 个方面相互交织、相互渗透，但三者从实现目标到使用技术都有明显的不同。数据集成是目的，而数据剖析和数据清洗是手段。表 5-6 对数据集成、数据剖析和数据清洗进行比较。

表 5-6　数据集成、数据剖析和数据清洗的比较

项目	数据集成	数据剖析	数据清洗
实施对象	异构数据	源数据	脏数据
问题层面	模式层	实例层	实例层
实施依据	已知信息	数据分析	检测信息
典型技术	数据 ETL	列分析、表分析、跨表分析	数据检测、分析和修正
技术难点	数据异构性	数据的未知性	数据修正

（一）数据集成

数据集成（Data Integration）是将不同来源、不同系统、异构且相互关联的数据源集成到一起，并以统一的访问接口对外提供数据服务，其主要目的是让用户能够以透明的方式访问这些数据源。数据集成是数据治理工作的基础，首先要解决的是数据异构、分散的问题。在高校数据治理中，目前主要通过数据视图或数据复制的方式实现数据集成。

（二）数据剖析

数据剖析（Data Profiling）也称数据概要分析，它通过对当前数据源的数据分析，搜集该数据源的统计信息，以此来检验数据的有效性、可用性，对数据源进行初步评估。数据剖析以数据质量维度为指导，对数据结构、内容、关系、继承关系进行识别分析，主要目的是发现数据的标准特征，包括数据类型、字段长度、列基数、粒度、值集、格式模式、隐含的规则、跨列和跨表的数据关系及这些关系的基数。分析的结果可以直接作为元数据使用，通常从列分析、表分析和跨表分析 3 个方面进行数据剖析。在高校数据治理中，通常在数据集成的开始阶段对不同来源的数据进行数据剖析。

（三）数据清洗

数据清洗（Data Cleaning）是通过检测发现和定位“脏数据”，并对这些数据进行修补或移除以提升数据质量的过程。数据清洗主要关注缺失、不正确、逻辑错误、相似重复记录等“脏数据”的检测和消除。通过定义统一的数据格式对数据进行合并、重组、消除等操作，将“脏数据”有效转化成高质量的干净数据，提升数据质量。

四、提升高校数据质量的核心要素

确保数据质量是高校数据治理工作中不容忽视的重要环节。然而，数据质量问题不能单纯依靠技术去解决，而是需要依靠“制度 + 系统 + 人工”一起协力完成。

（一）建设高校数据质量提升体系

通过数据质量的评估、反馈和整改，建设高校数据质量提升体系，实现流程化的数据

质量管理的闭环。对原业务系统的数据分析形成现状报告，经过数据集成和清洗后生成质量报告，通过数据共享平台将数据质量问题反馈到源头部门进行修正和完善，然后再重新采集入库，实现完整的流程闭环及质量改进循环机制。

（二）制定数据质量管理规范制度

规范制度的建设是数据治理目标实现的保障。在高校数据治理过程中，制定一系列的数据质量管理制度，规范数据源头采集、统一存储数据和使用标准接口，保证数据从产生、使用到变更的管理流程规范；制定统一的数据标准，在全校范围梳理和建立数据认责机制，确定数据安全等级以及来源部门，按照“谁产生数据，谁负责管理”的原则，数据使用部门参与管理，保证数据全生命周期的质量。

（三）实现数据质量可视化管理

数据的过程可视化和质量可视化管理极为重要。在高校数据治理的实施过程中，通过数据质量平台建设，实现对数据质量可视化的呈现和分析，实时、全面地展示数据质量整体情况，及时发现数据质量问题，优化、提升数据质量，便于后续数据治理和数据分析与应用的有效开展。该平台主要实现以下功能：

1. 数据集成规模展示

对数据进行量化和全局的统计，让管理者对全校的数据资源一目了然。

2. 数据质量分析与统计

可自定义数据质量规则，并形成质量报告，促使各部门不断提升本部门数据质量，形成良性循环。

通过数据剖析形成现状报告，厘清学校现有业务系统现状，针对学校当前数据现状做全面的分析与可视化呈现，明确当前数据质量问题，为数据质量的改善与提升提供基准对比。

通过数据清洗形成以季度、主题域及业务系统为单位的数据质量报告，包括从总体数据质量到系统、数据表及数据字段的数据质量明细，全面掌握数据清洗后的数据质量情况。

3. 数据回溯

对数据全链流程实行监控，随时掌握数据的上下行状态，并可回溯数据的历史进化过程。

（四）严格执行数据质量控制措施

在高校数据治理过程中，将数据质量问题分为结构性问题和内容性问题。结构性问题通常是指代码集不一致、填写不规范、代码混淆、格式错误等情况，可通过数据清洗解决问题。内容性问题通常是指数据缺失、数值错误、口径不一致等现象，需要将问题反馈给源头部门，通过源头部门改错补漏，更新源头数据，再重新采集入库。高校数据治理实施主要以人、财、物为主线进行，而人事信息是主线中的关键基础信息。为了进一步评估学校人事信息的数据质量，对评估发现的异常数据进行统计分析。如表 5-7 所示，人事信息的异常数据集中表现在完整性方面。在数据清洗过程中，身份证件号为空的数据通过人事信息里的工号作为主键和一卡通人员信息做匹配，完善部分身份证件号，并通过身份证件号完善身份证件类型字段。通过对数据清洗前后存在的问题做量化对比，发现数据清洗解决了人事信息里身份证件问题的大部分数据，剩下的为空数据主要是由于历史数据缺失的原因造成。其他人事信息异常数据属于内容性问题，需数据产生源头部门修正、完善数据或通过改善产生数据的业务流程来解决。

表 5-7　问题数据统计情况记录

字段名	存在的问题	问题记录数	总数	百分比 /%	清洗后的问题记录数	清洗后的总数	清洗后的百分比 /%	影响维度
姓名	录入不规范	5	8366	0.06	5	8303	0.06	规范性
	重复记录	24	8366	0.29	21	8303	0.25	唯一性
身份证件类型	空值	643	8366	7.69	267	8303	3.22	完整性
身份证件号	空值	578	8366	6.90	265	8303	3.19	完整性
出生日期	为空或不符合逻辑	9	8366	0.11	9	8303	0.11	规范性
民族码	空值	67	8366	0.80	49	8303	0.59	完整性

在人事信息数据问题的清洗过程中，通过部分算法模型进行数据质量控制。

（五）实施数据质量提升的反馈机制

数据质量管理不是一次性行为，需建立持续监测和问题反馈的工作机制，从而多方位优化改进。高校数据治理工作中，主要从以下几个方面进行数据质量问题反馈和跟进：

①借助数据质量平台，根据表规则（表数据量、容量、表非空）及字段规则（非空、值域、正则式、范围）手动核验数据清洗之后的数据存在的质量问题，将分析结果以质量报告的形式呈现出来，明确问题所在。然后将质量报告反馈给数据产生的源头部门，方便源头部门查看整体和详细的质量问题，进而提升数据质量。

②借助数据共享平台反馈数据质量。按人力资源、学生管理、科研管理、教学资源与管理、资产管理、财务管理、行政管理和公共服务等主题域进行数据划分，通过数据共享平台提供不同维度的数据共享服务。在数据共享过程中，通过数据质量反馈的流程，借助数据共享平台在线上形成数据质量问题上报、反馈和问题督办机制，在数据源头进行数据整改。

③进行数据定期核查，结合数据的重要级别（核心数据、重要数据等），阶段性地推进数据整改工作，为后续数据使用及数据应用分析提供高效、准确的数据。

（六）数据安全措施保障

数据质量提升数据安全贯穿整个数据治理过程。建立完善的数据安全保障机制，为数据质量的提升做好基础保障工作。

1. 制度保障

制定校级数据管理相关办法，建立健全数据安全管理框架，明确数据生产部门、数据使用部门、数据管理部门等单位的数据安全管理职责。建立数据资源的分类分级和保密定级工作，按分类等级和保密等级规定采取相关处理措施。

2. 技术保障

建立数据访问的身份验证、权限管理、行为审计及定期备份等多种安全防护机制。做好病毒预防、入侵检测和数据保密工作，做好网络层面的隔离工作，敏感信息限制在校内服务器访问。

3. 队伍建设

组建专业的数据管理队伍，定期或不定期地开展数据安全检查工作。

4. 环境保障

提供高性能、高可靠、高稳定的存储系统，充分保障访问性能和数据安全。

数据治理是一个长期的过程，需要建立长效的管理机制来促进数据治理工作的开展。在高校数据治理过程中，数据质量的管理也是一个持续的过程。为了保证高质量的数据，需要职能管理部门的积极配合与参与，逐步推进不同层次和不同维度的数据共享，不断完善质量反馈与监督机制，健全数据质量提升体系，形成数据质量管理的良性循环。通过数据助力数据治理，提升数据质量，为高校师生提供更优质的数据支撑服务，为学校管理者提供更精准的辅助决策支持，提高学校的管理和科研水平，促进学校建设。

参考文献

[1] 教育部.教育部关于印发《教育信息化2.0行动计划》的通知[EB/OL].[2018-04-18]. http：www.moe.gov.cn/srcsite/A16/s3342/201804/ t20180425_334188.html.

[2] 张世明，彭雪峰，黄河笑.开放大学数据治理框架研究[J].中国电化教育，2018（8）：116-126.

[3] 李欣鑫.高校教师绩效考核研究热点与趋势分析[J].劳动保障世界，2019（33）：4，6.

[4] 许德斌.高校教师绩效考核方案设计与应用研究[J].山东农业工程学院学报，2020，37（2）：60-62.

[5] 闫璐颖.对高校教师绩效考核的几点思考[J].新西部，2020（3）：109，111.

[6] 侯鹏飞，王欣峰，王琦."双一流"背景下高校教师工作量综合考核系统设计[J].科技创新与生产力，2019（8）：34-37，40.

[7] 吕慈仙，智晓彤."双一流"背景下高校多元科研绩效考核模式对教师创新行为的影响[J].教育发展研究，2020，40（5）：69-76.

[8] 刘彬芳，魏玮，安小米.大数据时代政府数据治理的政策分析[J].情报杂志，2019（1）：142-147，141.

[9] 张明英，潘蓉.《数据治理白皮书》国际标准研究报告要点解读[J].信息技术与标准化，2015（6）：54-57.

[10] 赵远.内蒙古与十省（市）大数据政策比较研究[D].呼和浩特：内蒙古大学，2019.

[11] 郑大庆，黄丽华，张成洪，等.大数据治理的概念及其参考架构[J].研究与发展管理，2017（4）：65-72.

[12] 安小米，郭明军，魏玮，等.大数据治理体系：核心概念、动议及其实现路径分析[J].情报资料工作，2018（1）：6-11.

[13] 夏义堃.试论数据开放环境下的政府数据治理：概念框架与主要问题[J].图书情报知识，2018（1）：95-104.

[14] 何哲.国家数字治理的宏观架构[J].电子政务，2019（1）：32-38.

[15] 安小米，白献阳，洪学海.政府大数据治理体系构成要素研究——基于贵州省的案例分析[J].电子政务，2019（2）：2-16.

[16] 黄静，周锐.基于信息生命周期管理理论的政府数据治理框架构建研究[J].电子政务，2019（9）：85-95.

[17] 黄璜.对"数据流动"的治理——论政府数据治理的理论嬗变与框架[J].南京社会科

学，2018（2）：53-62.

[18] 谭必勇，陈艳.加拿大联邦政府数据治理框架分析及其对我国的启示[J].电子政务，2019（1）：11-19.

[19] 许晓东，彭娴，周可.美国通用教育数据标准对我国高等教育数据治理的启示[J].高等工程教育研究，2019（1）：103-108.

[20] 刘桂锋，钱锦琳，卢章平.国外数据治理模型比较[J].图书馆论坛，2018（11）：18-26.

[21] 刘芮，谭必勇.数据驱动智慧服务：澳大利亚政府数据治理体系及其对我国的启示[J].电子政务，2019（10）：68-80.

[22] 夏义堃.试论政府数据治理的内涵、生成背景与主要问题[J].图书情报工作，2018（9）：21-27.

[23] 安小米，宋懿，郭明军，等.政府大数据治理规则体系构建研究构想[J].图书情报工作，2018（9）：14-20.

[24] 闵学勤.基层大数据治理：打造活力政府的新路径[J].学海，2019（5）：58-61.

[25] 夏义堃.政府数据治理的维度解析与路径优化[J].电子政务，2020（7）：43-54.

[26] 金耀.数据治理法律路径的反思与转进[J].法律科学（西北政法大学学报），2020（2）：79-89.

[27] 汤志伟，龚泽鹏，郭雨晖.基于二维分析框架的中美开放政府数据政策比较研究[J].中国行政管理，2017（7）：41-48.

[28] 黄萃.政策文献量化研究[M].北京：科学出版社，2016：63-66.

[29] 谭必勇，陈艳.加拿大联邦政府数据治理框架分析及其对我国的启示[J].电子政务，2019（1）：11-19.

[30] 李重照，黄璜.英国政府数据治理的政策与治理结构[J].电子政务，2019（1）：20-31.

[31] 吴沈括.数据治理的全球态势及中国应对策略[J].电子政务，2019（1）：2-10.

[32] 张明斗，刘奕.基于大数据治理的城市治理现代化体系研究[J].电子政务，2020（3）：91-99.

[33] 吴沈括，霍文新.欧盟数据治理新指向：《非个人数据自由流动框架条例》（提案）研究[J].网络空间安全，2018（3）：30-35.

[34] 王正青，但金凤.大数据时代教育大数据治理架构与关键领域——以美国肯塔基州、华盛顿州与马里兰州为例[J].现代教育技术，2019（2）：5-11.

[35] 陈德权，林海波.论政府数据治理中政府数据文化的培育[J].社会科学，2020（3）：33-42.

[36] 苏志刚，尹辉.科教产教融合建设高水平应用本科师资队伍[J].中国高校科技，2018（11）.

[37] 葛艳娜，路殊娟.中德应用型本科院校师资队伍建设比较研究[J].上海第二工业大学学报，2011（4）.

[38] 杨妍，李立群.基于应用型人才培养的地方本科院校师资队伍建设策略[J].职业技术教育，2014（5）.

[39] 党跃轩，那滨，周楠，等.应用型本科高校“双师双能型”师资队伍建设研究[J].黑龙江工程学院学报，2018（4）.

[40] 王桂红.应用型本科高校“双师双能型”教师队伍建设思考[J].泉州师范学院学报，2017（4）.

[41] 石兰月.河南省应用型本科高校加强“双师型”教师队伍建设的路径探索[J].河南财政税务高等专科学校学报，2019（3）.

[42] 冷雪艳.应用型高校“双师双能型”教师队伍建设路径分析[J].中国成人教育，2018（20）.

[43] 朱来斌.地方本科高校转型视域下“双师双能型”师资队伍构建路径探析[J].学术探索，2016（12）.

[44] 杨静，仙玉莉.独立学院转型发展背景下法学专业“双师双能型”教师考核评价标准认定[J].湖北开放职业学院学报，2019（20）.

[45] 彭雪勤.应用型本科院校图书馆的定位及发展[J].彭城职业大学学报，2003（4）.

[46] 周竞.应用型本科院校大学生职业素质的培养[J].教育与职业，2008（23）.

[47] 雷金英，鄢奋.“智慧教育”背景下应用型高等院校活力课堂建设路径——基于工商管理类专业的考察[J].内蒙古农业大学学报（社会科学版），2021（1）.

[48] 靳小宇.应用型本科院校高层次人才绩效评价问题分析及对策研究[J].佳木斯职业学院学报，2020（7）.

[49] 阮建凑，陈颖.应用型本科“双师型”教师队伍建设的实践探索[J].黑龙江教育学院学报，2012（2）.

[50] 张宇，解水青，郭卉.应用型本科院校双元课程体系的构建路径[J].教育与职业，2020（7）.

[51] 魏爱萍.人力资本理论视角下应用型院校师资队伍建设的现实困境与出路[J].教育与职业，2019（9）.

[52] 夏凌艳，王书林.激励理论在高校教学管理中的应用[J].辽宁行政学院学报，2016（8）.

[53] 姜大中.激励理论应用于高校教师管理中的探究[J].赤子（上中旬），2016.

[54] 宁金平.高校教师积极教学情感形成的影响因素与激发策略[J].教育探索，2016（6）.

[55] 柴蕾.建构应用型师资队伍的现实问题与变革策略[J].中国成人教育，2018（4）.

[56] 吴小彩.新时代高职院校科研工作的现状及发展路径[J].济南职业学院学报，2020（2）.

[57] 韩霜.安国市中药饮片生产行业人才现状及需求调查[J].中国药业，2020，29（2）：51-54.

[58] 邹萌，钟晓红，肖深根，等.高校农林背景下中药专业课程教学改革探索与实践[J].教育教学论坛，2018（49）：151-152.

[59] 陈晶，张树权，胡莹莹，等.黑龙江省中药农业发展现状和存在问题及建议[J].黑龙江农业科学，2019（12）：130-133.

[60] 胡桂芳.加快构建中药农业产业体系的思考与建议[J].中国发展观察，2020（Z4）：92-97.

[61] 郭兰萍，王铁霖，杨婉珍，等.生态农业——中药农业的必由之路[J].中国中药杂志，2017，42（2）：231-238.

[62] 郑文科，魏建和，陈士林，等.中药材品质提升基地共建共享模式和发展策略[J].世界科学技术－中医药现代化，2018，20（11）：1905-1910.

[63] 刘昌孝.对中药现代化及中药国际化发展的思考[J].中国药房，2016，27（11）：1441-1444.

[64] 王燕，李建民.基于云班课的移动云教学模式在中药学教学中的实践与思考[J].中国当代医药，2019，26（21）：187-189，193.

[65] 林贵兵，章常华，关志宇.移动智能终端在《药用植物学》课程互动教学中的思考与实践研究[J].中国校外教育，2019（6）：123-124.

[66] 周洲，夏志兰，陆英，等.现代教育技术在中药专业课程教学中的应用[J].教育教学论坛，2018（12）：74-75.

[67] 雨田，时政，程丽佳，等.医药大数据背景下药物化学教学体系的改革及构建[J].中国医药科学，2018，8（3）：55-57.